全国经济综合竞争力研究中心2022年重点项目研究成果

福建省"双一流"建设学科——福建师范大学理论经济学科

福建省首批哲学社会科学领军人才、福建省高校领军人才支

福建省第一批重点智库建设试点单位——福建师范大学综合竞争力与国家发展战略研究院2022年研究成果

福建省首批高校特色新型智库——福建师范大学综合竞争力与国家发展战略研究院2022年研究成果

福建省社会科学研究基地——福建师范大学竞争力研究中心2022年资助的研究成果

福建省高校哲学社会科学学科基础理论研究创新团队——福建师范大学竞争力基础理论研究创新团队2022年资助的阶段性研究成果

福建师范大学创新团队建设计划（项目编号：IRTW1202）2022年资助的阶段性研究成果

全球发展中的金砖力量

——金砖国家合作热点聚焦

黄茂兴等 编著

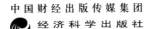

中国财经出版传媒集团

经济科学出版社

Economic Science Press

图书在版编目（CIP）数据

全球发展中的金砖力量：金砖国家合作热点
聚焦/黄茂兴等编著. －－北京：经济科学出版社，
2022.9
ISBN 978－7－5218－4047－6

Ⅰ.①全⋯　Ⅱ.①黄⋯　Ⅲ.①国际合作－经济合作－
研究－2022　Ⅳ.①F114.4

中国版本图书馆 CIP 数据核字（2022）第 175091 号

责任编辑：孙丽丽　纪小小
责任校对：隗立娜
责任印制：范　艳

全球发展中的金砖力量
——金砖国家合作热点聚焦
黄茂兴　等编著

经济科学出版社出版、发行　新华书店经销
社址：北京市海淀区阜成路甲 28 号　邮编：100142
总编部电话：010－88191217　发行部电话：010－88191522
网址：www.esp.com.cn
电子邮箱：esp@esp.com.cn
天猫网店：经济科学出版社旗舰店
网址：http://jjkxcbs.tmall.com
北京季蜂印刷有限公司印装
710×1000　16 开　18.75 印张　280000 字
2022 年 11 月第 1 版　2022 年 11 月第 1 次印刷
ISBN 978－7－5218－4047－6　定价：82.00 元
（图书出现印装问题，本社负责调换。电话：010－88191510）
（版权所有　侵权必究　打击盗版　举报热线：010－88191661
QQ：2242791300　营销中心电话：010－88191537
电子邮箱：dbts@esp.com.cn）

项目组人员名单

本 书 负责人：黄茂兴

本书撰写人员：黄茂兴　林寿富　李军军　叶　琪

　　　　　　　唐　杰　余官胜　陈洪昭　黄新焕

　　　　　　　王珍珍　郑　蔚　陈伟雄　易小丽

　　　　　　　白　华　郑清英　张宝英　程俊恒

　　　　　　　韩　莹　陈　莹　蔡菲莹　李成宇

　　　　　　　吴武林

前　言

　　2022 年，金砖国家总面积占全球面积的 26%，人口占 42%，经济总量占 25%，近年来对世界经济增长的贡献率超过 50%①，是国际舞台上一支积极、稳定、建设性的力量，代表着发展中大国群体性崛起的历史趋势。自 2006 年起，金砖国家合作至今已经走过 16 年历程，从建立新开发银行和应急储备，到"金砖＋"合作模式，再到确立金砖国家新工业革命伙伴关系，金砖国家合作正在进入高质量发展阶段。盛夏时节，金砖国家合作"中国年"迎来高光时刻。2022 年 6 月 22～24 日，中国国家主席习近平在北京主持金砖国家领导人第十四次会晤、全球发展高层对话会，以视频方式出席金砖国家工商论坛开幕式并发表主旨演讲。中国作为 2022 年金砖国家合作机制主席国，携手金砖国家构建高质量伙伴关系，共创全球发展新时代，为破解全球发展赤字凝聚信心、指明路径。

　　当前，全球发展进程遭受严重冲击，国际发展合作动能减弱，南北发展差距进一步扩大，联合国《2030 年可持续发展议程》的全球落实受到重创。全球将近 70 个国家的 12 亿人口面临疫情、粮食、能源、债务危机，全球过去数十年减贫成果可能付诸东流。面对重重挑战和道道难关，我们必须攥紧发展这把钥匙。2022 年 6 月 24 日晚，习近平主席在北京以视频方式主持全球发展高层对话会并发表重要讲话。他强调指出，"发展是人

---

① 《驻印度大使孙卫东在"加强金砖国家合作、共促全球发展"座谈会上的主旨讲话和总结发言》，外交部网站，https：//www.mfa.gov.cn/web/wjdt_674879/zwbd_674895/202207/t20220704_10715125.shtml，2022 年 7 月 4 日。

类社会的永恒主题"。"只有不断发展，才能实现人民对生活安康、社会安宁的梦想。"① 习近平主席把握世界大势，直面时代之问，鲜明提出了共创普惠平衡、协调包容、合作共赢、共同繁荣的发展格局的 4 点主张，为全球发展合作举旗定向，展现了全球发展中的金砖力量，奏响了实现共同发展繁荣的时代强音。

鉴于此，我们研究团队组织编撰《全球发展中的金砖力量——金砖国家合作发展热点聚焦》一书，聚焦 2022 年金砖国家领导人第十四次会晤主题，深入分析了金砖国家合作发展基础及其全球影响，金砖国家政策协调合作进展与效果，金砖国家金融高质量合作的路径选择及中国角色，金砖国家科技创新合作主要进展及路径，金砖国家可持续发展成效、趋势及战略，金砖国家加强全球治理、践行多边主义的应对战略，金砖国家新工业革命伙伴关系合作进展与发展路径，中国与其他金砖国家的合作基础与重点领域等热点议题，探讨了金砖国家经济社会发展面临的机遇、挑战和对策，努力找寻金砖各国利益契合点、合作增长点、共赢新亮点。全书由八大部分构成，基本框架如下：

第一章：金砖国家合作发展基础及其全球影响。介绍了金砖国家合作机制的形成背景，深入分析了金砖国家合作机制的现状和面临的挑战，进一步探讨了金砖国家合作机制的发展前景，并提出了相应的发展策略。

第二章：金砖国家政策协调合作进展与效果分析。重点分析了金砖国家在政策协调领域的合作需求，阐述了金砖国家政策协调机制取得的进展情况及其效果，对金砖国家政策协调机制的发展方向进行了展望。

第三章：金砖国家金融高质量合作的路径选择及中国角色。探讨了金砖国家金融高质量合作的必要性，分析了金砖国家金融合作的进展与成效，剖析了金砖国家金融高质量合作面临的困境与挑战，阐释了中国在金砖国家金融高质量合作中的地位与作用。

---

① 《习近平在全球发展高层对话上的讲话（全文）》，新华网，https://baijiahao.baidu.com/s? id = 1736520427628416534&wfr = spider&for = pc，2022 年 6 月 24 日。

第四章：金砖国家科技创新合作主要进展及路径研究。分析了全球不确定性环境与金砖国家科技创新合作形势，全面介绍了金砖国家科技合作取得的积极进展，剖析了金砖国家科技合作存在的制约因素，并就金砖国家科技创新合作发展的路径提出相应的对策建议。

第五章：金砖国家可持续发展成效、趋势及战略研究。重点介绍了金砖国家可持续发展的基础和业已取得的成效，深入分析了金砖国家可持续发展面临的机遇与挑战，展望了金砖国家可持续发展的趋势，并提出了促进金砖国家可持续发展的战略措施。

第六章：金砖国家加强全球治理、践行多边主义的应对战略。深入分析了世界格局新变化对当前全球治理体系的冲击与重塑，探讨了金砖国家参与全球治理、践行多边主义的行动与困境，并就金砖国家加强全球治理、践行多边主义的努力方向与措施提出了相应的策略建议，同时探讨了中国坚定维护多边主义、参与全球治理的积极贡献与战略应对。

第七章：金砖国家新工业革命伙伴关系合作进展与发展路径。分析了新工业革命的本质与特点，以及新工业革命伙伴关系的内涵与要求。重点剖析了金砖国家构建新工业革命伙伴关系的现实基础和发展挑战，提出了金砖国家构建新工业革命伙伴关系的路径选择。

第八章：中国与其他金砖国家的合作基础及重点领域。分别分析了中国与金砖国家的合作基础，深入探讨了中国与金砖各国投资合作的重点领域和发展方向，为深化中国与金砖国家的合作发展提供决策参考。

本书着眼于对金砖国家经济合作作出全面、客观的评价分析，力图为深化金砖国家经济社会合作，培育经济发展新动能，共同构建全球发展伙伴关系，引领推动全球治理变革提供可靠的分析依据和决策借鉴。同时，本书就金砖国家如何加强金融合作、科技创新、可持续发展、全球治理等领域的合作问题提出了相应的思路和建议，作为献礼"2022年金砖中国年"的智慧成果！

目　录

第一章
金砖国家合作发展基础及其全球影响

一、金砖国家合作机制的生成

（一）金砖国家合作的基础

金砖国家从虚拟的概念转化为现实的国际机制并非一蹴而就，而是在各方共同努力下通过渐进展开不同层次的对话与合作，逐步走向机制化并最终形成的一个新的国际合作平台。2002 年 9 月，中国、俄罗斯、印度三国外长在出席第 57 届联合国大会会议期间共进工作午餐，三国外长会晤机制正式建立，金砖国家高层之间开始寻求合作。2003 年 6 月，印度、巴西和南非三国外长在巴西举行会议，决定成立印度巴西南非对话论坛（IB-SA）。中俄印外长会议机制和印度巴西南非对话论坛的成立标志着发展中国家开始探索新型的合作方式。2005 年 4 月，七国集团财长和央行行长会议首次邀请金砖四国代表列席会议，金砖四国受到更大关注。2006 年 9 月，巴西、俄罗斯、印度、中国外长在联合国大会期间召开四方外长会晤，此后每年依例举行，为金砖国家历届峰会机制的建立打下了坚实的基础。2008 年 5 月，四国外长在俄罗斯叶卡捷琳堡举行会晤，这是四国外长在联合国框架之外的首次会晤；7月，八国集团同发展中国家领导人对话会议期间，金砖四国领导人举行了简短会晤，金砖四国合作开始探索机制化合作之路。2009年4月，伦敦二十国集团（G20）领导人金融峰会上，金砖四国以发表联合声明的方式首次出现在国际政治场合，由此，金砖四国从一个虚拟的新兴经济体概念，逐步成为现实的具有影响力的组织。同年6月，金砖四国领导人在俄罗斯叶卡捷琳堡举行了第一次正式会晤，会后发表了《金砖四国领导人俄罗斯叶卡捷琳堡会晤联合声明》，强调了各国加强在经济、社会、能源、科教等领域合作的愿望，并重申了四国在国际社会上应承担的责任，标志着新形势下金砖四国在国际舞台上扮演重要角色的开始。2010年11月，南非在G20会议期间正式申请加入金砖国家合作机制；12月，巴西、俄罗斯、印度、中国四国一致决定，接纳南非为正式成员国，"金砖四国"更名为"金砖国家"。自此，金砖国家成为巴西、俄罗斯、印度、中国、南非五国扩大相互沟通与合作、加强战略互信与协调的重要平台。

（二）金砖国家合作机制的生成

金砖国家合作机制成立以来，合作基础日益夯实，领域逐渐拓展，已经形成以领导人会晤为引领，以安全事务高级代表会议、外长会晤等会议为支撑，在经贸、财金、科技、农业、文化、教育、卫生、智库、友城等数十个领域开展务实合作的多层次架构，逐步推动金砖国家合作由共识走向实践、由树状走向网状、由合作伙伴走向战略伙伴。由此，金砖国家合作机制的生成路径，可被归纳为政府与民间两个层面。政府层面，主要包括以下四大类机制性会议。一是金砖国家领导人会晤。其中包括每年例行举行的金砖国家领导人峰会，以及自2013年俄罗斯圣彼得堡G20领导人峰会以来已成为惯例的、在峰会前举行的金砖国家领导人非正式会晤，这些对金砖国家合作发挥着政治和战略引领作用。二是金砖国家部长级会议及高层官员会晤。具体包括安全事务高级代表、外长、财长和央行行长、贸易部长、工业部长、劳工和就业部长、教育部长、科技与创新部长、农业部长、通信部长、环保部长、卫生部长、灾害管理部长、移民部长等部长级会议，这些会议成为落实领导人峰会决定的重要途径。此外，金砖国家高级官员在联合国大会、G20 领导人峰会等重大多边外交场合举行会晤也已成为惯例，这种会晤成为推进务实合作的重要机制。三是金砖国家具体领域合作工作组会议。其中包括反腐败、知识产权合作与审查、经贸、海关、就业、农业合作、环境、教育、反恐、网络安全等高官会和工作组会议，为深化合作提供有力支撑。此外，为使合作走向制度化，金砖国家建立了虚拟秘书处，通过电子形式协调五国之间的合作。

在民间层面，主要包括以下两个方面的合作机制。一是金砖国家工商理事会。该理事会于 2013 年成立，主要构成人员为金砖国家工业和服务业领域的企业领袖。成立目的是分享最佳实践、反映企业诉求、促进项目合作，确保金砖国家工商界与政府间定期对话。具体运作方式为每年召开一到两次见面会，根据惯例，其中一次与金砖国家领导人会晤同期举行。其中，中方理事会由外交部指导，下设基础设施、能源与绿色经济、金融服务、制造业、技能发展、农业经济、放松管制与投资支持、数字经济、区域航空 9 个工作小组，有 100 多位理事和 100 多个成员单位。二是多领域的民间交流。例如科技（青年科学家论坛）、企业（中小微企业圆桌会议）、教育（金砖国家大学联盟）、文化（电影节）、体育（少年足球赛）等，其目的在于加深金砖国家民众和社会交流，为长期合作创造良好环境。

随着金砖国家共同利益不断增加，合作基础不断扩大，合作势头不断上升，涵盖各国各级政府和民间力量的多层次合作机制基本形成。政府层面合作机制对金砖国家合作发挥着政治和战略引领作用，作为顶层设计引导和统筹其他参与主体。民间层面合作机制通过激发金砖国家的民间力量，挖掘社会潜力，拓展合作领域，丰富互动层次，对于推动金砖国家合作机制纵深发展发挥着不可替代的作用。

二、金砖国家合作机制的现状及其挑战

（一）金砖国家合作的发展现状

目前，金砖国家合作主要集中在贸易投资、科技、金融、环境、能源、农业、信息通信技术、人文交流八个领域。

1. 贸易投资合作

自金砖国家合作进入实体化以来，贸易投资合作一直是金砖国家经济合作机制的核心和关键议题。金砖国家在经贸领域开展的合作不断向纵深发展，有力地推动了金砖国家的经济崛起。随着单边主义和贸易保护主义的抬头，以及新冠肺炎疫情对全球贸易产生的重创，全球贸易局势趋紧。在全球疫情持续蔓延、国际经济环境充满不稳定性和不确定性的背景下，金砖国家深化各成员国间的贸易投资合作尤为重要，支持和维护多边贸易体制，共克时艰，是促进世界经济复苏、提升贸易自由化水平和倡导经济全球化的助推器。2020 年 11 月 17 日，金砖国家领导人会晤发表了《莫斯科宣言》，进一步强调五国在坚持多边主义和维护多边贸易体制方面的共同立场，规划了贸易投资和金融、可持续发展等三个关键的合作领域与方向，努力推动金砖国家在后疫情时代的贸易自由化和投资便利化发展，并在切实推进金砖国家经贸务实合作领域取得了新突破。2021 年 9 月 3 日，金砖国家第十一次经贸部长会议上通过了《金砖国家多边贸易体制合作声明》《专业服务合作框架》《〈金砖国家经济伙伴战略 2025〉贸易投资领域实施路线图》等文件，各成员国一致同意，共同参与全球抗疫与国际合作；坚定维护多边贸易机制，积极支持世界贸易组织进行必要改革，加快解决上诉机构遴选方面存在的危机和挑战，主张恢复两级审理的争端解决机制；实施《金砖国家经济伙伴战略2025》。因此，金砖国家携手共进，团结一致，共建合作开放的经济，支持世界贸易组织在维护其中心地位、核心价值、基本原则以及兼顾所有成员利益的基础上进行的必要改革，坚决反对违反世界贸易组织精神与规则的各种形式的单边和保护主义，进一步提升贸易自由化和投资便利化水平，必将加强金砖国家的抗疫和务实贸易合作，更好地促使全球贸易迈向更高水平的开放、共赢。

自金砖国家成立以来，已经取得的多个合作协议框架成果有效推动了成员国间的投资合作，如《金砖国家经济伙伴战略》《金砖国家投资便利化合作纲要》《金砖国家投资便利化谅解》《金砖国家经济伙伴战略2025》等。首先，2015年7月9日，在乌法会晤上通过的《金砖国家经济伙伴战略》是金砖国家合作关系提升至战略伙伴关系的重要标志，绘制了2020年前成员国在贸易、投资和经济方面的合作路线图。其次，在2017年8月2日举行的金砖国家第七次经贸部长会议上批准的《金砖国家投资便利化合作纲要》是第一份金砖国家在投资便利化方面形成的专门性文件，针对投资政策框架透明度等利于投资便利化提升的核心要素进行了强调。再次，《金砖国家投资便利化谅解》是于2020年11月17日金砖国家领导人第十二次会晤上达成的，从投资合作的推动、投资政策透明度的提升以及投资效率的提高三个方面着力，以期营造更良好的营商环境，在投资方面构建透明、可预见的法律框架。最后，金砖国家领导人第十二次会晤制定了《金砖国家经济伙伴战略2025》，这是金砖成员未来五年在投资、金融、贸易、数字经济、可持续发展方面合作的关键指南和路线图，明确了数字经济、贸易投资和金融、可持续发展三个关键的合作领域和合作目标。总的来看，上述合作协议框架能更好地增强金砖国家间的投资联系，发挥各成员的经济互补性，发掘投资贸易潜能，进而提高投资合作的能力和水平。

（1）经贸领域。

金砖成员国间已经形成了重要且良好的贸易合作伙伴关系，尽管2020年全球贸易受新冠肺炎疫情的影响较大，但在金砖经贸合作机制的引导与推动下，疫情期间金砖各国的贸易活动得到了充分的保障。从目前金砖国家的合作效果来看，金砖国家的经贸合作已形成了互利共赢、共同繁荣的合作局面。

中俄经贸合作方面。2021 年是中俄建交 72 周年，中俄关系已上升到全面战略协作伙伴关系的层面，两国间的经贸合作发展态势持续向好。截至 2019 年 12 月，中俄双边进出口贸易额（至当月累计）达到 1107.9 亿美元，同比增长 3.4%[①]；2020 年中俄贸易额为 1077.65 亿美元，虽有小幅下降，但仍保持高水平运行，其中前 10 个月俄罗斯对中国贸易占其外贸进出口总额的比重高达 18.4%，达到历史最高水平[②]；2021 年中俄货物贸易额达 1468.7 亿美元，同比增长 35.9%，面对全球疫情起伏反复和经济复苏乏力的双重考验，中俄经贸合作逆势前行，双边贸易额再创历史新高[③]。中俄双边贸易额已经连续四年突破千亿美元，中国 2010～2021 年连续 12 年成为俄罗斯的第一大贸易合作伙伴。

中巴经贸合作方面。巴西一直稳居中国在拉丁美洲地区最大的贸易合作伙伴以及投资目的国的地位。21 世纪以来，中巴两国在金砖机制当中保持着良好的沟通和有效的经贸协作，双边贸易发展势头良好，且经济互补性强，从 2009 年起中国已连续 13 年成为巴西最大的贸易伙伴。巴西外贸秘书处统计显示，2019 年，巴西对中国出口 628.7 亿美元，占巴西出口总额的 28.1%；从中国进口 352.7 亿美元，占巴西进口总额的 19.9%。[④] 2020 年，巴西产品在国际市场出口额同比下降 6.19%，但对中国香港和澳门地区的出口额则同比增长 7.3%，中国市场是巴西全年出口增幅最高的

---

① 《（4）2019 年 12 月进出口商品主要国别（地区）总值表（美元值）》，海关总署网站，http：//www. customs. gov. cn/customs/302249/zfxxgk/2799825/302274/302275/2833764/index. html，2020 年 1 月 14 日。

② 《中俄贸易"成绩单"超预期 凸显两国经贸合作巨大活力》，商务部网站，http：//chinawto. mofcom. gov. cn/article/e/r/202101/20210103031973. shtml，2021 年 1 月 18 日。

③ 《中国连续 12 年稳居俄罗斯第一大贸易伙伴国》，商务部网站，http：//chinawto. mofcom. gov. cn/article/e/r/202202/20220203278935. shtml，2022 年 2 月 9 日。

④ 《2019 年巴西货物贸易及中巴双边贸易概况》，商务部网站，http：//countryreport. mofcom. cn/recod/view. asp？ news_id＝67247。

目标市场。① 2021 年，中巴双边贸易额达 1353.47 亿美元，再创历史新高，同比增长 32%。②

中印经贸合作方面。中国是印度重要的贸易伙伴，双方的经济合作领域也在不断深入拓展。印度商务部相关数据显示，2020 年中印双边贸易额为 777 亿美元，尽管低于前一年的 855 亿美元，但是以使中国取代美国成为印度最大贸易伙伴。其中，印度自中国的进口总额为 587 亿美元，超过其对美国和阿联酋的总和，两国分别是印度第二大和第三大贸易伙伴。③ 中国海关部署数据显示，2021 年中国与印度贸易额达 1256 亿美元，双边贸易额首次突破 1000 亿美元大关。在新冠肺炎疫情冲击及众多不利因素影响下，中印双边贸易依旧逆势上扬。④

中南经贸合作方面。南非是中国对非洲投资合作的重要伙伴，中南双边贸易约占中非贸易总额的五分之一。2021 年，中国与南非贸易额约 540 亿美元，同比增长 50.7%，其中南非对中国出口约 330 亿美元，占非洲对中国出口总额的约 31%，是对中国出口最多的非洲国家。⑤ 中资企业在南非创造了 40 多万个工作岗位，南非民众切实享受到双边合作的成果。⑥

（2）投资领域。

投资合作方面，面对复杂多变的新的国内国际环境，中国是金砖国家当中投资合作开展最为平稳有序且发展最为稳健的国家。2016～2019 年，中国吸引外商直接投资（FDI）规模仅次于美国，位居全球第二；在 2020

① 《2020 年巴西对华出口增长 7.3%》，商务部网站，http：//stpaul. mofcom. gov. cn/article/jmxw/202101/20210103029361. shtml？ ad_check = 1，2021 年 1 月 8 日。

② 《中国连续第 13 年成为巴西第一大贸易伙伴》，商务部网站，http：//stpaul. mofcom. gov. cn/article/jmxw/202202/20220203280694. shtml，2022 年 2 月 17 日。

③ 《中国 2020 年重新成为印度最大贸易伙伴》，新京报，https：//baijiahao. baidu. com/s？ id = 1692533736096023651&wfr = spider&for = pc，2021 年 2 月 24 日。

④ 《为国际发展合作提供金砖动力》，人民网，https：//baijiahao. baidu. com/s？ id = 173483136148690126&wfr = spider&for = pc，2022 年 6 月 6 日。

⑤ 《2021 中非贸易创历史新高》，商务部网站，http：//africaunion. mofcom. gov. cn/article/jmxw/202202/20220203281601. shtml，2022 年 2 月 10 日。

⑥ 《中国成为非洲国家合作首选》，人民网，https：//baijiahao. baidu. com/s？ id = 1741808049181883606&wfr = spider&for = pc，2022 年 8 月 22 日。

年超过美国，成为全球最大的 FDI 流入国；对外直接投资规模自 2012 年以来稳居全球前三位，于 2020 年位居全球对外直接投资首位。

吸引外商直接投资方面，从 2011～2019 年中国吸引外商直接投资累计额来看，印度是金砖国家中对中国的外商直接投资规模最大的成员国，但是跨年间的投资规模浮动也比较大，这与印度近几年来发展成为全球成长速度最快的新兴经济体之一存在一定的关联性。与此同时，南非对中国的外商直接投资规模在金砖四国中相对较小，这是由于南非近年来经济发展速度趋缓，对外进行资本输出的能力不足。与中国吸引的外商直接投资总量相比，金砖四国对中国的直接投资规模仍旧过小，所占比重由 2011 年的 0.112% 一度下降到 2013 年的 0.072%，从 2014 年起比重又开始有所上升，在 2017 年达到近几年来的最高值 0.221%，但在 2019 年再次下降到了 0.062%，这样的外资规模难以与金砖国家本身所具备的经济体量相匹配。究其原因，金砖国家是全球发展速度较快的新兴经济体，但企业在全球价值链和供应链协作的参与程度及国际化水平尚有待提高，也反映了中国与其他金砖国家在外资引进方面有较大的合作着力点和增长空间（见图 1－1）。

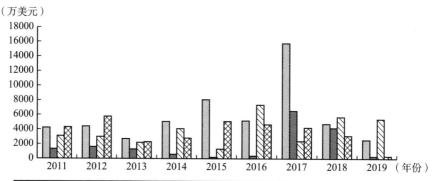

图 1－1　2011～2019 年中国吸引金砖国家外商直接投资金额

资料来源：国家统计局编：《中国统计年鉴》，中国统计出版社 2012～2020 年版。

对外直接投资方面，俄罗斯是金砖国家当中我国最主要的投资合作伙伴，2015 年我国对其直接投资流量规模高达 29.61 亿美元，在金砖国家直接投资总额中所占比重达 77.2%，2017 年这一比重为 60.0%，尽管 2019 年因为在采矿业中产生了较大的负流量，中国对俄直接投资流量下降为 -3.79 亿美元，但这并不影响俄罗斯与我国的贸易合作关系的基本面，这是由于中国和俄罗斯一直以来保持着良好的全面战略协作伙伴关系，再加上两国经济的互补性、经济持续增长的内在需求以及中国的"一带一路"倡议，推动了中俄经贸合作关系的发展。中国对另外三个金砖国家的直接投资规模在跨年间存在较大的波动，特别是对南非的直接投资流量起伏最大，2011~2013 年出现连续三年投资流回量超过投资流入量的负投资额情况。总的来看，中国对金砖国家的直接投资规模仍有较大的提升空间，尽管 2008 年中国对金砖国家直接投资总额占总对外直接投资额的比重曾达到了 9.5% 左右，却在 2012 年下跌至仅有 0.5% 的比重，2013~2019 年七年间比重一直处在 3% 以下（见图 1-2）。值得注意的是，虽然 2017 年中国对外直接投资总额出现一定的减少，但是对金砖国家的直接投资规模却有一定的扩大，说明中国在与金砖国家投资合作中具备较强的持续性和稳定性。

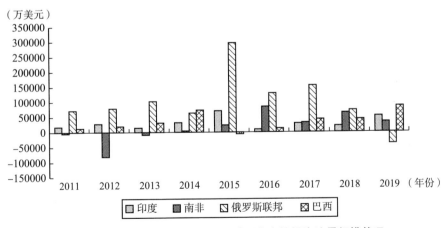

图 1-2　2011~2019 年中国对金砖国家直接投资流量规模状况

资料来源：商务部、国家统计局和国家外汇管理局：《2019 年度中国对外直接投资统计公报》。

2. 科技合作

随着金砖国家经济贸易合作的不断深入以及经济社会的持续发展，金砖国家合作领域不再仅仅局限于经贸领域，开始呈现向科技与创新合作拓展深化的趋势。就目前的科技合作现状而言，金砖国家间的合作呈现出多边与双边两种态势。

（1）多边合作方面。

2017 年金砖国家合作迈入第二个"金色十年"。2017 年 5 月，在第一届金砖国家研究基础设施及大科学计划项目合作工作组会议上，各方代表就共享网络建设等议题达成广泛共识；7 月，第五届科技创新部长级会议在科技创新政策交流等多方面达成了重要成果，发表了《杭州宣言》《金砖国家创新合作行动计划》和《金砖国家 2017 - 2018 年科技创新工作计划》，此外还通过了《金砖国家创新合作行动计划》，组建了创新工作组。

2018 年 7 月，第六届科技创新部长级会议就科技创新框架计划进展、为金砖国家科技创新活动管理和协调建立固定机制、金砖国家科技创新工作计划等议题展开讨论，发表了《德班宣言》和《金砖国家科技创新工作计划（2018 - 2019 年)》。同年 7 月 25 ~ 27 日，在南非约翰内斯堡举行的金砖国家领导人第十次会晤上提出将采取建立金砖国家科技园、技术企业孵化器等积极举措以落实伙伴计划，以及推动金砖国家科技项目建立更加有效的技术转移机制，从而为迎接新工业革命的挑战和机遇做好准备。

2019 年 9 月，第七届科技创新部长级会议讨论了科技创新框架计划等议题，并发表了《坎皮纳斯宣言》和《金砖国家科技创新工作计划（2019 - 2022 年)》。

2020 年 11 月，第八届部长级会议审议了《金砖国家政府间科技创新合作谅解备忘录》五年执行进展等议题，通过了《第八届金砖国家科技创新部长级会议宣言》和《金砖国家科技创新活动计划（2020 - 2021 年)》，更好地为疫情期间金砖国家间科技创新合作的顺利开展提升了信心、指明了方向。

在推进科技创新合作的同时，对科技创新成果的保障工作也不容忽视。金砖国家自2012年起开启知识产权合作，在知识产权领域的合作一直保持着良好态势，金砖国家知识产权局局长会议机制随着知识产权合作的深入发展已被列入金砖国家合作部长级会议。2017年4月，第八届金砖国家知识产权局局长会议就启动金砖国家知识产权网站建设等内容达成共识；2018年3月，第十届金砖国家知识产权局局长会议发表了金砖五国《关于加强金砖国家知识产权领域合作的联合声明》，为推动成员国知识产权发展提供了方向和建议；2019年4月，在第十一届金砖国家知识产权局局长会议上，各方代表就数据交换及信息服务等议题展开讨论并达成一致意见，批准了金砖国家知识产权公众意识提升模板和金砖知识产权合作网站管理框架文件，通过并签署了第十一届金砖国家知识产权局局长会议纪要；2020年8月，在第十二届金砖国家知识产权局局长会议上，各局围绕数字化技术应用情况及未来可能开展的合作等内容交换意见；2021年8月，在第十三届金砖国家知识产权局局长会议上，各局就数字化技术和其他新兴技术应用等议题进行深入探讨和经验分享。

目前，金砖国家合作框架已形成了以领导人会晤为导向、以各有关部门和领域高层会晤为辅助的多领域、多层次合作机制，以及包含部长级会议、高级官员会议和工作组会议三个工作机制的科技创新合作。这一系列举措和文件表明金砖国家在科技创新领域合作的发展进程正在迈上新台阶。金砖国家对世界的科技创新进步的影响力日益提升，贡献度逐步提高，拥有了更多的国际话语权，各成员国在科技创新领域的合作空间和潜力尚待深入挖掘，金砖五国在科技领域拥有各自相对领先和发达的技术实力与优势，能更好地合作共赢、互惠共享。金砖国家逐渐成为所在地区的模范，带动周边国家和地区的经济、社会、文化和科技发展。

（2）双边合作方面。

与俄罗斯的科技创新合作方面。为了满足中俄两国关系和经济社会不断发展的需要，两国科技创新合作逐步从短期、小型的一般性交流向中长期、大规模的科技项目合作迈进。首届中俄创新对话及系列活动于2017年

6月在北京举办。双方围绕科技创新政策、科技金融与合作等议题开展讨论，会上签署了《首届中俄创新对话联合宣言》，发布了《2017－2020年中俄创新合作工作计划（路线图）》。2017年10月，在中俄总理定期会晤委员会科技合作分委会第二十一届例会上，双方就科技创新合作现状与前景、大科学装置合作等议题展开讨论，签署了《中俄总理定期会晤委员会科技合作分委会第二十一届例会议定书》。2018年6月，中国科学院与俄罗斯科学院签订的《中国科学院与俄罗斯科学院科技合作协议》为双方在化学和生物科学、医学等领域的深入合作奠定基础。9月，在中国国家海洋局第一海洋研究所与俄罗斯太平洋海洋研究所签订的合作协议指导下，中俄科学家在俄罗斯"拉夫连季耶夫院士"号科学考察船上开启第二次北极联合科学考察工作。10月，在"第二届中俄创新对话"上，双方达成共识，发表《第二届中俄创新对话联合宣言》，制定了《2019－2024年中俄创新合作工作计划（路线图）》。2019年9月，"第三届中俄创新对话"在上海举办，通过举办主旨论坛、中俄人工智能专题研讨会等活动，推动双方创新领域机构在创新产品供给等领域深化交流合作，建立更为密切良好的合作关系，加强相关方面的科技人才互访交流与合作。2020年8月，中国科学院微生物研究所与俄罗斯梅奇尼科夫疫苗和血清研究所签署了建设新冠病毒联合研究实验室的备忘录，共同建立中俄新型冠状病毒联合研究中心或联合实验室，开展中俄病原微生物学与免疫学合作研究及相关的联合大数据平台建设。科技创新是当前中俄两国极富潜力和前景的合作领域之一，两国的科技合作成果在金融、化学、生物科学、医学、海洋、民用生活等领域发挥着关键作用，中俄两国逐渐丰富和完善相关合作机制，加大对科技创新合作的支持力度，对科技创新领域的互动制定具体任务、采取阶段性措施和进行及时、谨慎、清醒的评估，科教并重，共同携手培养科技创新人才，进一步夯实合作基础。

与印度的科技创新合作方面。近年来，中印两国科技合作已经深入到海洋科学技术、能源、基础设施、卫星遥感、信息技术、农业技术、3D打印等领域，有关科技合作日益密切。2017年11月，第二届中印技术、创新与投资合作论坛召开，论坛进一步深化了两国的技术转移、产业融合与技术合作。2018 年 4 月，中国国家发展和改革委员会与印度电子信息部在第五次中印战略经济对话高技术组会议上就电子信息制造业等领域的深化合作达成共识。7 月，两国科研机构合作成立了发展中国家国际绿色技术组织联盟（ICTA）。9 月，中印双方在第三届中印互联网对话大会上就物联等新兴科技产业展开深度探讨。2019 年 9 月，在第六次中印战略经济对话及中印经济合作论坛上，双方围绕高技术等议题开展深入交流并达成新的共识。

　　与南非的科技创新合作方面。科技合作是中南两国全面战略伙伴关系的关键领域，近年来，在金砖国家等框架下，中南两国秉持着"优势互补、合作共赢"的原则，逐渐拓展合作领域，合作水平也不断提升，科技创新领域合作成果颇丰。2017 年 4 月，在中国—南非高级别人文交流机制第一次会议上，中南两国科技部共同签署了《关于共建中国—南非联合研究中心的谅解备忘录》和《关于实施中国—南非青年科学家交流计划的谅解备忘录》。其中，《关于共建中国—南非联合研究中心的谅解备忘录》同意建设首个两国政府部门层面的联合科研平台，由此将正式启动联合研究中心的共建合作，以便更好地助力国家科研机构建立长期稳定的伙伴关系，提升科技创新合作水平，中南科技合作进入发展新阶段。11 月，在中国—南非"天文学中的大数据挑战"双边研讨上，两国围绕机器学习与数据分析等议题进行意见交换。2018 年 7 月，两国进一步签署了《关于共同实施中南青年科学家交流计划的行动计划》和《关于共同实施中南青年科学家交流计划的行动计划》。9 月，中南矿产资源开发利用联合研究中心的成果转化以及期间签署的《中国科技部和南非科技部关于共建中南林业联合研究中心的谅解备忘录》进一步促进了双方在矿业领域的科技创新交流与合作。2020 年新冠肺炎疫情发生以来，中南两国的科技等部门多次举行了抗疫经验视频交流会，就病毒检测、疫苗研发等方面保持密切交流与合作。2020 年 5 月，中南两国数字领域专家围绕数字基础设施和数字技术的抗疫经验等议题分享经验。6 月 9 日，中南两国疫苗研发机构就新冠病毒疫苗研发合作事宜展开讨论，推动临床试验联合合作。6 月下旬，在中国与南非平方公里阵列射电望远镜（SKA）项目首次双边合作研讨会上，双方围绕中南 SKA 科技合作等主题展开深入交流。12 月，中国南非跨境科技孵化合作启动仪式为中国南非科技园合作开启新起点。2021 年 9 月，中国科技部和南非科学创新部成功联合举办中南跨境孵化器重点企业线上推介会，进一步深化中南双方科技创新的合作关系。中南两国的科研人员、机构和企业间在矿业、生物等多领域的合作交流密切深入，在两国科技部和有关领域的共同努力之下，双方政府间合作和民间合作呈现出了携手共进、百花争艳的多元蓬勃发展势头，为创新型企业的成长起到了关键的标杆作用。

与巴西的科技创新合作方面。在双方的共同努力之下，中国与巴西的科技创新合作方式不断创新，合作领域逐步拓展。目前，中巴科技合作领域涵盖航天航空、水产养殖和新材料等领域，合作基础日益巩固，推动着中巴科技创新合作水平的提升。2017 年 9 月，在中国—巴西高层协调与合作委员会科技创新分委会第四次会议上，两国签署了《中国—巴西高层协调与合作委员会科技创新分委会第四次会议纪要》，就科技园区合作等方面的互利合作达成共识。2018 年 8 月，在中巴航天合作十年计划工作组会议上，双方围绕中巴地球资源卫星发射等议题进行深入探讨并达成共识。同月，为深化在下一代移动通信等领域的合作，两国签署了《通信领域合作备忘录》。2020 年 9 月，在中国巴西（里约）云上国际服务贸易交易会上，中国虚拟现实技术与系统国家重点实验室和巴西 FDC 基金会签定了《合作谅解备忘录》。中巴两国将充分利用 5G 等技术实现远程医疗等虚拟现实项目，同时逐步设立中巴虚拟现实技术联合实验室、中巴虚拟现实技术展示中心等。

3. 金融合作

金融合作是金砖国家抵御金融风险、巩固和进一步深化伙伴关系的战略着力点。金砖国家的金融合作经历了从最初的协商准备、探索实践初期再到目前的合作框架和体系的实际运作阶段，整体呈现渐进式的发展进程。

近年来，金砖国家逐步建立起完善、成熟的金融合作框架，在资本市场合作、金融监管合作、金砖国家新开发银行（NDB）等方面取得丰硕成果。第一届和第二届峰会为金砖国家的金融合作规划了初步的合作蓝图；在第三届峰会上，《金砖国家银行合作机制金融合作框架协议》是金砖国家金融合作正式起步的关键标志，此外中俄两国还签订了本币结算协定，进一步为两国经贸往来提供便利；在第六届峰会上，决定成立金砖国家新开发银行，2015 年金砖国家新开发银行正式开业，进一步为金砖国家融资、抵御金融风险、双边及多边金融合作等方面提供合作平台、拓宽合作路径；截至 2019 年 9 月，新开发银行共批准了 80 个基础设施项目，累计约 300 亿美元[①]，涵盖交通、城市重建等领域，获得了日本信用评级机构的 AAA 国际信用等级以及标准普尔和惠誉国际的 AA + 级，同时新开发银行成功开展了本币筹措活动，已成功在中国（100 亿元人民币）、南非（100 亿兰特）注册了本币债券项目，此外，新开发银行的发展运营还遵循了第九届峰会上提出的绿色金融理念，不仅是金砖各成员国间的互惠共赢，也惠及了广大发展中国家的经济发展，进一步促进金砖国家经济社会的高质量、可持续、绿色发展；2021 年 9 月 2 日，金砖国家新开发银行宣布，将迎来 3 个新的成员国——阿联酋、乌拉圭和孟加拉国。新成员国的加入将为金砖金融合作的深入发展开启全新的篇章。

随着信息科技与金融的融合发展，金砖各国的科技金融合作也在不断深化，科技金融的合作框架与体系日趋完善成熟，或将成为金砖国家金融合作的新篇章和闪光点。金砖国家中除南非是以银行为主导模式的支持体系外，其他四国均建立了市场为基础、政策性金融和金融中介为主体、政府主导、法律保障模式的科技金融支持体系。

---

① 《新开发银行累计批准成员国约 300 亿美元的 80 个项目》，国家发展和改革委员会网站，https：//www.ndrc.gov.cn/xwdt/ztzl/gwyhhkdt/202111/t20211126_1305330.html？code = & state = 123，2021 年 11 月 26 日。

金砖金融合作对于推进国际货币体系改革、国际金融监管合作、全球贸易体系升级等将发挥出特有的金砖影响力、引导力，推动构建多元国际经济新格局，在国际社会上就全球性金融问题、建立国际经济金融新秩序等议题寻得更多共识和支持，为更多发展中国家赢得发言权。

4. 环境合作

金砖国家在环境保护方面的合作进一步丰富了金砖国家合作的成果、提升了金砖的影响力和感召力，为共同应对区域及全球生态环境挑战提供强有力的支持。

2017年5月，在中俄总理定期会晤委员会环保合作分委会第十二次会议上，双方就环保政策交流等议题进行深入探讨，就共同在环保新领域开展合作达成共识。6月，在第三次金砖国家环境部长会议上，各成员国代表围绕全球性环境问题、环境保护工作进展等方面交换意见，发布了《第三次金砖国家环境部长会议天津声明》和《金砖国家环境可持续城市伙伴关系倡议》。

2018年5月，第四次金砖国家环境部长会议围绕"加强金砖国家在可持续消费与生产背景下的循环经济合作"主题展开，各方就循环经济、未来环境合作方向等内容开展探讨，发布了《第四次金砖国家环境部长会议声明》。

2019年7月，在中俄总理定期会晤委员会环保合作分委会第十四次会议上，两国代表围绕双方边境地区生态环境保护工作情况、跨界自然保护区和生物多样性保护工作组等的工作报告展开讨论，在中俄双方的共同努力和合作下，生态环境保护合作硕果累累，进一步为维护地区生态平衡和经济社会可持续发展打下基础。8月，在以"城市环境管理对提高城市生活质量的贡献"为主题的第五次金砖国家环境部长会议上，各国代表围绕海洋垃圾、污染场地修复等议题展开深入探讨，审议通过了《第五次金砖国家环境部长会议联合声明》和部长决定等文件。

2020年7月，在第六次金砖国家环境部长会议上，各国代表就五年来合作成果、各国环境保护工作进展等主题进行交流，并审议通过了《第六次金砖国家环境部长会议联合声明》。9月，在中俄总理定期会晤委员会环保合作分委会第十五次会议上，审议并批准了2020～2021年度各工作组的工作计划。

2021年8月，在以"为持续、巩固和共识而合作"为主题的第七次金砖国家环境部长会议期间，各成员国代表围绕近年环境保护合作成果、各国环境保护工作进展、未来生态环境合作等议题进行深入讨论，审议通过了《第七次金砖国家环境部长会议联合声明》。

5. 能源合作

能源转型、能源多样化、能源安全等都是金砖国家能源合作的战略领地，推动金砖国家能源合作机制和体系的完善、落实与监管，是目前各成员国在能源合作领域的关键着力点。

2019年11月，第四次金砖国家能源部长会议期间，各方代表围绕各国能源转型问题、能源计划等议题进行深入交流，通过了第四次金砖国家能源部长会议联合声明和《金砖国家能源研究合作平台工作章程》。11月14日，金砖国家领导人第十一次会晤通过了《金砖国家能源研究合作平台工作章程》，进一步为金砖国家能源合作提供更强有力的指引。

2020年11月，金砖国家领导人第十二次会晤强调了深化金砖国家在能源领域的国际合作、推动各国能源转型、加强能源安全等，通过了《金砖国家能源合作路线图》，进一步强化了金砖国家能源领域的战略伙伴关系。

6. 农业合作

农业合作是拥有世界上36%耕地面积的金砖国家的基础合作领域①，各成员国的农业资源、发展条件各有千秋，具有较强的互补优势，合作发

---

① 《金砖五国签署共同宣言 密切合作保障世界粮食安全》，央视网，http://news.cntv.cn/world/20111101/109062.shtml，2011年11月1日。

展空间和前景广阔。自第一届金砖国家农业部长会议召开以来，金砖国家在国际粮农论坛上的发言权不断提高，在农业合作体制机制、农业应对气候变化、农业科技合作等方面取得了阶段性的成果，形成了以每年举办的金砖国家农业部长会议为桥梁，以金砖国家农业研究平台等为支持，以农业生物多样性、粮食安全和营养、农业产业投资等为突破点的农业合作机制。

2019 年 9 月，以"促进创新和行动，强化粮食生产系统的新解决方案"为主题的第九届金砖国家农业部长会议发表了《第九届金砖国家农业部长会议共同宣言》。2020 年 9 月，第十届金砖国家农业部长视频会议召开，发表了《第十届金砖国家农业部长会议共同宣言》。2021 年 8 月，在第十一届金砖国家农业部长视频会议上，各方代表就"金砖国家携手合作，加强农业生物多样性，促进粮食安全和营养"主题展开研讨，通过了《第十一届金砖国家农业部长会议共同宣言》和《金砖国家农业合作行动计划（2021 - 2024)》，为未来四年的金砖国家农业合作确定了路线图。

7. 信息通信技术合作

当前，正处于第四次工业革命的重要转折时期，同时全球网络空间规则不全备、秩序有失合理、发展失衡等问题较为突出，金砖国家信息通信技术合作则是把握新工业革命机遇和引导网络空间国际秩序合理变革的推进器。

2017 年 9 月，金砖国家领导人第九次会晤通过了《厦门宣言》，强调了加强金砖国家在物联网、云计算等信息通信技术上的联合研发和创新的交流合作，并形成了成果文件——《金砖国家网络安全务实合作路线图》。2020 年 9 月 4 日，金砖国家外长正式会晤上，各国外长就建立金砖国家信息通信技术应用安全问题合作法律框架、组建网络安全工作组等议题进行深入探讨，强调《金砖国家网络安全务实合作路线图》的进一步落实工作；同年 10 月 29 ~ 30 日，在以"创新网络，共筑未来"为主题的 2020 金砖国家未来网络创新论坛上，各方代表就加强金砖国家信息通信技术合作、网络空间等议题进行交流互鉴，加强金砖国家未来网络领域高质量交流合作平台的搭建，进一步推动信息通信的技术合作、应用合作、普惠合作和互信合作，打破长期以来发达国家在软件、信息技术等领域的垄断局面，提高信息通信产业的普惠性。

8. 人文交流合作

金砖国家拥有悠久的历史与文化渊源，人文交流合作是金砖国家合作的重要支柱之一，也是深入合作的必然要求，在金砖国家合作中发挥着基础性作用，同时也是潜力巨大的金砖国家合作增长点。金砖国家在人文交流领域达成了一系列合作文件，不断加强议会、政党、青年、智库和地方合作，中国金砖国家大学联盟、俄罗斯金砖国家网络大学等的成立，进一步推动金砖国家人文交流合作迈入新的阶段。

2015 年 6 月，首届金砖国家文化部长会议在俄罗斯莫斯科举行；7 月，在金砖国家领导人第七次会晤上，《金砖国家政府间文化合作协定》的签署为金砖国家开展文化交流与合作夯实基础。2017 年，金砖国家达成《落实〈金砖国家政府间文化合作协定〉行动计划（2017—2021 年）》《金砖国家加强媒体合作行动计划》《金砖国家青年论坛行动计划》《金砖国家电影合作拍摄 2017—2021 年计划》等系列文件，并成立图书馆联盟、博物馆联盟、美术馆联盟和青少年儿童戏剧联盟，人文交流与合作领域不断开拓；7 月，金砖国家教育部部长共同签署的《北京教育宣言》提出，支持"金砖国家网络大学"成员开展教育、科研和创新相关领域的合作。2018 年 6 月，在金砖国家智库国际研讨会暨第二十一届万寿论坛上，与会嘉宾就金砖国家人文交流的机制创新等议题达成广泛共识。2019 年 11 月，在金砖国家人文交流论坛上，首部金砖国家联拍纪录片《孩童和荣耀》的全球首映式同时举办。2020 年 12 月，在金砖国家治国理政研讨会暨人文交流论坛上，正式启动了第二届金砖国家联拍联播纪录片主题全球征集活动。2021 年 9 月，金砖国家领导人第十三次会晤发布的《新德里宣言》指出，运用数字解决方案确保包容和公平的优质教育，加强教育与培训领域的合作，发出在开发、分配和获取公开数字内容等方面进行合作的倡议。

由此可见，金砖国家在贸易投资、科技、金融、环境、能源、农业、信息通信技术、人文交流合作等关键领域有极大的合作潜力和发展空间，将提高金砖国家在国际社会上的话语权，将在全球经济复苏中唱响"金砖"声音。

（二）金砖国家在全球经济中的地位和贡献

金砖国家的五个成员国，都是世界上具有较强影响力的新兴经济体，分处四大洲、地跨南北半球，具有独特地理优势，国土面积占世界领土面积的26%，2020年人口占世界总人口的42%，其中中国占比18.1%，印度占比17.8%，巴西占比2.7%，俄罗斯占比1.9%，南非占比0.8%（见图1-3）。据世界银行统计数据显示，2020年金砖国家的国内生产总值（GDP）约为20.6万亿美元（现价），占世界总量的25%。2005～2020年，金砖国家GDP的全球占比呈现逐年稳步提升的趋势，2020年全球占比相较于2010年的17.9%提高了6.4%，相较于15年前2005年的10.6%翻了1倍多，年均提高0.9个百分点（见图1-4）。其中，2016年受全球大宗商品价格波动影响，俄罗斯、南非和巴西的经济出现收缩，金砖国家GDP全球占比增长停滞，但很快出现复苏势头，并保持稳定的正向增长率。

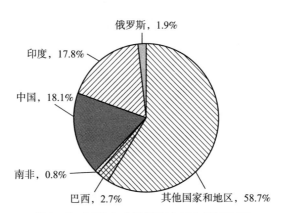

图1-3 2020年金砖国家人口占世界比重

资料来源：世界银行公开数据库，http://data.worldbank.org.cn/。

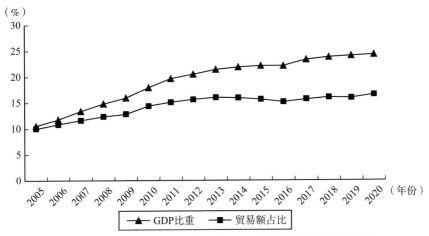

图 1 - 4　2005 ~ 2020 年金砖国家 GDP 和贸易总额占世界比重

资料来源：世界银行公开数据库，http：// data. worldbank. org. cn/。

　　金砖国家 2020 年经济总量约占世界经济的 25%，成为推动全球经济复苏和可持续增长的重要引擎。2020 年世界 500 强企业榜单中，来自金砖国家的企业共有 151 家，其中中国企业有 133 家，比例高达 88%。① 2020 年金砖各国对外贸易总额约为 7.4 万亿美元（现价），占全球贸易总额的 16.6%。2005 ~ 2020 年的 15 年来，金砖国家贸易总额的全球占比虽个别年份有所波动，但整体呈现上升趋势，相较于 2005 年的 10%，2020 年提升了 6.6 个百分点，年均提高 0.4 个百分点（见图 1 - 4）。

　　金砖国家携手合作，发挥日益增强的经济力量，推动了国际金融治理权的重大变革。根据 2010 年世界银行和国际货币基金组织（IMF）改革方案，将大幅增加金砖国家在世界银行的投票权，以及在国际货币基金组织中的份额。虽然改革方案实现过程中遇到部分发达国家的阻碍，但 2021 年 7 月，金砖五国在世界银行的投票权最终仍上升到 13.46%，在国际货币基

---

　　① 《2020 年〈财富〉世界 500 强排行榜》，财富中文网，http：// www. fortunechina. com/fortune500/c/2020 - 08/10/content_372148. htm，2020 年 8 月 10 日。

金组织的份额总量上升到 14.82%。① 金砖国家新开发银行自 2015 年开业 5
年来，投资总额已超过 200 亿美元，包括港口、公路、铁路等基础设施建
设项目，在金砖国家抗疫和经济复苏中发挥重要作用②，今后还将为金砖
国家和其他发展中国家改善基础设施、应对汇率波动、深化金融合作提供
有效保障。

金砖国家均是新兴市场国家，禀赋各异，发展模式不尽相同，这给金
砖五国拓展合作提供了广阔空间。金砖五国的市场、资源、技术、资金、
劳动力等要素相结合并辐射到外部，将成为世界经济新的"增长源"，也
将带动全球政治、经济、贸易和金融多极化发展。

（三）金砖国家合作的现实困境

1. 金砖各成员国间的相互投资合作规模尚小

投资领域的合作一直以来都是金砖国家合作的重要领域，但金砖各成
员国间的投资合作规模与成员国的经济体量相比仍较小。

据联合国贸易发展委员会统计，金砖国家间的相互投资额仅仅占其对
外投资总额的 6%。以中国为例，从金砖国家吸引的外商直接投资和向金
砖国家的对外直接投资占总投资合作金额的比重均较低。根据《中国外资
统计公报》和《中国对外直接投资统计公报》的数据计算可得，就外商直
接投资而言，2017 年和 2018 年，对华实际投入金额排名前 3 位的分别是
中国香港、新加坡和英属维尔京群岛，前 3 位投资金额占总外商直接投资
总额的 72% 以上；而 2017 年和 2018 年，中国从金砖四国吸引的外商直接
投资占总外商直接投资的比重分别为 0.221% 和 0.131%；2019 年，实际
投入金额排名前 3 位的分别是中国香港、新加坡和韩国，投入金额分别为
963.0 亿美元、75.9 亿美元、55.4 亿美元，占中国外商直接投资总额的比

---

① 外交部官网，https：//www.fmprc.gov.cn/web/gjhdq_676201/gjhdqzz_681964/jzgj_682158/
jbqk_682160/。

② WTO/FTA 咨询网，http：//chinawto.mofcom.gov.cn/article/e/r/202009/20200902998677.shtml。

重分别为 68.2%、5.4%、3.9%。而 2019 年中国实际利用印度、南非、俄罗斯和巴西的外商直接投资金额分别为 2563 万美元、311 万美元、5402 万美元、340 万美元，占中国外商直接投资总额的比重分别为 0.019%、0.002%、0.039%、0.002%，中国从金砖四国吸引的外商直接投资总额仅占总投资额的 0.062%。就对外直接投资而言，2017 年和 2018 年，中国对金砖四国的直接投资额仅占对外直接投资总额的 1.63% 和 1.40%；2019 年，中国对外直接投资存量前 3 位分别是中国香港、开曼群岛和英属维尔京群岛，对外直接投资金额存量分别为 12753.6 亿美元、2761.5 亿美元和 1418.8 亿美元，占中国对外直接投资总存量的比重分别为 58.0%、12.6% 和 6.5%。而 2019 年中国在印度、南非、俄罗斯和巴西的直接投资存量分别为 36.1 亿美元、61.5 亿美元、128.0 亿美元和 44.3 亿美元，合计占总对外投资的 1.23%。

金砖国家间投资合作比重低的原因之一在于发达国家在投资合作领域占据了主导地位，金砖国家的投资合作很难不受发达国家的影响，进而金砖各国吸引外资的来源国和对外直接投资的目的国都将优先考虑发达国家。此外，金砖国家作为新兴经济体，各国跨国企业的国际化起步较晚，国际化水平较低，跨国投资的能力和经验仍显不足，相比于新兴市场和发展中国家，发达国家拥有更好的投资合作环境和政策引导，因此各成员国也更青睐于与发达国家进行投资合作。然而，随着金砖各国在国际社会的影响力不断提升，各国的经济优势互补，合作基础不断扩大，未来金砖国家间的投资合作仍然有巨大的潜力和发展空间。

2. 后疫情时代各成员国经济增长分化明显

2020 年初爆发的新冠肺炎疫情对全球经济造成了深远的负面影响和冲击，随着疫情防控措施的稳步推进，金砖国家经济在大幅衰退的基础上有一定程度的复苏。

2020 年 12 月 23 日，世界银行发布的《中国经济简报：从复苏走向再平衡》中预测 2020 年中国将是全球主要经济体中唯一正增长的国家。据国家统计局 2021 年 1 月 18 日发布的数据显示，2020 年我国 GDP 为 101.5986 万亿元。在第一季度，中国的经济社会受疫情影响较大，经济增速下降为 1992 年中国公布季度 GDP 数据以来的最低值（6.8%），接下来的三个季度，中国的工业、服务业、进出口等逐渐复工复产。按可比价格计算，比上年增长 2.3%。2020 年第一季度，同比下降 6.8%，第二季度同比增长 3.2%，第三季度同比增长 4.9%，第四季度同比增长 6.5%，中国经济基本面长期向好。[①]

2020 年第一季度，俄罗斯经济同比增长 1.6%，新冠肺炎疫情对俄罗斯的经济冲击相对有限，然而从 3 月底起，疫情对俄罗斯的负面影响开始显现。前三季度，俄罗斯的实际 GDP 同比下降 3.4%。第四季度，由于俄罗斯第二波疫情的爆发，新一轮疫情防控措施施行，制造业采购经理人指数（PMI）在 10 ~ 12 月分别为 46.9、46.3、49.7，处于萎缩态势。[②] 按俄罗斯联邦国家统计局的初步统计，2020 年俄罗斯名义 GDP 同比下降 3%。2021 年俄罗斯 GDP 增速达 4.7%，制造业产值增长 5%。

2020 年新冠肺炎疫情对巴西经济的影响在第一季度开始凸显，第一季度巴西经济环比增长 -1.5%，同比增长 -0.3%，第二季度经济进一步衰退，第三季度开始有所回升，经济环比增长 7.7%，但 GDP 仅仅恢复到相当于 2017 年的水平，第四季度巴西经济形势进一步好转，与上一季度相比，总体情况向好；10 ~ 12 月，巴西制造业 PMI 已连续 7 个月处于景气区间，但有所下降，分别为 66.7%、64% 和 61.5%。但值得注意的是，随着巴西政府对疫情管控措施的收紧和政策空间的收窄，巴西经济复苏的难度进一步增加。据巴西国家地理统计局数据显示，2020 年巴西经济负增长

① 《2020 年国民经济稳定恢复 国内生产总值增长 2.3%》，国务院新闻办公室网站，http://www.scio.gov.cn/xwfbh/xwbfbh/wqfbh/44687/44768/zy44772/Document/1697177/1697177.htm，2021 年 1 月 18 日。

② 《「2020 年第 4 季度全球宏观经济季度报告·金砖国家」经济仍面临较大不确定性》，中国社科院世经政所，https://baijiahao.baidu.com/s? id = 1688885504120411371&wfr = spider&for = pc，2021 年 1 月 15 日。

4.1%，2021年巴西GDP增长4.6%，得益于服务业回暖。[1]

2020年第一季度，印度经济增长创十年以来新低，同比增长3.1%，由于印度在3月底对全国实施了封锁措施，对第二季度的印度经济产生了更为强烈的冲击，印度4月和5月的失业率激增至23.5%。同时，服务业也几近濒临崩溃，4月服务业PMI从3月的49.3%暴跌至历史最低水平的5.4%，5月恢复至12.6%，6月恢复至33.7%。第三季度，印度经济同比下降7.5%，四季度经济形势略有复苏，2020年10月印度工业生产同比增速进一步恢复到3.6%，制造业PMI连续5个月保持在景气区间，10～12月分别为58.9%、56.3%和56.4%。据印度官方公布数据，2020年印度经济下降7%。2020年第4季度全球宏观经济季度报告预计2021年印度经济增长预计为5.0%。最新统计数据显示，印度2021～2022财年的增长率为8.7%，比疫情大流行前的水平超出1.5%。[2]

2020年第一季度，南非经济同比增长-0.1%，失业率已经高达30.1%。第二季度南非经济因全国范围内的封城措施进一步恶化，据南非统计局的调查显示，8.1%的受访者表示已失去工作或企业歇业。随着疫情隔离措施逐渐放松，第三季度经济有所好转，经济同比萎缩-6.0%，年化环比增长66.1%，失业率为30.8%，相比第二季度上升7.5个百分点。第四季度，南非基本实施最低一级的防控措施，推动经济活动进一步复苏。南非消费者信心指数从第三季度的-23回升至-12，10～12月南非制造业PMI升至景气区间，反映了制造商信心在一定程度上的恢复。但疫情反弹又加剧了南非经济的不稳定性和不确定性，第二波疫情反弹对南非经济的冲击预计较大。据南非统计局数据显示，2020年南非经济增长率为-6.4%。2020年第4季度全球宏观经济季度报告预计2021年南非经济增长3.0%。最新数据显示，2021年南非经济增长率达到4.9%，其中采矿业和农林渔

---

① 《巴西经济2021年增长4.6%》，新华社网站，https：//baijiahao.baidu.com/s？id=1726422692230624045&wfr=spider&for=pc，2022年3月5日。

② 《印度央行：印度经济复苏仍然强劲》，新华丝路网站，https：//www.imsilkroad.com/news/p/486350.html，2022年6月17日。

业是当地经济增长最为强劲的行业。①

可以看出，后疫情时代金砖各成员国受疫情冲击的影响不同，经济复苏形势也存在差异，实力不对称性愈发凸显，增加了合作协商的难度。

3. 对经济发展的利益诉求和合作定位存在差异

金砖国家尽管在政治制度、发展现状、意识形态等方面存在不同，但在彼此核心利益等方面具有一致和明确的共识，这也是金砖国家战略合作的基石。然而，随着金砖各成员国内部的经济增长出现分化，各国对经济发展的利益诉求以及金砖国家的合作定位存在一定程度的差异。

从资源角度来看，就作为能源大国的俄罗斯和巴西而言，高的能源价格有利于两国从中获利，然而对于主要能源消费国的中国和印度来说，居高不下的能源价格会使其利益受损。对于身处非洲的金砖成员国南非来说，金砖成员国在国际市场上既是好的合作伙伴，同时又是最强劲的竞争对手。南非和巴西是中国重要的矿产原料出口国，两国在对华的矿产原料出口领域难免形成竞争态势，由此产生的利益纷争势必会对金砖国家间的合作产生不良影响。中国的制造业以及印度的服务业对南非的制造业和服务业在国际市场上的拓展带来了一定的竞争压力。同时，中国对非洲市场的投资建设一方面对南非经济带来了正向的推动作用；另一方面具备较高竞争力的中国企业容易对南非当地企业产生挤出效应。此外，金砖国家间存在差异的利益诉求致使成员国间的矛盾在某些方面远远超过其与西方发达国家的矛盾冲突。例如，中国和印度的制造业在国际市场上存在着激烈的竞争；印度、南非两国在对待人民币升值问题上，与西方国家持一致态度；作为农产品出口国，巴西和俄罗斯都在努力占有中国等国家的农产品市场，扩大其市场占有率；尽管金砖国家领导人多次在领导人会晤上公开表明支持世界贸易组织（WTO）进行合理必要改革上的一致立场，支持以

---

① 《2021年南非经济增长率达到4.9%》，商务部网站，http://za. mofcom. gov. cn/article/jmxw/202203/20220303284968. shtml，2022年3月14日。

世界贸易组织为代表、以规则为基础的多边贸易体制，但是在各国的实际行动当中，个别国家更多考虑自身发展利益的做法使得金砖国家合作的集体行动一度陷入困境。巴西在 2019 年拒绝联署由中国和印度等 10 个发展中国家提出的针对美国改革提案的分析文件；为获得美国对巴西加入经济合作与发展组织的支持，还公开表示放弃其在世界贸易组织中属于发展中国家的"特殊和差别待遇"。

　　此外，为了更好地面对国内外环境的复杂变化，各成员国针对本国的核心利益和战略定位制定及调整了对外经济合作的战略，如中国的"丝绸之路经济带"和"21 世纪海上丝绸之路"、印度的"季风计划"、俄罗斯的"欧亚经济联盟"等。印度的"季风计划"着力于覆盖东非、阿拉伯半岛、南亚、东南亚等地的民生基础设施合作、货币金融合作等，俄罗斯的"欧亚经济联盟"涵盖了白俄罗斯、哈萨克斯坦、亚美尼亚和吉尔吉斯斯坦国家的货币金融合作、能源合作等领域，而中国提出的"丝绸之路经济带"和"21 世纪海上丝绸之路"重点在于产能合作、基础设施互联互通、能源合作等领域的合作，包含了金砖成员国，是更具有普惠性和互利性的。在上述各成员国的发展规划中，除了包含金砖国家趋同的目标之外，也在一定程度上和范围内存在着竞争与冲突，由此可见，金砖国家的战略定位和规划重点存在一定的差异，各成员国间的经济合作尚未发挥出战略的规模效益，未达到理想的战略高度，将阻碍成员国之间经济合作的进一步深化发展。

4. 逆全球化思潮抬头

　　自 2008 年国际金融危机以来，贸易保护主义、单边主义、孤立主义等"逆全球化"声浪在全球范围内不断高涨，加上 2020 年新冠肺炎疫情对全球经济的冲击，国际交流和物流、人员往来受阻严重，全球贸易投资活动大幅减少，供给侧和需求侧受到重创，全球化生产更加不稳定，国际贸易几近中断，鼓吹"逆全球化"的思潮甚嚣尘上，加剧了世界经济的不确定性和风险。多数国家在疫情影响下，实施了严格的跨境旅行和国际贸易运输限制，意大利、西班牙、日本等少数国家一度直接实行全面"封国"。这对全球产业链、供应链造成了严重冲击，跨境交流、国际贸易的受阻和中断直接导致了部分国家抗疫物资短缺，美国等国家宣称将以本国生产和区域化来取代全球化。在逆全球化背景下，金砖国家面临的国际经济环境更加复杂、不确定性提高、风险加大。

三、金砖国家合作的前景及其策略

（一）进一步深化经贸财金合作

在世界经济增速放缓、单边主义、保护主义、世界经济结构性问题、收入分配差距扩大、地缘政治风险集聚的国际大背景下，促进金砖国家的全面经贸财金合作对深化金砖国家战略伙伴关系具有重要的作用和战略价值。

经贸合作一直是金砖国家合作的压舱石和推进器，已达成的多个合作协议框架成果有效推动了成员国间的贸易投资合作，比如《金砖国家多边贸易体制合作声明》《专业服务合作框架》《金砖国家投资便利化合作纲要》《金砖国家投资便利化谅解》《金砖国家经济伙伴战略2025》等。在金砖经贸合作体系下，金砖成员国间已经形成了重要且良好的贸易合作伙伴关系，尽管2020年全球贸易受新冠肺炎疫情的影响较大，但在金砖经贸合作机制的引导与推动下，疫情期间金砖国家加强经贸务实合作，不仅保障了疫情当前关键物资的供应，未来还将进一步扩大贸易往来，为金砖国家经济复苏、全球产业链、供应链安全高效运行筑牢基础。

新开发银行是金砖国家财金合作的旗舰项目。在金砖国家领导人第六次会晤上，各国代表一致决定成立金砖国家新开发银行，2015年金砖国家新开发银行开业，为金砖国家及其他新兴经济体和发展中国家融资、抵御金融风险、双边及多边金融合作、基础设施建设、可持续发展项目等方面提供合作平台、拓宽合作路径。截至2021年9月,金砖国家新开发银行共批准了80个基础设施项目,总价值约300亿美元①,涵盖交通、城市重建、可持续等领域。新开发银行还获得了日本信用评级机构的AAA国际信用等级以及标准普尔和惠誉国际的AA＋级。此外,新开发银行的发展运营遵循了第九届峰会上提出的绿色金融理念,更好地推动金砖国家践行绿色金融,不仅有利于金砖各成员国间在经贸财经合作领域的互惠共赢,进一步促进金砖国家经济社会的高质量、可持续、绿色发展,也惠及了广大发展中国家的基础设施建设和经济发展。2020年6月和9月,新开发银行在国际资本市场分别发行15亿美元3年期和20亿美元5年期抗击新冠肺炎疫情债券,募集用于资助新开发银行可持续发展项目的资金,包括紧急援助贷款、抗击疫情等的资金支持。为抗击新冠肺炎疫情,新开发银行通过其快速通道机制,2020年已向中国、印度、南非和巴西划拨了共40亿美元贷款用于公共卫生应急支出。2021年9月2日,新开发银行宣布3个新的成员国——阿联酋、乌拉圭和孟加拉国的加入。新成员国的加入将为"金砖＋"合作模式添彩,扩大金砖国家朋友圈,推动南南合作,增添金砖成色。随着金砖特色的突出、比较优势显现、内部治理加强、国际影响力扩大,新开发银行将朝着卓越的21世纪新型多边开发机构发展,为广大新兴市场国家和发展中国家的经济社会发展贡献金砖力量。

(二) 加快构建新工业革命伙伴关系

数字化新时代催生出了新技术、新产业、新组织形式、新业态,同时也给包含金砖国家在内的新兴市场和发展中国家提供了历史性的新发展机遇和新挑战。在单边主义、保护主义、世界经济结构性问题、地缘政治风

---

① 《新开发银行累计批准成员国约300亿美元的80个项目》,国家发展和改革委员会网站,https://www.ndrc.gov.cn/xwdt/ztzl/gwyhhkdt/202111/t20211126_1305330.html? code = &state = 123, 2021年11月26日。

险集聚的国际大背景下，加快构建新工业革命伙伴关系是金砖国家着眼未来、系牢金砖战略伙伴关系纽带、发挥协同效应和互补优势、更好地应对瞬息万变的国际国内局势、加强战略对接、把握发展先机的重要举措。

在 2018 年金砖国家领导人第十次会晤上，中国国家主席习近平在发表题为《让美好愿景变为现实》的重要讲话时发出构建新工业革命伙伴关系的倡议，各国就启动新工业革命伙伴关系构建工作、针对第四次工业革命的重点领域制定相关的工作计划和任务大纲等议题达成共识，并写入《金砖国家领导人第十次会晤约翰内斯堡宣言》。2019 年，中国成立了金砖国家未来网络研究院分院，以推动金砖成员国间的网络技术创新合作和数字经济发展，为新工业革命伙伴关系的构建做出了实质性行动。在 2019 年金砖国家领导人第十一次会晤上，各国围绕建立金砖国家工业园和科技园、创新中心等六个领域的合作项目展开深入探讨。在 2020 年金砖国家领导人第十二次会晤上，中国国家主席习近平在发表重要讲话时宣布中方将在福建省厦门市建立金砖创新基地，该创新基地实行理事会领导下的主任负责制，采取理事会、战略咨询委员会、实体机构的三级架构运行机制，这将是金砖国家构建全新合作模式、为南南合作发展注入新活力的新阶段。2021 年 9 月，2021 金砖国家新工业革命伙伴关系论坛在中国厦门成功召开，各国政府部门、企业、科研机构及国际组织代表就产业链供应链畅通实践、绿色转型、新兴技术提升其韧性、相关人才培养等议题进行探讨。9 月 9 日，在金砖国家领导人第十三次会晤上，印度提出了金砖国家新工业革命伙伴关系创业活动等倡议。

新工业革命伙伴关系的构建有利于发挥金砖各国数字经济发展阶段的互补优势，进一步发挥各自优势，采用差异化的合作策略，把握重点的合作领域，整合龙头企业、科研机构等资源，充分发挥区域大国的辐射作用，加强行业间、产业上下游的协作，推动金砖国家产业链布局的形成，打造"金砖＋地区"经济循环，确保全球产业链、供应链稳定，推动金砖创新基地成长为金砖国家数字经济创新发展的重要平台，促进跨境贸易、移动支付、金融科技等方面的数据互联互通共享，推进金砖国家的 5G 基站建设、轨道交通、人工智能等新型基础设施建设项目的合作，共同把握第四次工业革命的时代机遇。

（三）推动构建人类卫生健康共同体

在后疫情时代，金砖国家深入卫生领域合作，将进一步促进金砖国家卫生健康共同体的构建，共同参与全球抗疫、巩固抗疫成果，共同应对新冠肺炎疫情及其连锁负面影响等全球性挑战和威胁。

截至 2020 年 3 月，中国与南非通过举办多次抗疫经验视频交流会，围绕病毒检测、疫情防控经验、疫苗研发等九大主题展开交流。4 月 28 日，金砖国家应对新冠肺炎疫情特别外长会，各国代表围绕抗击疫情、深化金砖国家合作等主题进行深入探讨，就坚持密切疫情信息分享和经验交流、展开药物和疫苗研发合作、坚定支持世界卫生组织等国际组织在国际抗议中的领导作用等议题开展讨论，并达成共识。截至 2020 年 5 月，中国已向柬埔寨等 19 个国家派出了 21 批医疗专家组[①]，向这些国家提供疫情防控工作援助、指导与咨询。

其他金砖四国与别国的抗疫合作主要以疫苗研发合作方式为主。巴西公共卫生机构与英国制药公司、牛津大学合作开发新冠疫苗。印度血清研究所与美国生物技术公司 Codagenix 合作研发新冠减毒活疫苗。此外，印度也与牛津大学合作研发新冠疫苗，并于 2020 年 5 月在印度开展临床试验。南非的金山大学与牛津大学于 2020 年 6 月合作开展非洲首个疫苗临床试验。俄罗斯与土耳其、意大利等多个国家开展新冠疫苗研发和临床试验合作。2020 年 11 月 11 日，在第十届金砖国家卫生部长会议上，各方代表围绕新冠肺炎疫情应对措施、加强疫情监测、检测和预警合作等议题交流互鉴，就支持多边主义和世界卫生组织在全球卫生安全领域的领导力达成

---

① 《一表尽览！中国向 19 国派出 21 批抗疫医疗专家组详情》，中国经济网，https：//baijia-hao. baidu. com/s？id＝1665926901989444147&wfr＝spider&for＝pc，2020 年 5 月 6 日。

共识。同年 11 月 17 日，金砖国家领导人第十二次会晤上通过的《莫斯科宣言》强调金砖国家支持世界卫生组织等各国际组织、国家机构、医药行业对疫苗的研发、生产、公平分配。2021 年 7 月 28 日，在第十一届金砖国家卫生部长会议暨传统医药高级别会议视频会议上，各国部长就本国新冠肺炎疫情应对措施经验分享、强化数字健康、药物研发等领域合作等议题进行深入探讨，并通过了《第十一届金砖国家卫生部长会议宣言》。同年 9 月 9 日，在金砖国家领导人第十三次会晤上，各国围绕共同在世界卫生组织等现有国际框架下应对新冠肺炎疫情和全球健康挑战等议题达成共识。

金砖国家可推动成员国间的应急医疗卫生合作和嵌入型医疗卫生合作相融合，同时设立医疗卫生合作的短期目标和中长期目标，短期合作目标用以针对突发疫情采取应急协调、磋商和合作，中长期目标则有助于金砖国家间、金砖国家与其他国家、国际机构在疫苗研发、传统医药合作、卫生人才培养等领域展开的中长期交流合作，提高医疗卫生能力，降低疫情对国际社会带来的潜在风险。

（四）进一步强化能源和环境可持续合作

化石能源在第一次工业革命后开始成为社会生产生活发展的重要动力能源。随着化石能源的广泛使用，化石能源带来的环境和资源问题也逐渐引起全球关注。当前，金砖国家汇集了能源需求和供给两侧都举足轻重的国家，对于资源和能源的需求将在未来的经济和社会发展进程中不断上升，能源和环境问题也将会成为金砖国家实现可持续发展和高质量发展过程中不容忽略的问题，因此金砖各成员国间以及其与其他新兴市场和发展中国家进行的能源清洁转型和环境污染防治合作、绿色金融等将成为未来能源和环境合作的主旋律。

在推动能源结构转型和环境污染防治方面需要庞大的资金支持，尽管发达国家在《联合国气候变化框架公约》第十五次缔约方会议上承诺对发展中国家的环境保护加大经济援助力度，但实际上真正落实的援助资金远不足承诺资金。金砖国家等新兴市场及发展中国家在能源转型和环境污染治理等可持续发展上，不能仅仅依靠和等候发达国家伸出援手，还需要深化各成员国和其他新兴市场及发展中国家之间在能源清洁转型和环境污染治理方面的资金、技术与人才等的交流合作。对此，金砖国家领导人第十一次会晤和第十二次会晤通过了《金砖国家能源研究合作平台工作章程》《金砖国家能源合作路线图》《第六次金砖国家环境部长会议联合声明》，金砖国家各国领导人表示，未来将进一步加强能源和环境合作，巩固已有的成果，推动能源研究平台和环境友好技术合作平台的建设，强化扩大能源联合研究范围、实施能源联合项目、强化能源研究平台、建立环境友好技术平台架构模型等方面的工作，对进一步强化金砖国家能源和环境保护领域的战略伙伴关系有坚定的信心和决心。

为解决能源问题、应对全球气候变化和相关的生态问题，金砖各国一直致力于从能源和环境可持续领域落实 2030 年可持续发展议程，努力推动联合国《生物多样性公约》第十五次缔约方大会制定和通过的"2020 年后全球生物多样性框架"，明确表示履行包括《联合国气候变化框架公约》《京都议定书》和《巴黎协定》在内的各项环境治理国际协议。在实现"碳达峰""碳中和"方面，俄罗斯于 1990 年达到碳排放峰值，尽管 2010 年之后，随着俄罗斯经济的复苏，碳排放量有所回升，但仍然远低于 1990 年碳排放峰值水平。巴西政府在 2009 年哥本哈根气候大会后，开始重视碳减排和雨林保护，于 2014 年实现"碳达峰"。在实现"碳中和"的道路上，巴西设立阶段性目标：到 2025 年碳排放量较 2005 年降低 37%，到 2030 年较 2005 年降低 43%，并力争在 2060 年实现"碳中和"。中国应对气候变化问题可追溯至《中华人民共和国国民经济和社会发展第十一个五年规划纲要》（"十一五"规划）中提出的建立"资源节约型、环境友好型社会"倡议；2011 年，中国在《中华人民共和国国民经济和社会发展第十二个五年规划纲要》（"十二五"规划）中明确了应对气候变化的目标任务，气候变化议题开始顶层设计，同年颁布的《"十二五"控制温室气体排放工作方案》提出 5 年间碳排放强度下降 17% 的政策目标，国家发展和改革委员会在 2011 年将北京市、广东省、深圳市、天津市、重庆市、上海市及湖北省纳入碳排放权交易试点省市；2015 年颁布的《中华人民共和国国民经济和社会发展第十三个五年规划纲要》（"十三五"规划）提出"推动建设全国统一的碳排放交易市场"；习近平主席在第十五届联合国大会一般性辩论、联合国生物多样性峰会、金砖国家领导人第十二次会晤、气候雄心峰会及 2020 年中央经济工作会议上，提出中国二氧化碳排放力争于 2030 年前达到峰值，努力争取 2060 年前实现"碳中和"。印度政府于 2008 年首次发布关注可再生能源开发和适应气候变化的纲领性文件"气候变化国家行动计划"，同时，还推出了加强气候变化战略研究的能力建设规划；2012 年，印度在向气候变化框架公约大会提交的《第二次国家信息通报》中，明确到 2020 年碳排放强度在 2005 年的基础上削减 20% 至 25%；随后在 2015 年向联合国递交的减排计划中承诺，到 2030 年碳排放量较 2005 年下降 33%～35%，同时设立本国应对气候变化的基金。南非形成了以化石燃料为主的电力供应体系，因此电力行业成为南非碳排放的主要来源，为加快应对气候变化的行动，南非将"碳达峰"时间由 2035 年提前至 2025 年，陆续关闭燃煤电厂。

2011～2014 年，在金砖国家领导人第三次到第六次会晤中，金砖国家在气候变化问题上以呼吁和倡议为主导；2015 年 4 月，在第一届金砖国家环境部长会议上，创建了金砖国家在环境领域合作新机制。金砖国家气候与环境合作机制正式构建取得实质性推进，同年 9 月，金砖国家领导人第七次会晤进一步落实金砖国家气候与环境合作机制；2016 年 10 月，金砖国家领导人第八次会晤提出减少温室气体排放，呼吁发达国家履行承诺，帮助发展中国家更好地应对气候变化。

在实现"碳达峰""碳中和"目标的过程中，金砖各国的气候合作将向纵深发展。各成员国具备相关领域的技术实力和实现条件，比如中国的太阳能产业、巴西的可再生能源和海洋能源、南非的清洁煤炭能源、俄罗斯的水电和核电，有利于推动各成员国在气候领域的深入合作，共同加快能源结构转型，实现"碳达峰""碳中和"目标，打造"绿色金砖"。

（五）进一步推进人文交流与合作

人文交流作为金砖国家合作三大支柱之一，对于金砖五国合作始终发挥着积极的促进作用。教育、文化、体育、科技等人文领域的广泛交流与合作为增进五国人民相互理解与友谊，夯实民意基础，发挥了重要作用。不同国情、社会背景下的金砖国家文化、文明各具特色和优势，互补性强，为金砖国家间的学习、借鉴提供了基础。同时，金砖国家的政治、经济和社会制度也因此存在着较大的差异，构建人文交流纽带，才能办好民心工程，增加成员国间的相互了解与信任，进而推动金砖国家合作走深走实。

在金砖国家合作机制成立的较长一段时间，金砖国家合作的着力点主要集中于经济领域的合作，而人文交流与合作的进程相对缓慢，人文交流机制缺乏顶层设计、人文交流机制间的协调性不足、约束力与执行力较弱。此外，金砖国家间的文化与文明的优势互补尚未充分挖掘，如何实现金砖国家各自文化与文明的优势互补仍然是金砖国家合作需要应对的重要课题。

随着金砖国家合作迈入新阶段，各成员国应发挥政府的引导和统筹作用，充分调动和整合各种资源，为人文交流与合作搭建平台，同时也要发挥政府与民间机制的联动效应；在资源有限的情况下，金砖人文交流合作机制要立足于五国人文交流合作的切实需要和满足人民的迫切需求，将资源投入到有效促进成员国相互了解和信任的人文交流合作领域，优先进行人文交流重点领域的机制建设，打造示范性成果；发挥智库合作的专业优势和协同效应，针对金砖国家人文交流机制建设和发展方面展开基础性与对策性研究。

第二章
金砖国家政策协调合作进展与效果分析

近年来，随着金砖国家实力不断增强，彼此联系与合作也日益加深，为了应对新工业革命发展需要，金砖国家要加强政策的交流互鉴，拓展交流议题、范围和内容，释放互补优势和协同效应，努力把金砖创新基地打造成为高度开放、惠及各方的重要平台，增强金砖国家的国际竞争力。本章从四个角度分析了金砖国家在政策协调领域的合作需求，根据金砖国家政策协调机制的发展历程，归纳总结了该机制的内容，并利用金砖国家的产出波动数据对协调机制的效果进行了评价，最后提出了新工业革命背景下金砖国家政策协调发展的要求和方向。

一、金砖国家在政策协调领域的合作需求

"金砖国家"最初由巴西、俄罗斯、印度、中国四个新兴市场国家组成，2010 年 12 月，南非加入金砖国家。至此，这一机制覆盖了亚洲、欧洲、美洲、非洲等世界主要大洲，代表性明显增强，对世界的影响力进一步扩大。金砖国家政策协调主要是指金砖国家就财政货币政策、贸易投资政策、结构性改革政策等经济政策进行磋商和协调，对政策目标、政策工具、政策实施路径形成某种承诺和约束，实行某种共同或趋同的宏观经济

政策和调控方式，共同抵御内外部冲击，并推动自身经济和世界经济平稳发展。具体合作需求表现如下。

（一）共同应对全球不确定风险

国际金融危机的发生，使得金砖国家认识到加强宏观政策协调、共同抵御外部风险的重要性。为了应对金融危机，2009 年 6 月，"金砖四国"领导人在俄罗斯举行首次正式会晤，从此金砖国家政策协调机制正式开启，金砖各国通过采取稳健的经济政策，保持了较高速度的经济增长。可见，金砖国家最初起源于积极应对全球危机，保持稳定快速增长。

近年来，金砖国家在经济增长方面呈现出一些新的变化。在综合因素的影响下，金砖国家经济增速总体有所放缓且面临较大的下行压力。2011年，巴西、俄罗斯、印度、中国、南非的经济增速分别为 3.97%、4.3%、5.24%、9.55%、3.28%，均高于世界经济增速（3.13%），到 2019 年，金砖五国的经济增速分别为 1.41%、2.03%、4.04%、5.95%、0.15%，分别下降了 2.6 个、2.3 个、1.2 个、3.6 个、3.1 个百分点。2020 年受新冠肺炎疫情的影响，金砖国家除了中国经济保持了 2.3% 的正增长外，其他国家经济增速均出现了负数（见图 2-1）。

国际货币基金组织 2021 年 7 月发布的《世界经济展望》显示，2021年全球经济将增长 6%，新兴市场和发展中经济体增长前景恶化，特别是亚洲新兴经济体，而发达经济体的增长预测被上调。金砖国家经济增长率与 4 月预测相比，印度经济增长率下调 3 个百分点，俄罗斯、巴西、南非分别上调 0.6 个、1.6 个、0.9 个百分点，中国维持不变。

另外，金砖五国经济增速出现了较为明显的分化。中国和印度经济表现较好，经济增速一直高于世界经济增速水平，仍处于中高速增长通道；巴西经济继 2015 年出现大幅衰退后，增速保持在 1.5% 左右；俄罗斯经济继 2015 年出现萎缩后，处于缓慢复苏状态；南非经济增速在金砖五国中处于最低水平。2020 年，新冠肺炎疫情突如其来，给各国人民的生命健康带来

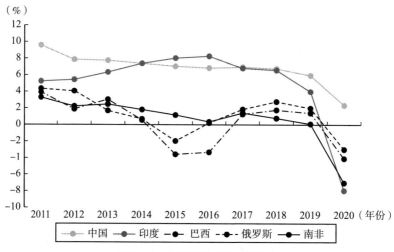

（%）

图 2-1　金砖国家 GDP 增长率

资料来源：世界银行数据库。

巨大威胁，对全球经贸往来和世界经济造成严重冲击。在疫情的背景下，金砖国家对疫情冲击反应迅速，比如新开发银行扩大金砖国家紧急援助计划，成员国积极互助，协作抗疫。在疫情冲击下，金砖国家经济出现了大幅衰退，尽管各国经济总体处于不断恢复状态，但仍面临较为严峻的疫情形势，尤其是巴西、印度疫情仍在蔓延，疫苗接种进程相对缓慢。因此，金砖国家政策协调的需求之一，就是在充满各种不确定性的经济环境下，在应对疫情的政策空间逐渐收窄的背景下，如何确保金砖各国经济继续平稳快速增长。

（二）推进建设开放型世界经济

这些年来，金砖国家的快速发展正是得益于一个开放的世界经济环境。世界银行数据显示，2020 年，金砖国家进出口贸易总额占全球的比重为 16.57%，尽管金砖国家经济发展道路不同，经济表现也存在差异，但这些并未阻碍南南贸易多年来的强劲增长。从出口所在地看，2020 年，金砖国家向东亚和太平洋、中东和北非、南亚、拉丁美洲和加勒比、撒哈拉以南非洲、欧洲和中亚、阿拉伯世界等地区发展中经济体的商品出口占金砖国家出口总额的比重接近 50%，其中巴西为 58.93%、俄罗斯为 44.74%、印度为 53.75%、中国为 36.94%、南非为 50.22%。

但是，这种开放型经济正遭受前所未有的阻碍和挑战。当今世界，经济增长动力不足，单边主义、保护主义、民粹主义思潮不断抬头，特别是近年来美国频繁高举贸易保护主义的大旗，给世界经济带来了一定负面影响。美国以巨额贸易逆差为借口，认为自己在现行贸易格局和开放型经济中遭受了不公平待遇，一意孤行挑起贸易摩擦，特别是对中国摆出了极限施压态势，冲击了金砖国家的自由贸易。2020 年，巴西、俄罗斯、印度、中国、南非的出口贸易总额占 GDP 比重分别为 16.87%、25.52%、18.08%、18.5%、30.47%，与 2011 年数据相比，巴西上升 5.3 个百分点，俄罗斯、印度、中国分别下降 2.5 个、6.5 个、8.1 个百分点，南非维持不变（见图 2-2）。可见，金砖国家中三个经济体量较大的国家出口贸易占 GDP 比重都呈现出下降趋势。美国曾一度将引领全球化作为实现美国优先的重要手段，这种全球化以中心—外围经济结构为基础，发达国家与发展中国家之间进行工业制成品与原材料的贸易。随着中国等新兴经济体的快速崛起，中心—外围结构转换为"发达国家—新兴市场—外围国家"的互联互通，缩小了中心与外围之间的差距。为了维持自身经济的持续发展，金砖国家在不同场合一直主张构建开放的世界经济，在促进贸易和投资自由化便利方面开展了大量工作。因此，金砖国家政策协调的需求之二就是推动构建开放型世界经济，维护全球化和多边主义，坚决捍卫金砖国家在国际市场中的共同利益，促进贸易和投资自由化。

目前，中国对周边以及全球各个国家开展的一系列外交活动，都把开放型经济作为问题突破口。由商务部国际贸易经济合作研究院撰写的《中国"一带一路"贸易投资发展报告 2021》显示，截至 2021 年 6 月，中国与 140 个国家和 32 个国际组织签署 206 份共建文件，涵盖互联互通、贸易投资、金融、科技、人文、社会、民生、海洋等多个领域，具体来看，在货

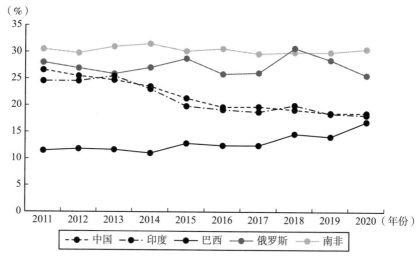

图 2－2　金砖国家出口贸易总额占 GDP 比重

资料来源：世界银行数据库。

物贸易方面，2020 年，中国与"一带一路"沿线国家和地区的货物贸易总额为 1.35 万亿美元，占中国货物贸易总额的比重为 29.1%；在服务贸易方面，2020 年，中国与"一带一路"沿线国家和地区的服务贸易额为 844.7 亿美元；在投资领域，2020 年，在全球对外直接投资缩水的背景下，中国境内投资者在"一带一路"沿线的 58 个国家和地区实现直接投资 186.1 亿美元，同比提升了 0.3 个百分点。① 随着"一带一路"伟大实践的推进，中国主动参与的开放型世界经济的新格局正在形成。

（三）积极参与全球经济治理

自 2007 年金融危机爆发以来，世界经济格局发生较大变化，主要表现

---

① 《〈中国"一带一路"贸易投资发展报告 2021〉 发布：合作抗疫、逆势增长成为关键词》，商务部网站，http：//fec. mofcom. gov. cn/article/fwydyl/zgzx/202108/20210803190898. shtml，2021 年 8 月 24 日。

在世界经济权重结构发生逆转。按照购买力平价计算，从2012年起，中国、印度、俄罗斯、巴西、印度尼西亚、墨西哥、土耳其七个最大的新兴市场经济体的GDP总和已超过西方七国集团（G7），这是发展中国家与发达国家的"南北逆转"。在这七大新兴市场经济体中，金砖四国的GDP总和所占比重超过80%，足以体现其对世界经济的影响力。新兴市场经济体的快速崛起，深刻改变了过去全球经济的治理结构。过去，全球经济以发达国家为中心，新兴市场经济体为外围。如今，随着新兴市场经济体在全球经济中所占份额的提升，外围对中心的超越不断加快，两者的差额不断扩大。从图2-3可以看到，2012年，七大新兴经济体的GDP与G7的GDP之间的差额为0.75万亿美元，2020年，该差额扩大到12.71万亿美元。然而，现有国际经济治理结构并未体现这一格局变化，新兴经济体和发展中国家缺乏与之匹配的发言权，缺乏统一的制衡机制对发达经济体本国优先的做法给予回应。例如，在疫情冲击下，美国推卸其在全球治理体系中的责任，不支持抗击疫情的世界卫生组织，反对扩大国际货币基金组织的特别提款权用于协助抗疫。此外，现有全球经济治理的主要机构侧重效率和增长，对全球发展失衡、贫富差距扩大问题缺乏足够重视，尚未找到有效解决办法。瑞信研究院（Gredit Suisse）《2021年全球财富报告》显示，2020年，巴西、俄罗斯、中国、印度、英国、意大利、日本、法国等国最富有1%人群的财富份额在疫情下依旧实现了增长，处于全球财富底层的50%人群所拥有财富的占比不足1%，巴西、俄罗斯、印度三个国家最富有1%人群的财富份额超过40%，贫富差距问题十分严重。① 消除贫富差距是全球各国普遍面临的社会难题，贫富分化是一个全球性挑战。只有加强合作，推动全球治理体系变革，才能解决好财富分配不均问题。因此，金砖国家政策协调的需求之三就是努力成为国际治理体系的参与者、推动者甚至引领者，推动建立一个让发展中国家发挥更大作用的更加公

---

① 《〈全球财富报告〉：未来五年全球财富仍将保持增长》，中国新闻网，https：//baijiahao. baidu. com/s？ id = 1744557359564300300&wfr = spider&for = pc，2022年9月21日。

正、合理的国际秩序。

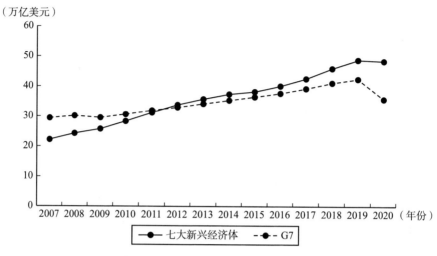

（万亿美元）

图 2-3　新兴经济体与 G7 经济总量

资料来源：世界银行数据库。

目前金砖国家在部分国际金融机构中的份额有所提升，但与其拥有的经济实力仍不匹配。2010 年 12 月 IMF 推出的份额与改革治理方案①，最终在 2015 年 12 月获得美国国会通过。改革后，新兴市场和发展中国家新增 6% 的份额，其中中国排位上升了 3 名，在 IMF 中的份额占比从原来的 3.994% 上升到 6.390%，仅次于美国和日本，巴西、印度、俄罗斯的占比份额均有所增加。金砖四国的总份额为 14.159%，相比改革前的 10.71%，虽有较大提升，但是与 G7 的总份额相比，仍存在一定差距。改革后，G7 在 IMF 中的总份额为 43.362%，特别是美国所占份额达 17.398%，在 IMF 重大议题决策上具有一票否决权（见表 2-1）。2020 年疫情发生后，IMF 核准 5 亿美元用于免除 25 个世界最贫穷国家 6 个月

---

① 《美国批准 IMF 份额和治理改革方案》，人民网，http：//finance. people. com. cn/n1/2015/1220/c1004-27951040. html，2015 年 12 月 20 日。

的债务，同时考虑启用特别提款权向 189 个成员国提供至少 5000 亿美元的流动资金。但是，这一提案遭到美国的反对。有鉴于此，金砖国家亟须联手，加强全球抗疫合作和宏观经济政策协调，将疫情给经济社会带来的负面冲击降到最小。

表 2 - 1   各国在 IMF 中的份额   单位：%

排名	国家	2015 年改革后的份额	原来的份额	排位变化
1	美国	17.398	17.661	—
2	日本	6.461	6.553	—
3	中国	6.390	3.994	↑3
4	德国	5.583	6.107	↓1
5	法国	4.225	4.502	↓1
6	英国	4.225	4.502	↓1
7	意大利	3.159	3.305	—
8	印度	2.749	2.441	↑3
9	俄罗斯	2.705	2.493	↑1
10	巴西	2.315	1.782	↑4
11	加拿大	2.311	2.670	↓2
	BRICS	14.159	10.71	↑
	G7	43.362	45.3	↓

资料来源：国际货币基金组织，http：//www.imf.org/external/np/sec/misc/consents.htm，2017 年 4 月 24 日。

（四）推动金砖国家内部结构性改革

长期以来，金砖国家是新兴市场经济体和发展中国家的"领头羊"，也是世界经济持续增长和稳定复苏的压舱石。图 2 - 4 显示从金砖国家 GDP 总和占全球 GDP 的份额来看，1999 年占比为 7.63%，2005 年占比为 10.56%，2012 年占比为 20.53%，2020 年占比为 24.29%。金砖国家总体经济实力稳步增强，占全球经济的近1/4，全球影响力逐渐上升。但是，金砖五国经济发展步调并不一致。从近年来的数据来看，2020年，巴西、俄罗斯、印度、中国、南非的 GDP 总量分别为 1.44 万亿美元、1.48 万亿美元、2.62 万亿美元、14.72 万亿美元、0.30 万亿美元，与 2011 年数据相比，中国增长了 94.96%，印度增长了 43.88%，巴西、俄罗斯、南非分别下降了 44.78%、27.5%、27.5%（见图 2-4）。可见，金砖五国中，中国与印度的经济保持了增长态势，而其他三个国家的经济都出现了萎缩。从人均 GDP 指标看，2020 年，中国的人均 GDP 为 10500 美元，略高于俄罗斯的 10126 美元，巴西的人均 GDP 为 6797 美元，南非和印度的人均 GDP 分别为 5090 美元和 1900 美元。与 2011 年数据相比，中国增长了 86.9%，印度增长了 30.4%，其他金砖国家的人均 GDP 都出现了下滑，巴西、南非、俄罗斯分别下降了 48.7%、36.4%、29.2%（见图 2-5）。

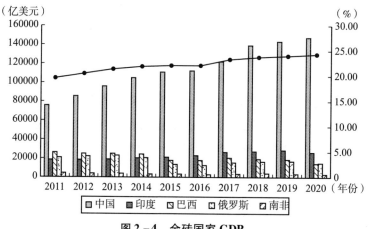

图 2-4　金砖国家 GDP

资料来源：世界银行数据库。

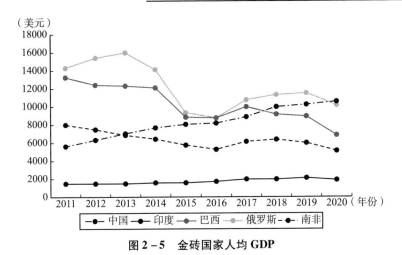

（美元）

图 2-5　金砖国家人均 GDP

资料来源：世界银行数据库。

　　具体来看金砖各国经济发展面临的困境。俄罗斯自然资源禀赋丰富，包括石油、天然气、煤、钻石等，经济发展过于依赖能源出口，轻工业发展较为落后；当全球经济增长低迷，国际大宗商品价格下降时，俄罗斯经济就会面临萎缩的危险，比如 2014 年国际油价大幅下降，俄罗斯经济在 2015 年和 2016 年均出现了负增长。巴西矿产资源丰富，经济发展主要依靠出口铁矿石、石油等初级产品，制造业缺乏活力，趋于萎缩，产业结构十分不合理；由于是民主体制，其政治和经济主张在左右两派之间摇摆不定，结构性改革受阻。南非虽不是金砖国家中 GDP 增速萎缩最严重的，但反映出来的问题也很严峻，比如经济各部门、各地区发展不平衡，城乡、黑白二元经济特征明显，采矿业发达但制造业增长乏力，农业在国民经济中占据较大份额等。因此，金砖国家政策协调的需求之四就是通过开展务实合作，寻找各国战略政策和优先领域的契合点，推动各国内部结构性改革。

二、金砖国家政策协调机制的进展情况

2006 年 9 月，中国、俄罗斯、印度、巴西四国外长在联合国大会期间举行首次会晤，开启金砖国家合作序幕。2007 年，国际金融危机席卷全球，不仅欧美等发达国家遭受重创，金砖国家也难以幸免。为了共同抵御危机造成的负面冲击，金砖国家越来越意识到加强政策协调的重要性。2009 年 6 月，金砖国家领导人在俄罗斯叶卡捷琳堡举行首次会晤，金砖国家间的合作机制正式启动。回顾金砖国家政策协调机制走过的十多年历程，金砖国家从一个概念发展成为具有一定国际话语权的多边合作机制，得益于五个成员国强烈的合作意愿和务实的合作精神。金砖国家政策协调机制的发展历程主要包括以下几个方面。

（一）建立金砖国家政策协调的组织架构

经过多年的协商与发展，金砖国家政策协调的组织架构已初步形成，由金砖国家领导人会晤、部长级会议、专业机构、专业论坛四个部分组成。

首先，金砖国家领导人会晤在政策协调组织架构中居于核心地位，每年召开一次，由成员国轮流承办。2009～2021 年，金砖国家领导人共举行了 13 次正式会晤（见表 2－2）。在首次会晤中，金砖国家领导人就应对国际金融危机冲击、二十国集团峰会进程、国际金融机构改革、粮食安全、能源安全、气候变化等重大问题交换看法。在第十三次会晤中，金砖国家领导人围绕"金砖 15 周年：开展金砖国家合作，促进延续、巩固与共识"主题深入交流，并表示将继续推动全球团结抗疫，促进世界经济强劲复苏。每年召开领导人会议，既加深了金砖国家领导人之间的联系，有利于成员国之间的沟通，又能保证政策协调的连续性和稳定性。

表 2 - 2　　　　　　　　　　　　　　金砖国家领导人历次会晤

序号	时间	地点	主题	主要成果
1	2009 年 6 月	俄罗斯叶卡捷琳堡	全球金融危机，粮食、能源安全，气候变化及金砖国家未来发展等问题	讨论进一步加强金砖四国合作的前景，推动金砖四国对话与合作
2	2010 年 4 月	巴西巴西利亚	世界经济与金融形势、二十国集团事务、国际金融改革、气候变化、金砖四国对话与合作等问题	提出金砖四国合作协调的具体措施和建议
3	2011 年 4 月	中国三亚	展望未来 共享繁荣	南非成为金砖国家一员，制定金砖国家开展政策协调的行动计划
4	2012 年 3 月	印度新德里	金砖国家致力于全球稳定、安全和繁荣的伙伴关系	推出设立"金砖银行"的构想，通过德里行动计划
5	2013 年 3 月	南非德班	致力于发展、一体化和工业化的伙伴关系	决定成立新开发银行和筹建金砖国家应急储备安排；开启金砖国家与发展中国家对话的进程
6	2014 年 7 月	巴西福塔莱萨	实现包容性增长的可持续解决方案	成立金砖国家新开发银行，建立金砖国家应急储备安排，建立金砖国家与南美洲国家对话机制
7	2015 年 7 月	俄罗斯乌法	金砖国家伙伴关系——全球发展的强有力因素	金砖国家新开发银行筹建工作全面展开，应急储备安排正式启动，通过《金砖国家经济伙伴战略》
8	2016 年 10 月	印度果阿	打造有效、包容、共同的解决方案	签署了农业、海关、保险等方面的谅解备忘录和文件，就一系列重大国际和地区问题表达了共同立场
9	2017 年 9 月	中国厦门	深化金砖伙伴关系 开辟更加光明未来	提出"金砖＋"合作模式，举办新兴市场国家与发展中国家对话会

续表

序号	时间	地点	主题	主要成果
10	2018 年 7 月	南非约翰内斯堡	金砖国家在非洲：在第四次工业革命中共谋包容增长和共同繁荣	"建立金砖国家新工业革命伙伴关系"写入约堡宣言；延续厦门会晤的做法，继续举办"金砖＋"领导人对话会
11	2019 年 11 月	巴西巴西利亚	经济增长打造创新未来	传递弘扬多边主义、反对保护主义和外来干涉等积极信号
12	2020 年 11 月	视频会议	深化金砖伙伴关系，促进全球稳定、共同安全和创新增长	加强国际抗疫合作；承诺维护多边贸易体制；深化经贸务实合作；制定《金砖国家经济伙伴战略 2025》
13	2021 年 9 月	视频会议	金砖 15 周年：开展金砖国家合作，促进延续、巩固与共识	充分肯定金砖国家合作 15 年来取得的成就

　　其次，金砖国家政策协调还可以通过部长级会议进行，其作用主要在于落实和实施领导人会晤的一些表决和声明。截至 2021 年，金砖国家累计举行了 11 次经贸部长会议，期间就世界经济形势及其对金砖国家贸易投资的影响、多边贸易体制、深化经贸务实合作等议题进行探讨，并达成许多共识。除了经贸部长会议之外，金砖国家在农业、科教、环境、工业、文卫等数十个领域都展开了积极的交流。例如，2018 年 7 月，第三届金砖国家工业部长会议深入讨论了新工业革命带来的机遇和挑战，并决定建立"金砖国家新工业革命伙伴关系"；2020 年 8 月，第四届金砖国家工业部长会议强调金砖国家应更紧密地团结在一起，推动经济复苏，维护产业链稳定，促进数字化转型。中方为加强与金砖国家务实合作，积极考虑在中国建立金砖国家创新基地；2021 年 8 月，第五届金砖国家工业部长会议着重探讨了金砖国家新工业革命伙伴关系的实施，深化金砖国家在数字化、工业化和创新领域的合作。

再次，新开发银行和应急储备安排的成立在金砖国家政策协调组织架构中也发挥着较大作用。2011 年 4 月，金砖五国领导人在第三次会晤中，签署了《金砖国家银行合作机制金融合作框架协议》；在第四次会晤中，五国领导人探讨了成立金砖国家开发银行的可行性；在第五次会晤中，金砖国家同意设立开发银行，并设定初始规模为 1000 亿美元的应急储备安排；在第六次会晤中，五国签署协议成立金砖国家新开发银行，并建立金砖国家应急储备安排。2015 年 7 月，金砖国家新开发银行召开第一次理事会会议，以完成正式运营前的组织准备工作。根据《成立新开发银行的协议》，银行法定资本为 1000 亿美元，首批到位资金 500 亿美元，金砖国家各占 20% 的股份。① 新开发银行是金砖国家投资政策协调的成果，主要用于自身及其他发展中国家基础设施项目投资，是对现有国际金融体系的补充和改进。2016 年 4 月，新开发银行宣布首批贷款项目，支出 8.11 亿美元用于支持金砖国家绿色能源项目。同年 7 月，发行第一只绿色金融债券。2017 年 9 月，该银行与我国福建、江西、湖南分别签署贷款协议，支持有关绿色发展项目建设。2018 年，新开发银行获得了标准普尔和惠誉国际的 AA + 级，2019 年又获得日本信用评级机构的 AAA 级。2021 年 9 月 2 日，新开发银行首次扩大朋友圈，迎来 3 个新的成员国——阿联酋、乌拉圭、孟加拉国。自启动运营 6 年以来，新开发银行已累计批准成员国约 80 个项目，贷款总金额达到 300 亿美元。②

最后，专业论坛在金砖国家政策协调机制中也发挥了积极作用。为了加强金砖国家间的经贸合作，2013 年 3 月，在金砖国家领导人第五次会晤中，与会成员决定成立金砖国家工商理事会，推动金砖国家工商界在经济、贸易、商业、投资方面的联系。此外，金砖国家之间还开展了其他多

① 《金砖国家新开发银行理事会举行第一次会议》，人民网，http://world. people. com. cn/n/2015/0708/c157278 – 27270911. html，2015 年 7 月 8 日。

② 《新开发银行累计批准成员国约 300 亿美元的 80 个项目》，国家发展和改革委员会网站，https：//www. ndrc. gov. cn/xwdt/ztzl/gwyhhkdt/202111/t20211126 _ 1305330. html? code = &state = 123，2021 年 11 月 26 日。

种形式的对话机制，比如金砖国家财经论坛、金砖国家智库国际研讨会等。

（二）拓展金砖国家政策协调的领域

金砖国家合作的领域从最初的经贸、商业合作，逐渐发展到全球经济政治、战略安全等全方位合作。

一方面，金砖国家在贸易投资、农业、能源、可持续等领域均开展了深入合作。在经贸领域，2011 年 4 月，面对国际金融危机对世界经济造成的影响，在首次金砖国家经贸部长会议上，金砖国家探讨了金融危机后的世界经济形势和各国宏观政策，会议同意建立联络组，进一步扩大相互间贸易和投资合作以及与其他发展中国家的南南合作。2017 年 8 月，作为金砖国家合作进入第二个"黄金十年"后的首次经贸部长会议，金砖国家批准建立金砖国家示范电子口岸网络，批准《金砖国家电子商务合作倡议》《金砖国家投资便利化合作纲要》《金砖国家知识产权合作指导原则》《金砖国家经济技术合作框架》。2021 年 9 月，面对新冠肺炎疫情带来的冲击和影响，在金砖国家第 11 次经贸部长会议上，金砖国家达成《金砖国家多边贸易体制合作声明》《电子商务消费者保护框架》《知识产权合作下开展遗传资源、传统知识和传统文化保护合作》《专业服务合作框架》等多份成果文件，制定《〈金砖国家经济伙伴战略 2025〉贸易投资领域实施路线图》，决定在医疗服务、计算机服务等服务贸易领域挖掘合作潜力，在数字经济、人工智能、应对气候变化等新领域深化合作。从农业领域看，金砖国家都是农产品生产和消费大国，对保障世界粮食安全具有重要作用。2010 年 3 月，金砖四国就应对全球粮食安全、减缓气候变化对农业的影响、加强信息和农业科技交流与合作等问题展开讨论，并签署了《"金砖四国"农业和农业发展部长莫斯科宣言》。2021 年 8 月，在第 11 届金砖国家农业部长视频会议上，金砖国家围绕"加强农业生物多样性，促进粮食安全和营养"展开研讨，通过了《金砖国家农业合作行动计划（2021 –

2024）》。在能源领域，金砖国家是全球主要的能源生产国，也是全球能源消费主力。中国、印度、南非对能源进口的依赖性较大，俄罗斯、巴西的能源储存丰富，能源出口压力较大，五国在能源安全领域合作互补性高。金砖国家之间的能源合作由来已久，早在 2010 年，俄罗斯就提出建立金砖国家能源合作机制；在 2012 年第四次领导人会晤中，能源合作被写入德里行动计划"可拓展的新领域"中；在 2013 年第五次领导人会晤中，能源被列为"可探讨"的议题；在 2014 年第六次领导人会晤中，俄罗斯提出成立金砖国家能源联盟；在 2016 年第八次领导人会晤中，俄罗斯再次提出成立金砖国家能源署的倡议；在 2020 年第十二次领导人会晤中，金砖国家提出进一步深化能源领域国际合作，发挥能源在促进可持续发展方面的关键作用。金砖国家能源部长会议是金砖机制下能源领域的重要合作机制，2021 年 9 月，第六届金砖国家能源部长会议召开，在能源合作方面达成了许多共识。2020 年 10 月，第五届能源部长会议上，金砖国家通过《金砖国家能源合作路线图 2025》，提出建立能源领域的战略伙伴关系。在可持续发展领域，金砖国家环境部长会议机制是金砖国家共商应对全球环境挑战、共谋环境治理的重要平台，各国就生态环境合作、推进全球生态文明建设达成许多共识。2022 年 5 月，第八次金砖国家环境部长会议围绕"携手共促绿色低碳发展"展开讨论，与会成员就加快绿色低碳转型、实现 2030 年可持续发展目标、持续加强生态环境合作等内容进行了深入交流，达成了广泛共识。

　　另一方面，从国际政治关系、战略安全领域看，当前世界政局持续动荡，各种不确定、不稳定因素较为突出，金砖国家就政治安全问题进行深入沟通交流，做到了政治和经济双轮驱动。金砖国家安全事务高级代表会议（简称"安代会"）是金砖国家就政治和安全问题交换意见的重要平台，目前已举办 12 次。金砖国家旗帜鲜明地反对单边主义、强权政治、霸凌主义，在重大国家和地区特点问题上保持一贯立场。2010 年金砖国家领导人第二次正式会晤联合声明指出，金砖国家谴责一切形式的恐怖主义。在 2020 年领导人会晤通过《金砖国家反恐战略》后，2021 年第 11 次安代会又通过了《金砖国家反恐行动计划》，旨在打击恐怖主义及其融资活动。此外，金砖国家还成立反恐工作组，定期举办会议。

（三）推进金砖国家政策协调的机制化建设

金砖国家政策协调机制从最早的外长会议到定期的领导人会晤，逐渐从短期的危机应急向长期的协调机制转变。在历次的领导人会晤中，金砖国家在政策协调机制方面达成了很多共识，体现在每次会晤结束后发布的宣言和文件中。

2007 年美国次贷危机发生后，欧美等国家经济受到重创，金砖国家均面临着外部经济环境恶化、经济增速放缓等共同挑战。同时，国际金融危机的爆发也暴露了当前国际金融体系的缺陷，新兴经济体和发展中国家在主要国际金融组织中话语权不足，导致这些组织无法对所有成员实施全面有效的监管，使得发达经济体金融风险不断累积，最终酿成全球危机。因此，首次领导人会晤旨在强化和加深金砖四国对共同挑战和共同利益的认识，进一步扩充合作内容。2010 年在举行第二次领导人会晤的同时，巴西还举办了四国企业家论坛、银行联合体、合作社论坛、智库会议等配套活动，以促进四国在经济领域的合作。2011 年第三次领导人会晤发布的《三亚宣言》正式提出"金砖国家是各成员国在经济金融发展领域开展对话与合作的重要平台"，还制定了"行动计划"加强各国务实合作，包括巩固已开展的合作项目、开拓新合作项目、新建议三部分内容。2012 年第四次领导人会晤发布的《德里宣言》指出，"金砖国家合作是在多极化、相互依存、日益复杂和全球化的世界中为促进和平、安全与发展开展对话与合作的平台"，此次会晤在政策协调方面有两个亮点：一是要求国际货币基金组织尽快落实 2010 年治理和份额改革方案，提高新兴市场和发展中国家的发言权和代表性；二是探讨建立一个新的开发银行的可能性，作为对现有多边和区域金融机构促进全球增长与发展的补充。2013 年第五次领导人会晤发布的《德班宣言》指出，金砖国家致力于"将金砖国家发展成为就全球经济和政治领域的诸多重大问题进行日常和长期协调的全方位机制"，并决定设立金砖国家新的开发银行和应急储备机制。2014年第六次领导人会晤发布的《福塔莱萨宣言》宣布签署金砖国家开发银行协议和应急储备安排协议。2015年第七次领导人会晤中，五国领导人签署了《金砖国家银行合作机制与金砖国家新开发银行开展合作的谅解备忘录》等合作文件，为新开发银行加强对外合作进行了机制化安排，通过了《乌法宣言》及其行动计划、《金砖国家经济伙伴战略》等纲领性文件，为金砖国家中长期合作指明了方向。成立新开发银行是金砖机制制度化和组织化的主要标志，但是，金砖机制建设还处于起步阶段，未来仍有较大的发展空间。

拓展"金砖+"合作是金砖国家政策协调机制建设的重要举措。2017年第九次领导人会晤期间，中国首创"金砖+"合作理念，邀请埃及、墨西哥、塔吉克斯坦、几内亚、泰国等发展中国家领导人出席对话会。"金砖+"模式可以打造金砖机制开放多元的发展伙伴网络，有利于满足其他新兴市场国家的诉求。2019年第十一次领导人会晤期间，习近平主席指出，以"金砖+"合作为平台，加强同不同文明、不同国家的交流对话。2021年第十三次领导人会晤上，习近平主席指出，"无论遇到什么困难，只要我们心往一处想、劲往一处使，金砖国家合作就能走稳走实走远"[①]。在金砖国家共同努力下，金砖机制不断焕发新的活力，为推动构建人类命运共同体做出更大贡献。

（四）提升金砖国家政策协调机制的国际地位

金砖五国代表了发展的新兴市场的需求，走出了一条不同于西方传统发展模式的发展道路，为发展中国家提供了一个新的选项。金砖国家政策

---

① 《习近平出席金砖国家领导人第十三次会晤并发表重要讲话》，中华人民共和国中央人民政府网站，http://www.gov.cn/xinwen/2021-09/10/content_5636526.htm，2021年9月10日。

协调机制从加强各国经贸合作到全方位参与全球治理，在联合国、世界贸易组织、二十国集团等多个国际组织中发挥了重要作用。

首先，金砖机制为维护多边主义做出贡献。当前单边主义、保护主义抬头，对发展中国家造成消极影响，金砖国家在政策协调过程中，发出了维护多边秩序、维护世界贸易组织规则、推进开放型世界经济的明确信号，表达了共同立场。早在 2011 年首次经贸部长会议上，金砖国家就提出反对各种形式的贸易保护主义，支持俄罗斯在 2011 年加入世界贸易组织，加强在 G20、气候变化谈判、发展合作等多边合作领域的协调。在 2021 年第十一次经贸部长会议上，部长们一致认为，应维护多边贸易体制，反对单边主义和保护主义，积极支持世界贸易组织改革。面对新冠肺炎疫情冲击，金砖国家基于五国在全球经济总量和贸易体系中的分量，致力于引领多边合作，积极应对当前危机和推动世界经济复苏。2020 年 2 月，金砖主席国俄罗斯代表金砖国家对中国抗击疫情的努力表示支持，呼吁国际社会在世界卫生组织框架下加强合作，并先后三次向中国提供救援物资。巴西、南非、印度也纷纷表示支持中国政府全力抗击疫情。2020 年 4 月起，新开发银行先后向中国、印度、南非、巴西各提供 10 亿美元的紧急贷款。2021 年 3 月，新开发银行在中国发行了第一只可持续发展目标债券，主要用于向中国提供 70 亿元人民币关于新冠肺炎疫情紧急援助的贷款。2021 年 4 月，新开发银行再次批准向南非提供 10 亿美元贷款，促进南非的经济复苏。在 2020 年第十二次领导人会晤中，金砖国家呼吁在新冠肺炎疫情背景下实现持久的人道主义停火。在 2021 年第十三次领导人会晤中，五国领导人重申支持多边主义和国际关系基本准则，反对单边主义、霸权主义，主张各国相互尊重独立、主权和平等。此次会晤的重要议题是加强国际抗疫合作，五国领导人表示将加强公共卫生和疫苗合作，推动疫苗公平可及。

其次，金砖机制为落实《2030 年可持续发展议程》发挥表率作用。金砖国家的发展经验为《2030 年可持续发展议程》的 17 项发展目标和《巴黎协定》指明了方向。不仅如此，金砖国家积极开展对话，加强与非洲、南美等国家的合作。2013 年第五次领导人会晤后，金砖国家领导人同 15 个非洲国家的领导人举行主题为"释放非洲潜力：金砖国家和非洲在基础设施领域合作"的对话会，推进了金砖国家与非洲的开放合作。2014 年第六次领导人会晤后，金砖国家同南美国家领导人围绕"包容性增长的可持续解决方案"主题举行对话会，将金砖国家开放合作拓展到南美国家。2015 年第七次领导人会晤后，金砖国家领导人还与上海合作组织成员国和观察员国、欧亚经济联盟成员国以及受邀国领导人和国际组织负责人举行了对话会，为构建"金砖＋"的开放合作模式提供了平台。2016 年《果阿宣言》提到，将举办金砖国家领导人同环孟加拉湾多领域经济技术合作组织成员国领导人对话会。

最后，金砖机制与现有国际组织保持密切合作。以 G20 为例，自 2009 年起，金砖国家就开始在 G20 峰会期间进行非正式会晤。G20 匹兹堡峰会召开之前，金砖国家负责 G20 事务的协调人举行会谈，这是金砖国家首次在 G20 这一平台进行政策沟通。之后在 2011 年的 G20 法国戛纳峰会召开期间，金砖国家举行了首次领导人非正式会晤，就国际和地区问题交换意见。此后，历次 G20 峰会召开期间，金砖国家领导人举行非正式会晤成为传统，与领导人正式会晤构成了金砖国家领导人双会晤机制。2016 年 G20 杭州峰会期间，金砖国家领导人举行非正式会晤并发表媒体声明，将会晤的重要议题传递给公众。2017 年 G20 汉堡峰会期间，金砖国家领导人首次发布了新闻公报，此后每年峰会期间均保持这一传统，利用 G20 平台的关注度和影响力发出金砖国家的声音，坚决捍卫新兴国家和发展中国家的利益。

（五）发挥中国在金砖国家政策协调机制中的大国角色

中国一直是金砖国家政策协调机制的重要参与者。中国在金砖国家中 GDP 最高，经济增长速度最快，目前已是世界第二大经济体，在加强金砖国家政策协调、强化金砖国家合作方面，发挥了十分突出的作用。

一是为金砖国家参与全球治理贡献中国智慧。2017 年第九次会晤期间，中国提出"金砖＋"合作模式，并在厦门举行新兴市场国家与发展中国家对话会，这大幅增强了新兴市场国家与发展中国家的凝聚力，推动全球治理体系深刻转型。"金砖＋"既涉及金砖国家与 G20、上海合作组织等国际组织的机制互动，更涉及金砖国家与其他发展中国家的整体融合。2018 年第十次会晤期间，金砖国家领导人与非洲国家及新兴市场国家和发展中国家举行了第二次"金砖＋"对话会，中国对金砖机制建设的制度创新得以延续。2019 年第十一次会晤期间，中国进一步推动金砖国家领导人与金砖国家工商理事会、新开发银行等专门机制进行对话联系，推动建立国际发展融资新规则。此外，中国提出的"一带一路"倡议，也是推动全球治理的重要途径。截至 2022 年 1 月，我国已同 147 个国家、32 个国际组织签署 200 多份共建"一带一路"合作文件。①

二是为金砖国家可持续发展提供中国方案。在 G20 杭州峰会期间，中国第一次把发展置于全球宏观政策框架的突出位置，第一次就落实《2030可持续发展议程》制定行动计划，第一次强调支持非洲和最不发达国家工业化，第一次大力构建发展中国家深度参与 G20 峰会的有效机制与参与方式，彰显了中国推进南北协调发展、推进世界和平发展的领导力风格。2030 年可持续发展目标中有一项是消除贫困。在消除贫困方面，中国政府采取果断措施，加大对贫困地区和贫困群体的支持力度，最终取得了脱贫攻坚战的胜利。中国在贫困治理上的成功，将坚定其他金砖国家摆脱贫困的信心，也给它们带来很多经验启示。为应对气候变化，中国采取积极有力的政策措施，力争于 2030 年前，二氧化碳排放达到峰值，努力争取2060 年前实现"碳中和"。这既是中国向世界表明坚决履行《巴黎协定》的承诺，也是向世界传递未来中国绿色发展的决心。

三是为金砖国家团结抗疫展现中国担当。2020 年中国抗疫所取得的重

---

① 《我国已与 147 个国家、32 个国际组织签署 200 多份共建"一带一路"合作文件》，新华网，http://www.news.cn/world/2022-01/18/c_1128275918.htm，2022 年 1 月 18 日。

大战略性成果，得益于在中国共产党的坚强领导下，坚持以人民为中心，秉持人民至上的理念，为其他国家抗疫提供了中国样本。不仅如此，中国还积极为金砖国家抗击疫情提供援助。在 2020 年第十二次会晤上，习近平主席发表题为"守望相助共克疫情 携手同心推进合作"的重要讲话，在讲话中，他指出"中国企业正在同俄罗斯、巴西伙伴合作开展疫苗三期临床试验"①，愿同南非、印度开展有关合作，中国已加入"新冠肺炎疫苗实施计划"，将在该平台上与各国特别是发展中国家分享疫苗，并愿向有需要的金砖国家提供疫苗。在 2021 年第十三次会晤上，习近平主席发表题为"携手金砖国家合作 应对共同挑战"的重要讲话，他提出五点倡议，其中包括加强公共卫生合作、加强疫苗国际合作两方面内容，在加强疫苗国际合作方面，他承诺，"中方向有需要的国家提供疫苗和相应技术支持，为促进疫苗公平分配、加强全球抗疫合作作出积极贡献。"截至目前，中方已向 100 多个国家和国际组织提供超过 10 亿剂疫苗和原液。②

三、金砖国家政策协调机制的效果分析

（一）金砖国家政策协调机制的可行性

金砖国家内部成员国之间经济波动的同周期性是评价其政策协调可行性的必要条件，也是它们进行政策协调的经济基础。经济波动的同周期性指的是国家之间产出波动呈现出同步性、在一定时期内经历的经济周期大体相同。如果金砖各国之间的经济波动具有一定的同周期性，这将大大消

---

①　习近平：《守望相助共克疫情 携手同心推进合作》，载于《光明日报》2020 年 11 月 18 日，第 02 版。

②　习近平：《携手金砖国家合作 应对共同挑战》，载于《光明日报》2021 年 9 月 10 日，第 02 版。

除各国在宏观经济政策制定上的冲突，促进合作；如果没有表现出同周期性，也可根据经济波动的不同，揭示各国制定不同政策的深层次原因，进而为完善金砖国家政策协调机制提供重要的参考建议。接下来将利用 HP 滤波法对 1990～2020 年金砖国家的经济周期特征进行分析，同时将讨论金砖国家政策协调机制运行后对金砖国家经济周期的影响，以期分析金砖国家政策协调的效果。近年来，金砖国家作为南南合作的重要平台，积极推动国际货币基金组织等主要国际金融机构进行合理改革，引起了国际社会的广泛关注。作为发展中新兴市场国家组成的国家集团，其在宏观经济、投资贸易领域的协调具备扎实的经济基础，运行十多年来，其协调的效果较为理想。

首先，利用 HP 滤波法对金砖国家实际产出数据进行去趋势，可得到其波动成分（见图 2－6）。从图 2－6 可以看到，巴西、印度、中国、南非四国在 1990～2020 年经历两个周期，其中第一个周期出现在 1991～2001 年，这正是 1997 年东南亚金融危机和 2000 年美国金融危机发生的时期。1992 年初邓小平南方谈话后，党的十四大明确提出建立社会主义市场经济体制，中国经济快速增长，经济增速达到本轮周期的最高点 14%，之后开始出现下滑，1998 年经济增速降为 7.8%。20 世纪 90 年代，巴西恶性通货膨胀急速上升，经济陷入低迷，宏观经济的混乱一直延续到 1993 年底。1993 年底，时任财政部部长卡多佐大刀阔斧实行"雷亚尔计划"，极力削减通胀，并在 1995～2002 年担任总统期间，积极推动国有企业民营化，积极引进外资，推进多项社会改革，使得巴西经济进入一个新的增长周期。1991 年以来，印度拉奥政府、瓦杰帕伊政府持续推行自由化、市场化经济改革，推动印度经济平稳发展，1994～1997 年经济增速超过 7%。20 世纪 90 年代初，受国际制裁影响，南非经济出现衰退，1994 年新南非成立以后，通过实施"重建与发展计划"，扭转了种族隔离制度的经济衰退，这种低迷状况一直延续到 2001 年。

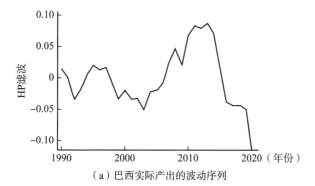

（a）巴西实际产出的波动序列

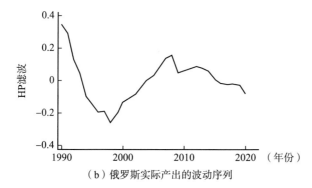

（b）俄罗斯实际产出的波动序列

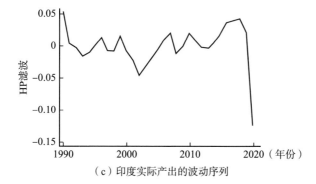

（c）印度实际产出的波动序列

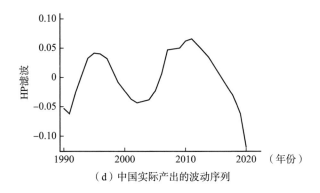

（d）中国实际产出的波动序列

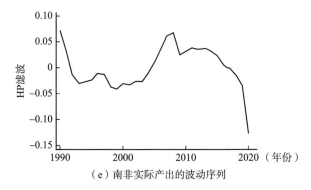

（e）南非实际产出的波动序列

图 2 - 6　金砖国家经济波动（1990～2020 年）

资料来源：世界银行数据库。

第二个周期从 2002 年开始，目前仍在进行中，该期间对应着 2008 年国际金融危机的发生。具体来看，从 2001 年加入世界贸易组织以来，中国出口猛增带动经济快速增长，经济增速到 2007 年达到本轮周期的最高点 14.23%。同年，美国次贷危机发生，造成全球经济衰退，中国经济也开始连续下滑。2001～2010 年，巴西经济年均增速达 3.6%，是 1990～2020 年近 30 年来增长最快的 10 年，2011～2020 年，由于宏观经济状况恶化，巴西经济连续出现公共账户赤字，GDP 年均增速只有 0.9%。2004～2008 年，印度经济年均增速达 9%，之后受全球金融危机影响，印度政府财政赤字居高不下，外贸逆差越来越大，通货膨胀始终处于高位。2002～2007 年，

南非经济年均增长超过 4%，2008 年全球金融危机爆发，南非经济连续两
年出现负增长，2010 年开始恢复正增长，但自 2013 年开始持续下行，
GDP 增长始终在 1% 左右徘徊。

在金砖国家中，俄罗斯只经历了一个周期，从 1998 年开始，一直持续
到现在。自 1991 年苏联解体，受计划经济几十年积累的结构和体制扭曲影
响，俄罗斯产出严重萎缩；1999 ~ 2008 年，得益于结构性和制度性改革以
及全球大宗商品繁荣，俄罗斯经历了 10 年快速经济增长；2008 年全球金
融危机重创了俄罗斯，在货币危机、大宗商品价格下跌、地缘政治因素的
叠加影响下，俄罗斯产出仍处于下行通道中。总的来说，金砖国家经济波
动的周期基本上是一致的，这有利于金砖国家发挥政策协调的作用。

其次，通过矩关系来分析金砖国家经济波动的同步性，利用 HP 滤波
法得到金砖国家实际产出的波动序列并求得相关系数（见表 2 - 3）。从
表 2 - 3 可以看出，金砖国家经济波动的相关性表现出以下几方面特征。

表 2 - 3　　　　　　金砖国家产出波动的矩关系（1990 ~ 2020 年）

国家	标准差	与中国产出波动的横向相关关系 corr[x(t), y(t + k)]						
		- 3	- 2	- 1	0	1	2	3
中国	0.045	0.261	0.604	0.881	1.000	0.881	0.604	0.261
印度	0.032	- 0.239	- 0.244	- 0.149	0.360	0.372	0.372	0.334
巴西	0.046	0.341	0.550	0.693	0.832	0.812	0.653	0.398
俄罗斯	0.138	0.497	0.332	0.103	- 0.024	- 0.096	- 0.121	- 0.099
南非	0.041	0.431	0.443	0.427	0.547	0.498	0.372	0.179

注：x(t) 表示中国第 t 期的产出波动，y(t + k) 表示他国第 t + k 期的产出波动，corr 表示两
者的相关系数。

一是巴西和南非两个国家与中国经济波动保持一致。其中巴西与中国经济
保持最为密切的关系，其相关系数达到 0.832。中国是巴西最大的贸易伙伴，
也是巴西最大的投资来源国。2020 年在新冠肺炎疫情期间，巴西对华贸易顺差

达到创纪录水平,巴西更是把发展对华关系作为外交优先工作之一,希望进一步加强与中国经贸往来。① 南非与中国产出波动的相关系数为 0.547,两国经济周期较为一致。2020 年,中国与南非双边货物贸易额为 358.4 亿美元,同比下降了 15.7%,其中,中国对南非出口商品 152.43 亿美元,同比下降 7.9%;中国自南非进口商品 205.93 亿美元,同比下降 20.6%。②

二是印度滞后中国经济波动 1 年。2020 年,中国与印度双边贸易总额为 876.5 亿美元,同比下降了 5.64%,其中印度从中国进口商品 667.8 亿美元,中国超越美国成为印度最大的贸易伙伴,印度对华出口商品 208.7 亿美元。相比其他金砖国家,中印两国地缘政治冲突明显,印度一方面抵制中国商品,推出"印度制造"国家战略;另一方面继续依赖中国制造的电信设备、家用电器和重型机械。虽然矛盾冲突依旧,但两国经贸合作空间广阔。

三是俄罗斯领先中国经济波动 1 年。俄罗斯的经济发展和民生都是依靠进出口来完成,2020 年,中俄双边贸易总额逆势增长,达到 1077.7 亿美元,中国已连续 11 年成为俄罗斯第一大贸易伙伴。从金砖国家产出波动的相关性来看,有两个国家产出波动是一致的、两个国家分别领先、滞后 1 年,这表明金砖国家经济基本上具有同步波动的性质。同步的经济周期就意味着金砖国家政策协调具有现实的经济基础。

(二) 金砖国家政策协调机制的效果

金砖国家进行政策协调的合作需求,也是评价其协调效果的基础。应对全球不确定风险、建设开放型世界经济、参与全球经济治理,都必须建立在本国经济平稳快速增长的基础上。因此,金砖国家政策协调的目标既表现为经济快速增长,又与经济周期的平稳性有关,这种平稳性包括经

---

① 《巴西外长表示希望进一步加强与中国经贸往来》,新华网,http://www.xinhuanet.com/world/2021-05/07/c_1127416291.htm,2021 年 5 月 7 日。

② 商务部:《中国—南非经贸合作简况 (2020 年)》,http://xyf.mofcom.gov.cn/article/tj/hz/202111/20211103218564.shtml,2021 年 11 月 18 日。

济波动幅度的降低、经济波动低谷值的提高等内容。金砖国家政策协调机制运行十多年，是否有助于各国经济快速增长？该合作机制运行前后金砖各国经济波动状态是否有所变化？本书利用前面 5 个国家产出的波动序列，分别计算和提取它们在 2009 年前后 10 年的波动幅度和低谷值（见表 2 - 4）。从表 2 - 4 可以看出，自 2009 年金砖国家协调机制运行以来，金砖各国产出的波动幅度发生了一些变化，印度、南非、俄罗斯的波动幅度均有所下降，其中俄罗斯的下降幅度最大。从低谷值来看，巴西和南非的低谷值略有上升，印度和俄罗斯的低谷值上升幅度较为明显。俄罗斯是世界上独一无二的资源超级大国，资源完全自给。苏联解体后，在人口少、资源丰富、科技底子雄厚等优势下，俄罗斯经济取得飞速发展。但是俄罗斯经济模式落后，对石油的依赖性太大。借助于金砖国家机制，俄罗斯把国内经济潜力转化至金砖国家合作领域，与金砖国家结成战略伙伴关系，有效地维持了经济的平稳发展。值得一提的是，巴西在 2000 ~ 2010 年经济的快速增长得益于中国、印度等新兴市场对大宗商品的需求旺盛。但是，随着经济体量的日益扩大，巴西依靠单一经济结构，忽视农业、透支工业、过度依赖初级产品专业化生产和出口，也容易造成经济周期性波动加剧。表 2 - 4 的结果显示，巴西经济波动幅度上升了 0.032。

表 2 - 4　　　　2009 年金砖国家协调机制运行前后各国经济波动的变化

时间	巴西		印度		南非		俄罗斯		中国		总体	
	波动幅度	低谷值	波动幅度	低谷值	波动幅度	低谷值	波动幅度	低谷值	波动幅度	低谷值	波动幅度	低谷值
2009 年以前	0.029	- 0.050	0.021	- 0.046	0.041	- 0.042	0.121	- 0.212	0.035	- 0.043	0.020	- 0.026
2009 年以后	0.061	- 0.049	0.017	- 0.003	0.025	- 0.035	0.047	- 0.026	0.043	- 0.059	0.008	- 0.016

　　总体来看，金砖国家总体的波动幅度从 2009 年的 0.020 下降到 0.008，总体的低谷值从 - 0.026 上升到 - 0.016，可见，金砖国家协调机制的运行

有助于降低金砖国家总体的经济波动幅度，提高低谷值，有助于平缓各国经济波动，促进经济增长与发展。

尽管取得较为理想的成效，金砖国家在政策协调过程中仍存在诸多问题：一些国家的决策者过于注重本国单一政治目标，没有找到折中政策；政策传导过程中充满不确定性与分歧；目前政策协调的框架体系基本由政府主导，企业团体、民间组织、智库等非政府主体参与的深度和广度有待加深；国家实力以及影响力相差较大，对政策协调机制的投入以及所愿分担的权利难以达到平衡，比如中国愿意分担更多应急储备基金份额，但其他成员国既不愿意承担更多，又不愿意让中国出资更多。

四、金砖国家政策协调机制的发展方向

从 18 世纪第一次工业革命的机械化，到 19 世纪第二次工业革命的电气化，再到 20 世纪第三次工业革命的信息化，一次次颠覆性的科技革命，带来了社会生产力的大解放。如今，全球经济正经历一场由大数据、人工智能等前沿技术带来的第四次工业革命，新工业革命的本质在于借助大数据、云计算、物联网等新一代信息技术，推动需求和供给资源以及各类生产要素实现有效对接和深度融合，加速制造业智能化、网络化、智能化转型。在 2018 年金砖国家领导人第十次会晤中，习近平主席提出建立金砖国家新工业革命伙伴关系的倡议，并在 2019 年第十一次会晤中，宣布在厦门建立金砖创新基地。建设新工业革命伙伴关系已成为金砖国家的共识和深化合作的新领域、新亮点、新方向，其对金砖国家政策协调机制的演进和发展指明了一些新的方向。

（一）政策协调的目标：提升在全球治理体系中的话语权

当今世界正处于百年未有之大变局，全球治理现有体系和模式已不再

适应国际形势新变化、新特征，全球治理亟须进一步改革完善。在推进金砖创新基地建设中，要致力于提升金砖国家在全球治理方面的影响力，推动全球治理体系朝着公正合理、普惠共赢的方向改革。

一是坚持践行多边主义，推动国际秩序更加公正合理。真正的多边主义，离不开联合国，要坚定维护联合国宪章宗旨和原则，尊重国际法，维护联合国在国际体系中的核心作用。习近平主席在中共中央政治局第二十九次集体学习时强调，"要坚持共同但有区别的责任原则、公平原则和各自能力原则、坚定维护多边主义"①。维护多边主义是国际社会的重要共识，新工业革命下的多边主义要立足世界格局新变化，着眼应对全球性挑战需要，在广泛协商、凝聚共识基础上改革并完善全球治理体系。

二是强化全球治理的多边机构，有效应对共同挑战。强化包括联合国、国际货币基金组织、世界银行、世界贸易组织、世界卫生组织等多个国际组织在内的多边机构，努力构建更加公平、公正、包容、平等的多边国际体系。放眼过去，在全球治理方面，金砖机制除了通过 G20 发挥有限作用外，在推动全球经济社会进步方面并没有取得实质性成果。因此，在建设新工业革命伙伴关系时，金砖国家应着力推进多边机构改革，通过提高新开发银行的影响力对世界银行形成改革压力，通过应急储备安排推动 IMF 改革，提高金砖国家的发言权，积极推动 G20 从危机应对机制向全球经济治理长效机制转型，提升金砖机制在全球治理中的地位和作用。

三是创设新的多边合作平台，凝聚国际多边力量。创设一些推动区域或全球多边合作的新机制，让更多的新兴市场经济体、发展中国家以及不发达国家参与到全球治理中。积极共建中国"一带一路"，在共商共建共享的原则下，最大限度地凝聚维护多边主义的国际力量，为构建全球伙伴关系和多边命运共同体创造条件。推动多边论坛与多边国际会议，探讨多边合作新机制，推动具体领域的多边合作。

---

① 习近平：《努力建设人与自然和谐共生的现代化》，载于《求是》2022 年第 11 期。

（二）政策协调的内容：深化在金砖国家合作需求和重点领域的务实合作

随着全球宏观经济环境的恶化，金砖各国面临的经济增长压力也在上升，环顾全球，新冠肺炎疫情正威胁着各国人民的生命安全和身体健康，世界经济正经历着 20 世纪 30 年代以来最严重的衰退，单边主义、保护主义、霸凌行径愈演愈烈。新工业革命伙伴关系的核心是加强金砖国家在数字化、工业化、创新、投资等领域的合作，最大程度把握第四次工业革命带来的机遇，共同挖掘各国在人工智能、大数据、区块链等新一代信息技术领域的潜力，为未来金砖国家发展增加新的动力。

一是坚持科技创新，深化金砖国家数字领域的务实合作。数字化是新工业革命的主线。早在 2016 年金砖国家领导人第八次会晤时，与会成员就提出了"数字金砖"概念。近年来，金砖国家十分重视数字经济，企业和政府层面的合作不断提速，但仍面临一些关键制约，比如数字化基础设施投资动力不足、部分国家过于强调本地化和自主化替代、政治上战略互信不足等。在建设新工业革命伙伴关系时，要进一步凝聚共识，摒弃狭隘的技术民族主义思维，增进互信，共同把握数字化转型带来的发展机遇。要深入开展数字化政策与实践经验的分享，全力破除金砖国家之间的数据壁垒和信息孤岛，深入推动数字基础设施互联互通，实现全方位、全过程、全领域的数据流动和共享共治。

二是坚持同舟共济，深化金砖国家公共卫生领域的务实合作。当前国际疫情形势仍旧严峻，在建设新工业革命伙伴关系时，金砖国家应进一步加强团结，共同构建人类卫生健康共同体。在现有的卫生部长会议机制下，加强疫情信息交流与分享，深入交流抗疫经验，有效开展药物研发、疫苗研发、传统医药等领域合作，加强全球抗疫合作，推动世界经济复苏。

三是坚持互利共赢，深化金砖国家经贸领域的务实合作。新工业革命的本质是产业链的升级，金砖国家要牢牢把握新一轮科技革命和产业变革的机遇，推动国内经济结构转型升级和新工业革命领域合作，着力提升产业链、供应链现代化水平，确保全球产业链、供应链顺畅运行。针对后疫情时代产业链区域化的特征，金砖国家应深化产能合作，实现金砖国家工业梯次发展和经济包容性增长。

四是坚持互学互鉴，深化金砖国家人文交流领域的务实合作。近年来，在文化部长会议的引导下，金砖国家人文交流有序展开，为政治和经济合作创造了良好的人文环境，为各国政府沟通、交换意见提供了平台，在创意经济、民间艺术、文化遗产等方面凝聚较多共识。在建设新工业革命伙伴关系时，应进一步深化金砖国家人文交流，夯实合作基础。努力营造交流互鉴的友好氛围，增进彼此感情，丰富文化合作形式与内涵，促进民心相通。

（三）政策协调的范围："金砖＋"

"金砖＋"最早由中国提出，该模式已成为发展中国家与新兴市场的多边经济治理机制，有助于克服金砖国家机制发展中的限制并扩大该组织在世界上的影响力。中国提出的"金砖＋"模式包括"金砖＋新成员""金砖＋区域""金砖＋国际组织"等。国家不分大小、贫困和强弱，都是国际社会中平等的一员。以前的金砖对话总体上是区域性的，比如德班对话和福塔莱萨对话的主要对象是非洲和拉美国家，乌法对话和果阿对话的主要对象是中亚和南亚的国际组织。针对地区性国家和区域性国际组织不能充分反映金砖机制参与全球治理的目标定位，厦门举办的新兴市场国家与发展中国家对话会第一次把不同地区的发展中国家集聚在一起，真正实现金砖国家与发展中国家的有效对话。在建设新工业革命伙伴关系时，要继续推进"金砖＋"模式，构建更广泛的伙伴关系，提升金砖国家总体影响力。

一是团结合作，保持金色绽放。围绕《金砖国家经济伙伴关系2025》，进一步加强宏观经济政策协调，推动金砖经贸合作系统化、实心化，推动新开发银行扩员工作，把金砖国家合作做大、做实、做强，形成更强大的发展合力，在世界范围内发出更响亮的金砖声音。继续推动"一带一路"倡议与国家发展战略对接协调，构建互联互通伙伴关系，开展有效的投资合作，推动经济复苏与发展。

二是加强对话，助推南南合作。金砖国家在巩固自身合作的同时，根据合作的需要和议题，拓展新的合作范围和合作区域，做大金砖朋友圈。"金砖＋"并未止于金砖五国，更欢迎所有的新兴市场国家和发展中国家，共同寻求新工业革命的利益契合点和合作公约数，维护和增进发展中国家的整体利益和福祉。"金砖＋"应做到尊重彼此主权尊严和领土完整，尊重彼此发展道路和社会制度，尊重彼此核心利益和重大关切，才能就政策协调进行深入沟通，共同实现跨越式发展。

三是平等对待，构建全球伙伴关系。本着互利互惠的原则，推进大国协调和合作，处理好金砖国家内部矛盾，全面深化金砖伙伴关系，积极推动金砖国家与发达国家开展合作，以南南合作推动南北合作，打造覆盖全球的朋友圈，推动构建人类命运共同体。

（四）政策协调的方式：机制化建设

经过十几年的发展，金砖国家政策协调机制已发展成为一个以领导人会晤为引领，以部长级会议为支撑，涉及金融、贸易、农业、能源、卫生等数个领域的多层次、全方位的合作框架。该机制主要是"非正式对话机制＋正式约束机制"的复合机制模式，其中非正式对话机制包括领导人会晤、部长级会议以及其他各层面的政府间协调机制；正式约束机制包括新开发银行和应急储备安排。在建设新工业革命伙伴关系时，要继续推进金砖国家机制化建设。

一是扩大机制，服务"金砖＋"。金砖国家政策协调机制从最初的应对危机到后来设立新开发银行取得实质性进展，从关注经贸发展问题到解决国际政治安全问题，经过多年的发展，已发展成为新兴市场和发展中国家合作的重要平台。随着"金砖＋"模式推行，越来越多的国家有机会参与金砖国家合作，合作的领域和内容也进一步拓宽，这也倒逼金砖国家要扩大机制化建设。

二是多方协作，发挥智库作用。加快形成智库参与金砖国家政策决策咨询的制度性安排，鼓励金砖国家智库间建立多层次的学术交流平台和成果转化机制，分享各自发展经验和研究成果。努力建设一批服务国家发展需要、特色鲜明、创新引领的国际高端智库，为金砖各国发展提供智力支撑。鼓励高校、研究机构等广泛参与金砖国家合作，围绕构建新工业革命伙伴关系等重大议题开展研究，主动提供知识产品。

三是坚持立场，协同处理国际政治安全问题。建立长效合作机制，设立工作组，细化和推进经济治理、安全稳定等方面的合作，增强金砖国家合作的执行力。加强全球政治中的多边原则，加深在打击国际恐怖主义领域的对话，加强国际抗疫合作，支持世界卫生组织发挥关键领导作用，提高金砖国家人民生活质量。

第三章
金砖国家金融高质量合作的路径
选择及中国角色

　　自 2008 年国际金融危机发生以来，金砖国家积极探索金融合作方式与机制，在多方商讨、务实推动下，十余年来取得了里程碑式进展，形成了相对完善且系统的合作框架，取得了显著成效。面对新形势下的内外挑战，金砖国家应围绕社会经济发展对关键金融产品和服务的迫切需要，从深化便利性金融促进跨境经贸发展、深化开发性金融促进可持续发展、深化创新性金融促进包容性发展、深化金融监管防范金融风险、深化货币合作推进国际货币体系改革五个方面促进金砖国家金融高质量发展，中国将进一步从推进国际金融治理改革、促进新开发银行发展、推进人民币国际化、防范化解金融风险等方面发挥其重要作用。

一、金砖国家金融高质量合作的必要性

　　当前，世界经济增长动能减弱，国际形势复杂严峻，全球通胀、贸易保护、疫情反复等问题阻碍全球发展。面对高度不确定的世界经济现状，金砖国家必须加快金融高质量合作的步伐。金砖国家金融高质量合作强调在原有金砖构建金融合作的基础上，进一步以绿色、科技、包容、可持续的主题为发展目标，加强在数字化、工业化、创新、包容、投资等领域合

作，推动金砖国家金融合作在经济、社会和生态上的高质量发展。金砖国家金融高质量合作有助于推动构建高质量伙伴关系，有助于推动金砖国家经济高质量复苏和发展，并且有助于进一步完善全球治理。

（一） 金砖国家金融高质量合作有助于推动构建高质量伙伴关系

经过多届金砖领导人峰会，金砖国家的金融合作框架已经逐步建立起来。2022 年由中国轮值金砖国家主席国，金砖"中国年"的主题是"构建高质量伙伴关系，共创全球发展新时代"。"构建高质量伙伴关系"聚焦金砖国家合作高质量发展，主要体现在全面、紧密、务实、包容。其中，"全面"是指巩固经贸财金、政治安全、人文交流"三轮驱动"合作架构，并与时俱进拓展合作领域，充实合作内涵。"紧密"是指巩固金砖战略伙伴关系，就重大国际和地区问题加强沟通协调。"务实"是指坚持成果导向，落实好历次领导人会晤成果和共识，确保合作取得实效。"包容"是指积极同其他新兴市场和发展中国家以及国际组织开展对话合作，实现共同发展和繁荣。金融合作作为金砖国家合作的重要议题之一，为了推动金砖国家高质量伙伴关系的构建，在金融合作方面，也必须坚持走高质量发展之路。金砖国家的金融高质量合作要求金砖国家跳出传统金融合作的思维框架，在新工业化背景下加强宏观政策协调，加强数字化、工业化等方面的投资合作，实现更加强劲、绿色和健康的全球发展，推动构建人类命运共同体。金砖国家金融在数字化、工业化、可持续、普惠金融等议题上的高质量合作将有助于从财金层面推动金砖国家高质量伙伴关系的构建。

（二） 金砖国家金融高质量合作有助于推动金砖国家经济高质量复苏和发展

受新冠肺炎疫情反复、全球通胀、乌克兰问题加剧、美联储加息和贸易保护等因素的叠加影响，世界经济进入了高度不确定时期。金砖国家作为新兴经济体和发展中国家合作的重要平台，在全球经济的复苏过程中具有重要作用。当前，巴西、俄罗斯、印度、中国和南非经济都受到了不同程度的影响。如巴西面临严重的通胀，巴西统计部门数据显示，2022年2月，巴西全国广义居民消费价格指数环比上涨1.01%。巴西经济部发布的《宏观财政简报》将2022年通胀预期从4.7%调升至6.55%。[①] 金砖国家经济的高质量复苏和发展亟待寻找新的增长点。目前，金砖国家之间的合作还有非常大的发展空间，金砖国家拥有广袤的土地、丰富的资源和大量的人口、资金，并且金砖国家的发展特征相近，都是新兴经济体和发展中国家，产业和经济上有较强的互补性。巴西农牧业发达，矿场资源丰富；俄罗斯石油天然气资源丰富；印度劳动力资源丰富，IT优势明显；南非拥有丰富的资源；中国则拥有完整的工业体系，出口优势明显。在当前全球经济增长动能减弱的情况下，金砖国家之间高质量的金融合作将有助于进一步促进金砖国家之间的资源互补，推动金砖国家经济高质量复苏和发展。

（三）金砖国家金融高质量合作有助于进一步完善全球治理

加强金砖国家金融高质量合作对于完善全球治理意义重大，主要表现在以下三个方面：

一是金砖国家的金融高质量合作是新兴经济体与发展中国家参与全球治理的重要手段。"二战"之后，以美国为首的发达国家建立了布雷顿森林体系，标志着全球经济治理的开始。而随着经济危机的爆发，G7取代了布雷顿森林体系，中等发达国家开始登上了全球经济治理的舞台。2008年全球经济危机爆发后，新兴经济体和发展中国家通过G20和金砖国家领导人会晤机制开始加入到全球经济治理的行动中，平等参与治理并对全球问题发声。当前，美国等西方国家的金融业已经逐步从金融危机中复苏，世

---

① 严若玮：《巴西经济复苏步履维艰》，载于《经济日报》2022年4月8日。

界银行和国际货币基金组织长期为欧美所垄断，无法满足新兴经济体的发展要求，金砖国家必须加强在金融方面的高质量合作，降低对发达国家的金融依赖，提高金融话语权，从而参与全球治理。

二是在当前逆全球化思潮、单边主义抬头、贸易保护和地缘政治突出的发展背景下，加强金砖国家的金融高质量合作有助于帮助新兴经济体与发展中国家应对潜在的风险和危机。近年来，贸易保护主义和单边主义抬头，多边主义面临诸多挑战，这些因素加剧了世界的不稳定性和不确定性。受此影响，金砖国家经济增速普遍放缓。金砖国家具有劳动力、油气资源、农业资源、矿产资源和市场优势，国家之间的产业结构和发展道路具有多样性与互补性，经济合作基础良好。在全球存在诸多不确定性的情况下，务实加强金砖国家的金融高质量合作符合新兴经济体的利益，能够提升全球治理的效果，并有助于降低单边主义、贸易保护主义等对发展中国家的冲击。

三是金砖国家的金融高质量合作是金砖国家迈向强国的必经之路。当前新一轮科技革命和产业变革已经开始，人工智能、大数据、量子信息、生物技术等科学技术的发展催生了大量新产业、新业态、新模式，为全球经济发展带来了颠覆性的改变。金砖国家必须加强金融高质量合作，最大限度把握第四次工业革命带来的机遇，在绿色金融、普惠金融等方面带领新兴经济体赶超发达国家，实现经济的高质量复苏和发展，避免进一步扩大南北鸿沟。

二、金砖国家金融合作的进展与成效

自 2008 年国际金融危机发生后，金砖国家积极探索金融合作方式与机制，在多方商讨、务实推动下，十余年来取得了"里程碑"式进展，形成了相对完善且具体的合作框架。以下分别总结金砖国家金融合作的发展历程与金砖国家金融合作取得的成效。

（一）金砖国家金融合作发展历程

金砖国家合作机制的发展可按时期与合作内容划分为合作商讨期、初步探索期、实质推动期、成果巩固期以及高质量合作新时期五个阶段。

1. 合作商讨时期（2009～2010 年）

2008 年之后，金砖国家开始关注全球性金融危机给各国金融安全带来的冲击及应对方式，开始了金砖国家内部金融合作的探索。在金融合作的初期阶段，各成员国之间的实质合作主体为银行合作，合作形式主要为协商和探讨。2009 年 6 月 16 日，金砖国家召开了第一届领导人峰会，地点为俄罗斯叶卡捷琳堡。此时南非尚未加入，巴西、俄罗斯、印度、中国四国首脑在该次会议上就今后将要合作的内容以及发展方向、如何面对金融危机等与经济运行和社会发展相关的一系列问题展开了讨论，并发表了金砖国家第一份联合声明。声明中强调需对投资环境以及国际贸易展开进一步优化，对国际金融机构实施进一步改革，对贸易保护主义采取进一步遏止措施，由此提高新兴市场经济体在其中的作用和地位。此次会议的顺利召开具有重要的意义，它不仅是金砖国家金融合作机制正式启动的标志，也推动了 2009 年 9 月在匹兹堡召开的 G20 峰会上一个重要决议的形成，即将 IMF 5% 以及世界银行 3% 的投票权重新在新兴市场经济体中进行分配，这是金砖国家从资本市场投资转变到政治经济合作的标志。

2010 年 4 月 15 日，第二届金砖国家领导人峰会在巴西首都巴西利亚召开。和第一次峰会不同，该次会议的核心议题是加强金融和经贸上的合作，并且更多是以实质性的问题为主，比如应如何进行改革，从而得到一个更加稳健的世界金融系统，以此更好地对金融危机带来的冲击进行防范和化解。并且该次会议对国际货币体系的发展方向也做出了要求，即应该稳定的发展、可预见性的发展以及多样性的发展。除此之外，会上还讨论了推动合作、协调的具体措施。第二次峰会的顺利召开，是金砖国家正式确立金融合作机制的重要标志。此次峰会带来的主要成果是：卢布对人民币的挂牌交易得以开始。2010 年 12 月 15 日，人民币首次境外直接挂牌交易在俄罗斯莫斯科银行外汇交易所完成。2010 年 11 月 G20 峰会上，南非加入了金砖国家，此后开启了金砖五国合作时期。

2. 初步探索时期（2011 ~ 2012 年）

2011 年之后，金融合作的领域以及范围已经从银行间的合作，扩展到了双边金融市场的合作。4 月，第三届金砖领导人峰会在中国三亚召开。南非作为正式成员国第一次参与金砖峰会。该次会议探讨了国际形势走向等问题，并对金砖国家以及国际经济金融在未来的发展、合作等问题展开了商讨。在该次峰会上，金砖五国正式签订了《金砖国家银行合作机制金融合作框架协议》，该协议给五国带来了诸多利好。首先，该协议将为其成员国的国家开发银行的投资、贸易保障、贷款规模以及本币结算的扩展等提供便捷。其次，该协议还将促进成员国在经济金融、能源以及高科技等关键领域的投资、融资以及信息交流等方面的合作，有助于进一步提升资本市场的合作效率。会后，金砖国家发表了《三亚宣言》。该宣言的相关内容有：对于改善国际货币体系有关的措施，金砖国家表示支持；建设多样化的、有效的以及公平的国际储备货币体系；对于包含特别提款权（SDR）一篮子货币所形成的有关议题，欢迎对其进行广泛的、充分的探讨；呼吁将发展中国家以及新兴市场面对的资本流动风险作为核心重点关注；进一步加强全球金融改革以及监管的力度，加强对各国之间的政策监督协调合作机制的建设等。此次峰会的顺利召开，标志着金砖国家的金融合作机制在发展过程中跨出了关键一步，金砖国家间的贸易以及投资的便利性将得到极大的提升，这有助于未来在金融领域中进一步展开务实合作。国际证券交易所联会会议于该年 10 月在南非举行，此会议宣告俄罗斯莫斯科、中国香港、印度孟买、南非约翰内斯堡以及巴西的证券期货交易所组成联盟，并且从 2012 年 3 月 30 日起，互挂买卖。

2012 年 3 月 28 日，第四届金砖国家领导人峰会召开，地点为印度新德里。此次会议的核心议题是可持续发展以及全球治理。除此之外，还讨论了是否可能设立金砖国家开发银行。在该会议上，金砖五国一同签订了《多边信用证保兑服务协议》《金砖国家银行合作机制多边授信总协议》，同时一致同意了成立证券交易所联盟的意见。会议成果是形成了《新德里宣言》。金砖五国代表新兴市场经济体，在推进全球经济治理改革的步伐上，督促其成员国应该更加的积极主动，从而进一步提高其在国际社会中的地位和声望。而对于世界银行行长的竞选，金砖五国认为应当鼓励新兴市场经济体候选人去参加。对于金融改革，鉴于国际货币组织的改革进程太过迟缓，因此 2010 年确立的治理以及改革方案的执行迫在眉睫。此次峰会的顺利召开，使得金砖国家的金融合作机制得到了进一步的深化，是其金融合作进入实质性的发展阶段的重要标志。该次峰会同样具有重要意义，它推动了成员国证券交易所基准股市指数衍生产品互挂买卖的实现，这将助力于成员国之间交流与合作的进一步提升。

2012 年 11 月，G20 财政和央行行长会议在墨西哥召开，此次会议对设立金砖国家开发银行的可行性开展了更为深入的讨论研究。

3. 实质推动时期（2013～2014 年）

2013～2014 年，金砖国家的两次领导人峰会推动了更实质的金融合作，会议更为深入地商议了金砖国家应急储备、金砖国家开发银行的设立及如何进一步加深金砖五国在经济、金融方面的合作等中心议题。

2013 年 3 月 6 日，在南非国际会议之都——班德举行了第五届金砖国家领导人峰会，该会议主要围绕全球经济形势、金砖国家深度合作、世界经济秩序治理等问题进行了深入的探讨。峰会结束后，一致通过《班德宣言》，在决定增设金砖国家应急储备基金及新开发银行的同期，宣布增设智库理事会及金砖国家工商理事会。新开发银行的成立是金砖国家在围绕经济金融合作机制探索方面由理念形成到走向实践的重要一步。未来，新开发银行也将走出金砖区域，在世界范围内发挥重要影响，成为助力全球金融治理、经济结构改革、新兴市场经济体发展的重要金融机构。此外，峰会通过《可持续发展合作和联合融资多边协议》及《非洲基础设施联合融资多边协议》，在促进金砖国家在金融合作方面不断深入发展具有重大意义。

2014 年 7 月 15 日，巴西成功举办了第六届金砖国家领导人峰会。会上，主要针对新开发银行具体事项安排、如何筹备应急储备基金及各国出资额等进行讨论。第一，约定新开发银行在上海设立总部，在成员国之间交替产生行长。同时约定启动资金最初设定为 500 亿美元，全部在出席的成员国之间进行均匀分割，并在后期再逐步将初始启动资金扩大 1 倍。同时也将吸纳全球范围内的发展中国家加入，实现扩充初始资本规模、扩大成员国数量的目的。设立新开发银行的目的主要是避免金融危机对货币稳定性造成的不良影响。第二，设定金砖国家应急储备基金总额——1000 亿元，不同于新开发银行初始启动资金各参与国的平均分摊，各国在金砖国家应急储备基金的出资额根据国家不同而呈现不同出资比例，最高为中国，占据总出资额的 41%，其次是俄罗斯、印度、巴西三个国家，出资额各占据 18%，南非占总出资额的 5%。

4. 成果巩固时期（2015～2016 年）

金砖成员国金融合作从实质推动期向成果巩固期迈进的重要标志为金砖国家新开发银行和外汇储备库的正式投入运行。2015 年 7 月，金砖国家财长和央行行长会议在莫斯科召开，讨论了各国就新开发银行的具体进展安排，并订立《金砖国家应急储备安排中央银行间协议》和《金砖国家应急储备安排条约》。同年 7 月 9 日，在俄罗斯乌法顺利举行第七届金砖国家领导人峰会。峰会结束后，金砖五国共同发布《乌法宣言》，并通过《成立新开发银行的协议》与《金砖国家银行合作机制与金砖国家新开发银行开展合作的谅解备忘录》。其中提出了几点重要内容：第一，积极开展以行动为导向的经济合作，从而实现降低全球金融市场潜在风险、促进市场经济复苏并实现可持续增长的目标；第二，在原有金砖国家应急储备安排等经济金融合作的基础上，进一步加强多领域的协调合作，突出在金砖区域经济、金融合作成果中各成员国银行间合作机制所发挥的重要作用；第三，加快开展开发银行投资活动，同时推动新开发银行同全球新金融机构及原有金融机构的合作，积极推进应急储备协议顺利落地。

2016 年 10 月 15 日，在印度果阿召开了第八届金砖国家领导人峰会，围绕"打造有效、包容、共同的解决方案"的峰会主题，大会顺利通过《果阿宣言》，并签订《关于金砖国家银行合作机制与新开发银行开展一般性合作的谅解备忘录》。会议充分认可新开发银行在发行以人民币为面值的绿色债券、助力金砖成员国于可再生能源等项目的顺利推进所做出的重大贡献，大力支持在非洲区域中心新开发银行的筹备建造工作。此次峰会深入探讨金砖区域间可持续发展及基础设施项目等方面的合作，积极响应并践行联合国所倡导的 17 个可持续发展目标，以促进全球金融架构的完善及经济的稳定可持续发展。

5. 高质量合作时期（2017 年至今）

2017 ~ 2021 年，金砖国家金融合作在金砖国家领导人峰会和金砖国家新开发银行等机制下迈入了高质量合作时期。

2017 年 9 月 3 ~ 5 日，金砖国家第九届领导人峰会在中国厦门举行。会议以"深化金砖伙伴关系、开辟更加光明未来"为主题，就全球形势、金砖国家合作、全球和局部地区热点问题展开深入会谈，并发表《厦门宣言》，达成共同打造金砖国家合作第二个"黄金十年"的共识。峰会通过了金砖国家反洗钱和打击恐怖融资活动代表团的团长合作。此举在打击洗钱、打击恐怖融资以及预防杀伤性武器大规模扩散方面，发挥了积极的作用。在遵守各国中央银行法律授权的前提之下，金砖国家通过本币结算、货币互换以及本币直接投资等一些适当方式，加强了国家间的货币合作。同年，金砖各国的开发银行签署了《关于银行间本币授信和信用评级合作的谅解备忘录》。金砖国家银行合作机制为金砖五国经济贸易合作提供了有力支撑。为了适应金砖五国贸易投资迅速发展的需要，金砖五国在履行其现行监管框架和履行 WTO 义务的前提下，推动金融机构和金融服务体系的网络化,为金砖国家的金融市场一体化提供了方便,并保证了金融监管机构之间的交流和合作。

同年,新开发银行理事会制定了"2017—2021年总体战略",确立了支持成员国可持续基础设施发展推动金融合作的战略思路。金砖五国财政部部长与中央银行行长就政府与社会资本的合作问题(PPP)达成了一致,在金砖国家间共享PPP经验以及开展PPP实践。

2018年7月25~27日,第十届金砖国家领导人峰会于南非约翰内斯堡举行,以"金砖国家在非洲:在第四次工业革命中共谋包容增长和共同繁荣"为主题,通过了《约翰内斯堡宣言》,强调巩固金砖国家经贸财金合作。金砖国家新开发银行继续完善工作机制,2019年于巴西圣保罗设立了美洲区域办公室,在巴西利亚成立分办公室,并在成员国开始运营。2020年,俄罗斯和印度的区域办公室也分别开业。在新开发银行核心职能的基础上,上述区域办公室不仅有利于银行拓展业务,而且为所有金砖成员国拓展了更好的项目。

2020年11月17日,第十二届金砖国家领导人峰会以线上视频的方式举行,金砖领导人深入探讨了金砖国家深化战略合作伙伴关系,维护全球稳定、安全和创新增长。会议通过《金砖国家经济伙伴战略2025》。该战略为促进金砖五国经济发展、投资、金融、数字经济和可持续发展等领域的合作提供了指导意见,促进了金砖国家经济快速恢复,提升了人民生活水平。此次会议还批准了《金砖国家投资便利化谅解》和《促进中小微企业有效参与国际贸易指南》。谅解着重于促进投资和可持续发展的自愿行动,提高透明度和效率,促进金砖国家的合作;指南旨在促进中小微企业与全球价值链的融合,并提升中小微企业运营业绩。

2021年6月1日,金砖五国外长进行视频会晤,就新冠肺炎疫情、多边主义、全球与局部地区热点问题以及金砖国家合作等问题进行深入交流。同年,《社会基础设施:融资和数字技术应用技术报告》诞生。这份报告由金砖国家基础设施及政府和社会资本合作工作组编写完成,反映了金砖五国共同致力于促进知识共享。金砖国家财政部与中央银行联合举办了关于金融技术服务中小微企业调研及普惠金融报表的有关工作。金砖国家进行金融合作，推出适当的工具和举措，在国别、金砖机制以及国际层面创造了良好投资环境，可促进国际贸易发展，推动可持续发展和包容性增长。新开发银行接纳了四个新成员——孟加拉国、埃及、阿联酋和乌拉圭，更大范围扩展了新开发银行的辐射地域。2022 年 1 月 18 日和 4 月 13 日，金砖国家陆续召开第一次和第二次协调人会议，就疫情后经济复苏、产业合作、可持续发展等问题交换看法。

（二）金砖国家金融合作取得的成效

金砖国家金融合作是一个日益深化的过程，在这个过程中取得了巨大的成效。按领域可将成效划分为四个方面，即与国际合作组织之间的合作、金砖国家新开发银行的创新、应急外汇储备的设立、双边金融合作的共赢。

1. 借力国际合作组织推动高级别金融合作

21 世纪以来，金砖国家经济贸易实力日益增强，与国际上其他国家的联系日益密切，并通过 IMF、G20 和"一带一路"等国际合作组织推进新一轮高层次金融合作，提高国际认可度，完善国际新秩序。金砖国家借力 IMF，不断改善国际合作环境。2015 年 12 月，中国在 IMF 的份额由第六位提升到第三位，大规模提高了新兴经济体在国际组织中的发言权和代表权。另外，金砖国家通过要求改革 IMF 投票权和对 IMF 不断增资等方式，使发展中国家的话语权得到了实质性的提升，为金砖国家开展进一步国际金融合作提供了更加宽松的国际环境。同时，金砖国家与 G20 的合作主要集中在国际货币体系的改革、国际金融体系以及经济平稳高速发展等方面。作为 G20 的成员国，金砖五国与 G20 的互动在金砖国家峰会和 G20 国家峰会期间展开，对国际货币、金融体系施加显著影响，促进国际合作实现共赢的可能性。借助"一带一路"平台，扩大金砖国家的国际贸易份额。"一带一路"与金砖国家合作战略协同发展，通过加大双向投资，助力金砖国家合作，扩大业务平台，促进经济共同繁荣。

2. 成立金砖国家新开发银行创新投融资模式

金砖国家新开发银行于 2015 年 7 月 21 日正式开业，目的是构筑一个成员国共同的金融安全网，降低国际金融危机的冲击。新开发银行经过了多年的实践探索，创新独特业务模式，以借款国发展需求为导向，治理结构采取平分股权制，充分考虑和包容借款国家的制度体系，更加重视投融资业务的发展，注重"可持续发展"，其成效得到了成员国和国际其他国家的充分认可，可谓是全球治理体系改革路上的一块"金色招牌"。在投融资领域，新开发银行在考虑成员国汇率风险的基础上，以成员国本币进行融资和投资，同时促进成员国本国资本市场的繁荣。在投资项目选择上，新开发银行更注重基础设施建设的可持续性发展，体现在投资水资源卫生设施、可再生能源、智慧城市等项目上，并在金砖各国之间开展 PPP 项目合作与经验共享。

3. 构建金砖国家应急外汇储备维护金融稳定

2014 年 7 月 15 日，金砖国家宣布设立应急储备安排（CRA），目的是缓解短期国际收支压力，促进成员国金融发展稳定。成员国的借款量由其出资额和借款系数决定，借款额的前 30% 只需借出国同意，后 70% 与 IMF 贷款挂钩。应急储备安排本质上是金砖国家的外汇储备库，当一国发生危机需要外汇时，该国可按即期汇率向其他成员国购买外汇，出售本国货币，资金到期时做相反的交易，并支付利息，及时解决该国流动性危机。应急储备安排不仅增加了成员国在危机发生时可用的外汇储备量，由于成员国之间存在经济周期差异性，还在一定程度上降低了成员国的整体外汇储备波动率。

4. 开展多种形式双边金融合作助力经贸共赢

在货币市场层面上，金砖国家双边金融合作采用本币投融资及结算，有效降低了以美元为基础交易的汇率风险。金砖国家间贸易往来密切，交易频繁，中国在贸易进出口中发挥重要作用，巴西与俄罗斯、印度贸易也不断加深，以本币进行买卖交易，提高交易便利性，降低交易成本，是推动金砖国家贸易往来的润滑剂。

在银行间市场层面上，2010 年 4 月，金砖国家成立银行合作机制，中国开发银行、俄罗斯外经银行、巴西开发银行和印度进出口银行签署银行合作备忘录，南非南部非洲开发银行于 2011 年 4 月加入。同时各国纷纷在成员国之间设立分行，2013 年中国工商银行在巴西设立分行，同年中国建设银行在俄罗斯设立分行，2014 年巴西银行的首家分行——巴西银行上海分行正式开业，2019 年中国银行孟买分行在印度正式开业。银行间合作为企业在成员国之间开展业务和进行投融资提供了便捷通道，进一步深化了双边合作。

在资本市场层面上，金砖各成员国证券交易所签署协议组成联盟，互相开放资本市场，携手为投资者跨国投资提供便利。2012 年，金砖国家交易所的股指衍生品在各成员国交易平台实现了以本币为基础的互相挂牌交易。资本市场的合作使成员国融资投资渠道扩大，资金使用效率显著提高。同时，金砖国家本币债券基金的建立取得了巨大进展。

此外，金砖各国在会计准则、债券市场探索上推进了多方面工作。在充分考虑了国别法律和政策的前提下，金砖国家加强会计准则的制定机构与审计机关的协调合作，探索债券发行领域会计准则趋同与审计领域的合作的可行性，为实现金砖五国债券市场的互联和合作打下了坚实的基础。金砖国家对建立金砖国家本币债券基金达成一致意见，并以此作为加强金砖国家金融韧性的手段，以此来保持金砖国家融资资本的可持续性，也有利于增加国内外私营部门的参与，促进国家和区域债券市场的发展。

三、金砖国家金融高质量合作面临的困境与挑战

（一）金砖国家金融高质量合作机制还不成熟

一是金砖国家金融合作缺乏常设机构。目前金砖国家的合作形式为由五国轮流作为主席国，没有常设秘书处，合作机制尚缺乏明确的协调者。在此模式下，金砖国家一直以来采用的是通过平等互利基础上的谈判和妥协达成共识，采取共同行动。这种模式存在的问题是，金融合作中产生的摩擦和争端得不到专门的常设机构的处理，各国之间的制度协调耗时较久，且不利于金砖国家金融合作的稳步发展。如金砖国家新开发银行早在2011年的第三届金砖国家领导人峰会上就已经形成了初步的意向并在2012年峰会上被明确提出，但是直到2015年才落户上海正式开业。

二是还未形成稳定的金融合作会议机制。目前金砖国家的重点合作领域和机制包括安全事务高级别代表会议、外长会晤，2022年在中国首次举行了国家财长和央行行长会议。金砖国家安全事务高级代表会议于2009年倡议举行，迄今已举办12次，是金砖国家讨论并开展政治安全领域合作的重要平台，会议主要讨论议题涉及国际形势、全球治理、地区热点问题、战略和安全问题、反恐问题、网络安全、能源安全、生物安全等。金砖国家外长在2006年联合国大会期间举行第一次会晤，迄今已举行14次。2017年，中国作为时任金砖主席国，在北京倡议举办首次金砖国家外长正式会晤，自此形成固定机制，迄今已举行5次。2022年4月，首次金砖国家财长和央行行长会议以视频形式举行，财政部部长刘昆和中国人民银行行长易纲共同主持会议，其他金砖国家财长和央行行长以及新开发银行行长出席会议。会议就宏观经济形势和政策协调、新开发银行、基础设施投资、金砖财金智库网络、完善金砖应急储备安排、转型金融等议题进行了

讨论。

三是金砖国家尚未形成金融合作监管机制。金砖国家不仅要加强投融资的对接与合作，也要加强金融监管合作。目前金砖五国在金融监管上普遍存在金融监管效率低、金融监管范围存在局限性等问题。如中国在金融监管过程中，主要开展的是金融机构负责合规性监管与审批监管，缺乏对金融风险与金融退出机制的监管。同时，尚未形成统一的金融监管机构，金砖国家的金融监管标准并不统一，金融机构在拓展金砖国家的相关业务时在市场准入、业务开展、信息披露等方面遇到较大的阻力，加强金砖国家监管合作是金砖国家金融高质量合作的必由之路。

（二）新开发银行的发展有待进一步深化

金砖国家新开发银行是由巴西、俄罗斯、印度、中国和南非5个新兴经济体共同创办的多边开发性金融机构。2014年7月金砖国家领导人第六次会晤正式宣布新开发银行的成立。新开发银行不仅仅面向金砖国家，而且面向全部的发展中国家。新开发银行的成立有助于满足新兴经济体的发展需求，同时也是金砖国家规避金融危机带来货币不稳定的重要措施。目前，新开发银行的治理结构较为扁平，运作效率较高，但是新开发银行的成员较少，和其他的多边开发银行相比，新开发银行仍然处于初级开发阶段。如亚洲开发银行成立于1966年，截至2022年2月，已拥有68个成员，其中49个来自亚太地区[①]；而新开发银行成立于2014年，拥有5个创始成员，并于2021年接纳了四个新成员——孟加拉国、埃及、阿联酋和乌拉圭。此外，新开发银行规模较小，资金来源也较为单一。新开发银行的宗旨是为发展中国家和新兴经济体的基础设施与可持续发展提供资金。但是金砖新开发银行的启动资金是500亿美元，资金额由5个金砖国家均摊，虽然金砖国家面向的是"金砖＋"，但是目前的贷款主要针对金砖国家，

---

① 亚洲开发银行官网，https：//www.adb.org/who-we-are/about#members。

无法覆盖大多数的发展中国家。发展中国家的基础设施投资需求大，仅仅依靠创始国的投资还不足以满足发展中国家的需求。未来如何进一步深化新开发银行的发展模式，发挥新开发银行在金砖国家金融高质量合作中的作用，对于金砖五国来说是一个重要的挑战。

（三）金砖国家数字普惠金融有待加强

普惠金融在减少贫困、缩小贫富差距和支持实体经济发展等方面具有重要的作用，但是普惠金融也存在难以脱虚向实的问题。当前"互联网＋"、人工智能、物联网等数字技术已经成为经济发展的新动能，也为普惠金融注入了新的动力，数字普惠金融将推动全球的包容性增长。金砖国家在数字普惠金融方面都有一定的实践，如中国是数字普惠金融的先行者，2016 年我国首个发展普惠金融的国家级战略规划——推进普惠金融发展规划（2016—2020 年）出台；2021 年的中央一号文件，数字普惠金融作为一个固定的提法被首次写入，文件要求发展农村数字普惠金融，大力开展农户小额信用贷款、保单质押贷款、农机具和大棚设施抵押贷款业务。印度在数字普惠金融方面也进行了实践，2015 年 7 月，印度政府提出"数字印度"倡议，快速发展本土的数字经济，并借助互联网企业把更多的金融服务推广给客户。虽然各国在普惠金融上都进行了一定的探索，但是目前金砖国家之间在普惠金融数字化上的合作还未深入开展。未来，数字普惠金融将在经济发展中发挥重要的作用，金砖国家拥有庞大的人口基数，通过将普惠金融数字化，能够进一步推进金融的普惠性，优化金融的配置效率。各个国家需要加强合作建设数字普惠金融，探索可行的合作模式。

（四）发达国家对金砖国家金融高质量合作存在潜在干扰

目前，复杂的国际形势下，发达国家可能对金砖国家金融高质量合作产生干扰。以美国为首的西方发达国家势必会阻碍金砖国家金融高质量合作。金砖国家的金融高质量合作是对以发达国家为主导的金融体系的巨大挑战，金砖国家的金融合作与现有的国际金融机构，如世界银行、IMF 等国际组织可能在信贷政策、份额配置等方面持有不同立场。目前的国际货币金融中心由发达国家掌控，对于金砖国家推动建设新的金融体系、建设新的贸易协定等可能的行动，发达国家势必会对金砖国家的金融合作进程进行阻碍。特别地，俄乌战争更为金砖国家金融高质量合作带来了更多的不确定性。俄乌战争的爆发推动了世界的金融秩序的重构，全球金融秩序正在发生深刻的调整。俄罗斯作为金砖五国之一，其与乌克兰的战争冲突也会影响金砖五国金融高质量合作，为合作带来了较大的不确定性。俄乌战争爆发以来，以美国为首的西方国家对俄罗斯实施了极端的金融制裁措施，宣布将 7 家俄罗斯银行从环球同业银行金融电讯协会（SWIFT）体系中移除出去，试图将俄罗斯隔绝于全球的金融体系之外，导致俄罗斯卢布汇率一度暴跌。对此，俄罗斯采取了一系列反制行动，包括俄罗斯中央银行基准利率上调至20%、资本管制、非友好国家购买石油和天然气必须以卢布结算等，最终使卢布对美元汇率一路走强。当前，虽然俄罗斯卢布的表现并没有西方制裁者预期的那样糟糕，但是俄乌战争带来的不确定性为俄罗斯的金融发展以及金砖五国的金融高质量合作带来了较高的风险。未来金砖五国在金融合作上的高质量发展也可能受到西方国家对俄罗斯制裁的影响。以美国为首的西方国家也不会任由俄罗斯通过金砖金融合作实现经济的复苏，因此，如何协调金砖国家金融高质量合作和其他国际金融机构之间的关系，使得两者既能够保持密切合作关系，同时又能够保持自身独立性，是金砖国家金融高质量合作面临的一个重要挑战。

四、金砖国家金融高质量合作的战略选择与有效路径

当前，金砖国家经济发展面临严峻挑战。外部方面，贸易摩擦、俄乌战争等问题持续发酵，世界格局正在重构，多极化趋势加剧。内部方面，

金砖国家发展模式的内在缺陷及由此导致的发展后劲不足等问题尚未得到完全有效解决，而新冠肺炎疫情对经济和社会发展的影响却在持续并逐渐显现。金砖国家应当围绕社会经济发展对关键金融产品和服务的迫切需要，进一步加强金融领域高质量合作，为促进全球经济复苏，实现开放、包容、普惠、平衡、共赢发展提供助力。

（一）深化便利性金融合作，促进跨境贸易投资发展

贸易投资合作是金砖国家合作的重要领域，贸易投资自由化与便利化也是金砖国家构建多边合作关系中的重要议题。贸易投资自由化与便利化的关键是协调贸易投资程序，优化贸易投资制度，减少贸易投资障碍，为跨国投资者创建一个透明、良好的贸易投资环境。除法律法规、基础设施、电子商务等领域的制度建设之外，金融环境的完善和优化也是其中的重要一环。

金砖国家合作机制成立之后，金砖国家在推动贸易投资自由化和便利化方面推出了一系列政策与措施，如提高税收待遇、开放投资市场、建设贸易投资信息平台等，并取得了显著的成效，但在贸易投资相关的金融环境建设，特别是便利性金融服务方面仍有很大完善空间。深化金砖国家贸易投资合作，必须坚持习近平主席提出的"贸易投资大市场、货币金融大流通"[①] 目标，从以下几个方面精准发力，努力打造高质量金融环境。一是要深化贸易收支便利化服务合作。新业态、新模式是今后金砖国家跨境贸易发展的重要趋势，与传统贸易相比，新业态、新模式下跨境贸易更多采取线上交易模式，具有主体更加多元、交易更加高频的特征，这也对金融服务的高效便捷提出了更高的要求。加强制度建设和服务创新合作，推动贸易外汇收支便利化改革，是深化金砖国家贸易合作的重要手段和必然

---

① 《习近平点亮"金砖精神"》，央广网，https：//baijiahao. baidu. com/s？id = 160695357 4412334177&wfr = spider&for = pc，2018 年 7 月 25 日。

要求。二是要深化资本项目收支便利化服务合作。释放金砖国家发展潜力、发挥金砖国家全球发展引擎作用，需要金砖各国充分发挥彼此在资源禀赋、产业结构等方面的互补优势，打造利益互享的产业链和价值链，建设利益交融的跨区域大市场。这一过程中必然涉及大量的资本输出和输入。持续优化以资本项目收支便利化服务为核心的跨境投资金融环境，是帮助中小微企业、民营企业更好开展跨境贸易和投融资活动，推动金砖国家产业转型升级、融合发展的必然要求。三是深化贸易融资合作。2020年以来，受全球疫情、大宗商品价格、航运价格等因素影响，各国外贸企业，特别是中小微企业，普遍面临经营困境。完善贸易融资相关制度建设，强化包括信用信息数据在内的金融数据共享平台建设，推动贸易融资业务创新，探索跨境供应链金融服务，通过制度、主体、技术、产品等多要素协同发力，推动金砖国家银行、保险等金融机构以及供应链核心企业在贸易融资合作模式、合作场景等方面的拓展和深化，帮助金砖各国实现"稳外贸""稳经济"及至"促发展"。

（二）深化开发性金融合作，推动金砖国家可持续发展

开发性金融是指以国家信用为背书，以市场业绩为支柱，通过融资促进项目建设及相关领域的制度和市场建设。开发性金融是政策性金融的深化和发展。与政策性金融一样，开发性金融希望通过政府干预弥补体制不足和市场失灵，实现政府发展目标，促进社会经济发展。但与政策性金融多采取融资补贴的做法不同，开发性金融通过政府融资、市场运作的方式，将政府力量与市场力量有效结合，重点解决经济社会发展亟待解决的突出问题。

金砖国家是发展中国家和新兴经济体的重要代表，各国均面临发展转型升级、新旧动能转换的迫切问题。2014年7月，金砖五国发表《福塔莱萨宣言》，签署成立金砖国家新开发银行，这也是新兴经济体首次自己设立的多边开发银行。新开发银行成立后，以借款国的发展需求为导向，为

新兴经济体和发展中国家的基础设施建设及可持续发展建设提供了重要帮助。在新开发银行的推动下，金砖国家开发性金融合作取得显著成效，但也存在"供不应求"、信息不对称等现实问题。深化金砖国家开发性金融合作，一是要创新开发性资金来源。新开发银行的主要资金来源是成员国认缴资本以及本币资本市场，一方面成员国政府财力有限；另一方面本币融资虽然可以有效避免货币错配带来的汇率风险问题，但因为成员国资本市场发展限制，本币融资可能存在无法顺利完成的问题。可以考虑通过开发性银行成员扩容、引进非本币资本市场融资、加强与其他多边开发性银行的联合融资、引入社会资本发展多元融资等多种手段拓宽开发性资金来源，保障开发性金融合作顺利进行。二是要完善采购、环境及社会影响评价标准。新开发银行在放贷时尊重各成员国主权，依据各国具体情况制定不同的采购、环保、社会影响等贷款标准，即采取"国别体系"标准。这一做法有利于借款国探索符合自身国情的发展道路，但这在一定程度上加大了新开发银行与借款国之间的信息不对称，影响开发性金融合作效果。提高开发性金融合作效率，保证开发性金融合作的长期、可持续发展，需要进一步完善运营标准和监察机制建设，尽可能在尊重成员国主权的基础上，提高开放性金融合作资金使用的开放性、透明性，降低信息不对称可能导致的资源配置效率问题。三是要进一步扩大开发性金融合作范围。就运营实际来看，金砖国家开发性金融合作主要还是以硬件建设为主，在教育资源、社会保障、环境保护等软件建设方面相对薄弱。可持续发展强调的是社会、经济、文化、资源、环境等各方面的协调发展。深化开发性金融合作，金砖国家应当充分发挥开发性金融合作政策效果，在推动金砖国家及其他发展中国家和新兴经济体经济增长的同时，更好地满足各国群众教育、卫生、社会保障和就业机会等方面的需求，共同应对气候变化和环境治理挑战。

（三）深化创新性金融合作，助力金砖国家包容性发展

包容性发展一直是金砖各国的重要议题。包容性发展提倡机会平等，

强调让全球/地区经济一体化带来的好处惠及所有国家，让发展成果惠及所有人群，特别是要惠及发展落后国家和弱势群体。包容性发展离不开金融的支持，以创新型金融合作推动金融服务效率和效能的提升，是金砖国家实现包容性发展的必然要求。

创新性金融合作一直是金砖国家合作的重要内容之一，但过往多是以促进贸易投资便利化为方向。推动金融服务金砖国家包容性发展效能，在强调金融服务经济增长之余，还应当重视金融服务社会和人的发展。金砖国家进一步深化创新性金融合作，应当有意识地加强彼此在科技金融、普惠金融和绿色金融领域合作的努力和探索，在推动自身及其他发展中国家可持续发展转型的同时，实现更好的包容性发展。一是科技金融合作方面，金砖国家应当携手加快金融数字化进程，推动金融更加高效快捷地服务于实体经济。金砖国家内部应加强在互联网、云计算、大数据、区块链、人工智能、5G等应用领域的合作和能力建设，推动数字技术、创新技术在金融领域的推广和应用；应联手帮助其他发展中国家和新兴经济体加强信息科技基础设施建设，引导这些国家和地区发展金融科技，让更多人能够享受金融信息化的便利。二是普惠金融方面，金砖国家应联手强化普惠金融发展意识，优化普惠金融发展制度环境，推动数字普惠金融发展与应用。打造创新型金融合作平台，加强对普惠金融发展先进经验的交流与分享，探讨普惠金融创新发展可能；推动科技金融与普惠金融融合发展，借助金融科技发展降低金融服务成本，完善信用数据和信用体系建设，实现普惠金融发展的深度和广度的提升。在时机和条件成熟的情况下，金砖国家也可以探索跨地区普惠金融服务合作的实现可能，尽可能地盘活各国金融资源，让金融服务能够最大限度地惠及更多人。例如，打造跨地区的互联网金融服务平台，使得金砖国家甚至其他发展中国家、新兴经济体的个人或中小微企业都能够通过平台实现更低成本、更加快速的投融资。三是绿色金融方面，金砖国家应当以绿色金融供给改革为重点，加快彼此在政策协调层面、业务发展层面、产品创新层面及风险管理层面的各项合作，引导资源流向绿色、低碳、节能等优质领域，以绿色金融合作促进绿色科技合作，实现缓解金砖国家及其他发展中国家在实现发展超越过程中可能遇到的资源环境困境及公平性问题，提升人民福祉水平的合作目标。

（四）深化金融监管合作，防范化解系统性金融风险

金砖国家政府、机构及企业在各类项目和业务上的稳步合作，离不开各国金融机构的协调与配合。受广阔市场需求影响，以及金砖国家新工业革命伙伴关系的深入推进，金砖各国在金融领域合作的力度必将不断提升，形式也将更加多样，这对金砖各国的金融风险应对能力提出了更高的要求。对内，金砖国家需要加强防范系统性风险事件，避免风险经由贸易、投融资等渠道在彼此之间外溢传导。对外，金砖国家需要进一步筑牢防火墙，防止国际金融市场波动对各国金融稳定造成不良影响。

金融监管合作一直是金砖国家金融合作的重要内容之一。早在 2014 年 7 月，金砖国家就共同签署成立金砖国家应急储备安排，这也是发展中国家和新兴经济体突破地域限制、联手创建金融安全网以应对外部冲击的一次重大尝试。应急储备安排使金砖国家在面临棘手困难时可以得到来自其他成员国的流动性保障和支持，对确保金砖国家金融和经济稳定具有重要作用。但除此之外，金砖国家在金融监管上的合作成效相对有限，缺乏统一风险防范合作机制、监管范围局限、监管效率低下等问题是制约金砖国家金融合作进一步深化的关键原因之一。从打造高质量金融合作的角度出发，构建高效监督协调机制，积极推动金砖国家官方层面的金融监管合作迫在眉睫。具体可以从以下几个方面着手：一是金砖国家在基础设施建设、货币市场建设、资本市场建设等各方面都存在明显不足，未来应当进一步完善自身金融市场建设，降低自身金融体系脆弱性，打牢应对金融风险冲击的基础。二是金砖各国在金融监管制度安排和监管标准制定上并不统一，不但阻碍了金融机构业务的拓展，也给金融监管合作工作造成了困扰，未来金砖国家应当加强金融监管标准和监管制度的对接与合作，减少监管过程中因为制度性差异可能带来的摩擦和阻碍。三是金砖国家在监管

内容上，尚未有全面、系统、明确的规定，容易导致一些监管缺位、监管不足问题的产生，未来金砖国家应当进一步明确监管主体，细化监管合作内容，进一步扩大金融监管合作范围，确保最大化发挥金融监管效能。此外，金砖国家可以探索建立跨地区、跨国家的金融监管合作平台，一方面可以利用平台与成员国各自的金融监管平台对接，实现关键监管信息与基础数据库的共享与开放；另一方面可以通过平台完成各项合作监管任务，促进金砖国家监管一体化建设，帮助金砖国家提高更好应对各类金融风险的管理和应对处置能力。

（五）深化区域货币合作，推进国际货币体系改革

美元一直是国际主导货币，美元霸权给美国之外的其他国家，特别是发展中国家造成了诸多不利影响。2022 年 3 月开始，美联储为应对国内通货膨胀等问题采取的加息缩表政策给金砖国家的汇率稳定带来了压力，也使得金砖各国的对外资产结构发生了变化。在国际形势复杂动荡的当下，金砖国家为更好应对资本流动风险，维护经济金融稳定发展，必须进一步深化货币合作，推动金砖国家主权货币区域化和国际化，促进国际货币体系改革和完善。

金砖国家货币合作的主要形式是开展本币结算。近年来金砖国家不断提升贸易投资领域的本币结算比例，有效降低了国际收支领域对美元的依赖程度。但现阶段，金砖国家经济金融合作中美元结算仍是主流，美元汇率波动对金砖国家宏观经济和资本市场的冲击也依然明显。随着经济金融合作内容的不断深化，以及合作规模的不断扩大，金砖国家应当继续加大货币合作力度，提升金砖国家主权货币的国际地位和影响力。这之中，借助本币清结算逐步引导金砖国家货币实现在金砖内部的自由流通，并最终完成从区域化货币到国际化货币的转变是主要方向。具体有以下几个方面：一是继续完善货币互换机制，不断夯实本币结算基础。当前，金砖国家货币互换协议仍是集中在央行层面，未能有效进入各国商业银行和企业

的货币授信,未来可以考虑将央行签署的互换配额直接分配到相关商业银行和企业,为本币结算的进一步推广提供有力的支撑。二是畅通货币清算渠道,扩大本币结算服务范围。因为外汇管制原因,部分金砖国家之间还未能实现全币种的汇款、汇兑等业务,限制了本币结算的发展。未来,金砖国家应当加强沟通协作,扩大本币清算机构的服务范围,充分满足群众的本币兑换需求。三是提高机构与企业采取本币结算的积极性与主动性。金砖国家在鼓励机构与企业采用本币结算方面存在较大不足,未来可以考虑调整相关结算制度,出台相应激励政策,例如对本币结算的企业给予优惠或倾斜等,鼓励机构和企业在跨境贸易及投融资时主动选择本币结算。除本币结算之外,条件成熟的情况下,金砖国家也可以探索建立汇率联合浮动机制,稳定的币值可以更好地推动金砖国家实现货币国际化的目标。当然,也要清楚认识到,金砖国家要参与国际货币体系,提升自身在国际货币体系中的影响力,必须认同当前国际货币体系中已有的各种规范或规则,坚持平等互利和共赢,处理好与体系内发达国家及其他发展中国家的关系,兼顾好各方的利益关系,争取各方的理解与支持。

五、中国在金砖国家金融高质量合作中的地位与作用

作为具有全球影响的新兴市场国家和发展中国家合作机制,金砖国家在国际金融体系改革、货币合作、金融务实合作、金融可持续发展等领域取得了全方位进展,中国更是在其中发挥了积极作用。未来,在推进金砖国家金融高质量合作时,中国将继续从金融支持经贸发展、货币合作、金融监管、金融治理等几个方面,发挥其重要作用。

(一) 中国在金砖国家金融合作中的主要贡献

金融合作是金砖国家经贸合作的重要支柱。自金砖国家合作机制启动

以来，中国与金砖国家开展了多种形式的金融合作，尤其是 2017 年中国接任金砖国家主席国以来，对金砖国家金融务实合作做出了重要贡献。

1. 为金砖国家参与全球金融治理改革贡献中国方案

中国作为最大的发展中国家和新兴经济体，维护广大发展中国家的利益既是中国应尽的责任和义务，也是中国参与全球治理的基础和资本。中国始终致力于加强与发展中国家的团结合作，力争为发展中国家争取更大的发言权和规则制定权。作为金砖国家合作的最初倡议者，中国将金砖国家与联合国、G20、上海合作组织共同确定为参与全球多边治理的四个战略平台，积极推动和引领全球金融治理改革。例如，2016 年，G20 峰会首次在中国举办。除了邀请 G20 各成员、嘉宾国以及相关国际组织和地区机构外，中国还邀请了更多的发展中国家一同出席杭州峰会，提升 G20 的代表性，为更多发展中国家参与全球治理核心进程搭建了桥梁，使得 G20 推出的国际经济金融治理方案获得更多国家的支持。而且，在 G20 杭州峰会议题设计上，中国倡导通过 G20 平台来落实《2030 年可持续发展议程》，并坚定支持将非洲和最不发达国家工业化作为 G20 峰会的主要任务之一。无独有偶，2017 年，中国作为金砖峰会的主办方，邀请了泰国、埃及、墨西哥、塔吉克斯坦、几内亚等发展中国家领导人参加金砖对话，提出了"金砖＋"机制，通过增加成员国的方式，让更多发展中国家有机会参与金砖国家合作，扩大金砖国家的潜在影响力，并打造全球发展伙伴关系。

在推动全球金融治理变革的进程中，中国不仅努力推动现有国际金融体系的改革，还通过创设新的全球多边机构的方式，对现行体系进行补充。现有国际金融体系是以美国、英国等西方国家为首制定的，西方发达国家掌握了主流话语权，比如在国际货币基金组织中，美国是大股东，总裁历来是欧洲人。2008 年国际金融危机的发生，以及新兴市场国家的崛起，对现有国际金融体系造成不小的冲击，国际社会对改革现有金融秩序的呼声日益急迫。面对改革国际金融秩序的呼声，主流国际金融体系也试图在体系内进行改良，比如成立金融稳定委员会。由于既得利益集团和国家的阻力，改革进展缓慢。例如，致力于提高新兴市场和发展中国家在国际货币基金组织的代表性和发言权的 IMF 投票权改革方案在 2010 年被提出，直到 2015 年底美国国会才批准此项方案。尽管此次改革后，金砖国家在 IMF 内的份额上升了，美国的投票权虽有所下降，但依旧保持了超过 15% 的重大决策一票否决权。可见，体系内改良可能不足以及时有效地满足国际金融秩序改革的需求，需要从其他渠道或方式寻找出路。作为最大的发展中国家和世界第二大经济体，中国提出了自己的全球治理方案：合作共赢和多边主义。中国历来强调，国家不论大小强弱，一律平等，应相互尊重各自的主权利益，和平共处。2013 年 6 月，习近平主席在接见联合国秘书长潘基文时明确指出，零和思维已经过时，我们必须走出一条和衷共济、合作共赢的路子。[①] 合作共赢是中国在国际金融关系治理中长期坚持的基本理念。在此理念指导下，中国积极倡导发展中国家间金融合作，并领导建立包括金砖国家新开发银行、亚洲基础设施投资银行（简称"亚投行"）等在内的国际金融机构，对现有国际金融体系进行补充，彰显了发展中国家日益增强的全球治理能力。中国大力促进 G20 框架下的国际金融体系建设，充分发挥 G20 平台发达国家与发展中国家协商共治的特点，逐步塑造互利共赢的国际金融治理框架，逐渐将金砖国家新开发银行、亚投行等新型国际金融机构纳入治理框架，共同处理全球金融事务，积极反映新兴国家和发展中国家的利益与关切。

2. 为金砖国家参与国际货币体系变革贡献中国力量

美元作为国际货币的主导货币，其波动对金砖国家乃至世界各国的影响日益突出。以 2008 年美国次贷危机引发的全球金融危机为例，美国为了应对国内经济危机，大量发行美元，导致世界性的流动性过剩。此次危机后，反对美元霸权、推动国际货币体系改革的呼声越来越高。事实上，美

---

① 《习近平会见联合国秘书长潘基文》，人民网，http://cpc.people.com.cn/n/2013/0620/c64094-21904388.html，2013 年 6 月 20 日。

国使用美元作为金融武器的例子并不少见，通过金融制裁让不少国家的经济受到了较大创伤，比如 2011 年的伊朗、2016 年的委内瑞拉。2022 年 2 月俄乌战争中，美国及其盟友宣布冻结俄罗斯 3000 亿美元的俄罗斯央行资产，使得美元"武器化"问题再次引起关注。[①] 为了摆脱对美元的依赖以及对以美元为中心的国际货币体系的依赖，金砖国家广泛开展国家间货币金融合作，而中国在其中扮演着积极的角色。2011 年，金砖国家中国三亚峰会上签署的《金砖国家银行合作机制金融合作框架协议》，提出稳步扩大本币结算和贷款业务规模。2013 年，金砖国家南非德班峰会期间，中国人民银行（以下简称"中国央行"）与巴西央行签署中巴双边本币互换协议，这是中国与金砖国家间签署的首个货币互换协议，旨在加强双边金融合作。

随着我国经济综合实力的提升，人民币在国际市场的认可度和接受度逐渐提高，2008 年美国次贷危机之后，中国开始逐步推进人民币跨境结算。通过鼓励企业在跨境贸易和投资中使用人民币结算、货币互换和人民币直接交易、推动离岸人民币金融中心建设、银行间市场开放与熊猫债的发行、建立人民币跨境交易结算系统等措施，人民币国际化取得较为显著的成绩。具体表现在三个方面：一是扩大本币结算范围。在面临国际金融危机的困难形势下，中国保持人民币汇率基本稳定，同有关国家和地区签署总额达 6500 亿元人民币的双边货币互换协议，积极参与国际金融公司贸易融资计划，支持对国际货币基金组织增资，对本国经济、对金砖国家乃至世界经济都产生了积极影响。[②] 根据环球同业银行金融电讯协会（SWIFT）最新统计，2022 年 1 月，人民币在国际结算中的份额为 3.2%，位列美元、欧元、英镑之后，居全球第四位。二是积极推进货币互换和应急储备机制。作为金砖国家中拥有最多外汇储备的国家，中国积极与俄罗

---

① 《美司法部：西方已冻结俄罗斯 3300 亿美元寡头与银行资产》，载于《环球时报》2022 年 6 月 30 日，https：//baijiahao. baidu. com/s？id = 1737048802687108242&wfr = spider&for = pc。

② 《胡锦涛在"金砖四国"领导人会晤时的讲话》，中国时报网，http：//www. chainadaily. com. cn/dfpd/2009 – 06117/content_8814194. htm，2009 年 6 月 17 日。

斯、巴西、南非等国签署双边和多边货币互换协议，为应急储备安排贡献了将近41%的资本额，为金砖国家货币流动和金融稳定做出了巨大贡献。2016年10月，人民币正式加入SDR货币篮子，位列美元、欧元之后。《2021年人民币国际化报告》显示，2021年第一季度人民币在全球储备货币中的份额为2.5%，进一步拉大了与澳元、瑞郎、加元的差距，资产吸引力逐步提升①。三是推出数字人民币。中国的中央银行数字货币（CB-DC）研发启动较早，技术路线和解决方案已相对成熟，目前正在国内10多个城市进行多场景的试点，且成效显著。当前各国均在积极推动CBDC的研发及应用，以CBDC为代表的法定数字货币逐步替代以纸钞为代表的传统法定货币已成为一个趋势，CBDC在未来将成为各国的标配。

3. 为金砖国家金融务实合作高质量发展贡献中国智慧

2021年9月，在第十三次金砖国家领导人峰会上，习近平主席指出，当前形势下，金砖国家要坚定信念、加强团结，推动金砖务实合作朝着更高质量方向前进。围绕金砖国家金融务实合作高质量发展，中国主要从搭建平台、引导方向、落实议程等方面发挥积极作用。

一是积极搭建合作平台。为了促进金砖国家务实合作，中国积极承办、精心筹备金砖国家领导人峰会，参与并创建了诸多有影响力的平台，包括金砖国家新开发银行、金砖创新基地、金砖智库论坛等。就新开发银行而言，中国不仅是银行总部所在地，还积极在各方面为银行提供帮助。通过该银行，金砖国家及其他发展中国家可获得交通、电力、电信、环境保护等项目上的资金支持，还可以在项目规划、设计、建设、运营过程中促进投资制度建设，推动南南经济合作走向跨国直接投资、双边多边金融合作、共同参与国际机构治理等更高形式。借助金融合作平台，金砖五国可实现优势互补。印度、巴西、南非等国基础设施相对落后，

---

① 《2021年人民币国际化报告》，中华人民共和国中央人民政府网站，http：//www.gov.cn/xinwen/2021－09/19/content_5638362.htm，2021年9月19日。

可从金砖国家新开发银行获取贷款,从中国获取经验和技术。对于中国来说,可得到资本输出和商品输出机会,带动钢铁、水泥等部分行业过剩产能的消化。2020年11月,习近平主席提出,在福建省厦门市建立金砖国家新工业革命伙伴关系创新基地,开展政策协调、人才培养、项目开发等领域合作。厦门也致力于将金砖创新基地打造成为金砖国家间投融资合作和产融结合的先行区、示范区,共同开创金砖国家务实合作的新局面。

二是积极引导合作方向。在承办和筹办各类国际会议期间,中国结合世界经济复杂多变的形势,积极引导并提出了诸多有意义的议题,助力金砖国家金融合作。比如2016年杭州峰会上,中国首次将绿色金融引入G20议题,创建绿色金融研究小组。2017年3月金砖国家财长和央行行长会议上,时任中国人民银行行长周小川指出,金砖国家应在G20框架下加强合作,特别是在国际金融架构、普惠金融和绿色金融领域。2017年9月厦门会晤在货币互换、本币结算、政府和社会资本合作等领域规划了合作路线图,且成立了新开发银行非洲区域中心,推动金砖国家朝着货币金融大流通目标又迈出了坚实的步伐。厦门会晤通过的《厦门宣言》提出加强金砖国家财金合作的重要性,并就政府和社会资本合作(PPP)达成共识,并对开展PPP合作进行技术性讨论,包括利用多边开发银行现有资源探讨成立一个新的PPP项目准备基金的可能性。此外,各国还讨论了债券发行领域的会计准则趋同和审计监管合作、共同设立金砖国家本币债券基金、促进金融机构和金融服务网络化布局、探索更多货币合作方式、加强反洗钱和反恐融资合作等问题。

三是积极落实合作议程。中国与金砖国家签署了多个框架协议和合作备忘录,以《金砖国家经济伙伴战略2025》为契机,深化拓展各领域合作,维护好金砖国家新开发银行、应急储备安排这两个机制,推动金砖国家金融合作。2022年5月20日,金砖国家新开发银行在中国银行间债券市场成功发行70亿元规模、期限为3年的人民币债券,为助力新兴市场和发展中国家的高质量可持续发展提供了资金支持。① 中国人民银行统计数据显示，在双边货币互换方面，中国央行与多个国家和地区央行签订货币互换协议，截至 2020 年底，人民币货币互换总金额超过 3.99 万亿元。在本币结算方面，2020 年，人民币跨境收付金额超过 28 万亿元，同比增长 44%。②

（二）中国在推进金砖国家金融高质量合作中的角色和作用

中国作为金砖国家中经济总量占据绝对主导地位的发展中国家，在与金砖其他国家合作博弈中具有较强的经济实力和国际影响力，对推动金砖五国金融高质量合作起到关键性作用，基于权利和义务对等原则，中国也应在金砖国家金融合作中享有主导权，并发挥其大国作用，全力维护金砖国家利益。具体可从以下几个方面着手。

1. 以多边协作为纽带，增强金砖国家的金融治理能力

当今世界正经历百年未有之大变局，全球金融治理面临诸多挑战，应持续推动多边机制发挥作用，继续致力于维护和践行多边主义，积极倡导国际合作。基于中国在全球金融治理中的立场和策略，考虑从两个方面入手增强金砖国家金融治理能力。一是推动现有国际金融体系改革。面对全球金融治理出现的矛盾和冲突，应尽量以平等对话的方式解决争端，找到适合的发展模式，真正实现共同利益。从当前世界经济形势看，以美国为首的西方发达国家在世界经济中的影响力仍然很大，在现有金融治理机构中仍占据主导地位，广大发展中国家在全球金融治理中的战略博弈是在所难免的。在推动现有金融治理体系改变的过程中，应注重与发达国家的沟通协调，增加对话交流频次，积极协商解决全球金融治理中的矛盾，实现

---

① 《金砖国家新开发银行在中国银行间债券市场发债》，载于《人民日报》（海外版）2022 年 5 月 21 日，第 03 版。

② 《2021 年人民币国际化报告》，中华人民共和国中央人民政府网站，http://www.gov.cn/ xinwen/2021 - 09/19/content_5638362. htm，2021 年 9 月 19 日。

共同发展。比如中国积极参与到基于 G20 主导的、去中心化的新多边主义原则下的全球金融治理秩序讨论和机制设计中，努力提高中国在 SDR 的份额，增强中国在全球金融治理体系中的话语权。二是探索建立新的多边国际金融治理机构。国际金融危机发生以来，中国陆续主导建立了亚投行、金砖国家新开发银行、丝路基金、上海合作组织金融合作机制等多个国际金融治理新机构，彰显了中国捍卫多边主义和多边体制、推动全球金融治理体系更加公正合理的鲜明立场。为了进一步提升金砖国家金融治理的话语权，应继续发挥金砖国家新开发银行的作用，与其他国际开发银行、其他多边国际金融机构加强合作，提升金砖国家影响力。

2. 以新开发银行发展为契机，增强金砖国家的金融支持能力

金砖新开发银行的建立使得金砖国家由一个松散的会晤机制转变为一个实体组织，金砖国家可以此为契机，循序渐进，将合作领域和范围由基础设施建设及可持续发展项目逐步扩大到贸易往来、绿色低碳、医疗卫生、减贫等，甚至到全球政治、国际问题领域。具体表现为：一是扩大支持力度。作为创始成员国和东道国，中国对新开发银行给予了全方位支持，在支持成员国发展和全球经济金融事务方面发挥了重要作用，未来中国将进一步加强与新开发银行的合作，合力建设上海国际金融中心、拓展国际交流合作平台，提升城市软实力，打造一流营商环境，一如既往地提供有力支持和良好服务。二是扩大主体参与。金砖国家金融合作应突出包容性特征，在更加开放的基础上进行更深层次的合作。中国可利用各种公共或主权层面的外交优势，宣传金砖机制及其所提倡的理念和原则，增强其对新兴经济体和发展中国家的吸引力。根据金砖国家金融合作进程与发展阶段制定战略计划，逐步扩大金砖新开发银行的参与主体和成员数量，创新金融合作模式，将金砖国家合作机制发展成为更具国际影响力的新型多边金融平台。三是扩大合作领域。新开发银行致力于开发金融业务，促进可持续的基础设施发展，解决各成员国经济社会面临的实际问题。中国在基础设施建设领域已积累丰富经验，可通过促进成员国之间的经验交流和知识共享，造福广大发展中国家，并着力在绿色金融、数字基础设施等领域加强合作。

3. 以人民币国际化为抓手，增强金砖国家的货币合作能力

虽然美元作为避险资产的性质以及美元作为国际主要储备货币的地位并没有改变，但美元体系存在的弊端却日益凸显，对各国优化储备货币安排产生了一定的警示。因此，在推进金砖国家金融高质量合作进程中，应凸显人民币国际化的必要性，持续提升人民币作为外汇储备的地位。一是扩大人民币结算规模。由于我国金融领域长期受利率、汇率、资本项目等管制，开放程度并不高，当前中国贸易本币结算占比较低，具有较大的上升空间。随着俄罗斯经济遭受西方国家打压，中俄贸易往来愈加密切，中俄能源合作意愿愈发强烈，尤其是中俄双方采取卢布—人民币的方式结算，意味着人民币在国际社会的地位和影响力将会不断提高。二是维护人民币币值稳定。努力增强国内金融体系的韧性，构建发达的国内金融市场，特别是发展好国债市场，增强国外市场对人民币的信心和提高使用频次。稳妥推进资本项目开放和金融业开放，带动人民币的境外交易和使用。持续完善汇率制度，增强人民币汇率弹性，通过完善货币政策框架、发展外汇衍生品市场等市场机制进行管理。三是完善金融基础设施。以人民币跨境支付系统建设为主，进一步完善人民币跨境使用的政策支持体系和基础设施安排，为市场主体使用人民币营造更加便利的环境，同时利用区块链技术建立金砖国家跨境支付结算系统，提升金砖国家之间跨境本币结算的效率。

4. 以风险防范化解为底线，增强金砖国家的金融监管能力

当前新冠肺炎疫情尚未退却，美国货币超发、财政刺激等宽松政策不仅引发其国内高通胀，还扰乱了全球金融秩序。再者，自2022年2月俄罗斯在乌克兰实施特别军事行动以来，国际金融市场剧烈波动，大宗商品市场价格飙升，全球供应链和产业链断裂，通胀压力进一步加剧，经济复苏

存在各种隐患。因此，在推进金砖国家金融高质量合作进程中，应始终保持宏观审慎的态度，着力打造一个维护金砖国家金融稳定的良好环境。一是积极应对通货膨胀风险。短期内全球通胀高位趋势不会改变，不发达国家应对通胀风险的能力明显弱于发达国家，这有可能加剧国家间经济发展水平的分化。除了国内货币政策发力外，各国还需加强合作和沟通，多方协调。中国应以启动金砖国家疫苗研发中心为契机，推进金砖五国在疫苗联合研发和试验、标准互认等方面的交流合作，尽快恢复各国正常化生产，同时，在地缘政治冲突上，积极劝和促谈，减小冲突外溢带来的负面影响。二是努力化解债务风险。新兴市场国家的经济普遍存在债务风险，疫情冲击了全球产业链和供应链，对外依存度高、经济结构单一的国家对外贸易遭受重创，经常项目持续恶化，导致外汇储备下降，偿债能力下降，主权违约风险上升。再者，疫情和俄乌冲突下市场对全球经济的预期较为悲观，导致外资流出和货币贬值，加重债务负担。中国作为发展中国家最重要的债权国之一，可通过减轻相关国家债务负担、提供临时债务救济和缓债计划等措施，为国际社会解决债务问题做出积极表率。三是全面加强金融监管。面对当前动荡的国际局势，在美联储加息收紧的货币政策下，金砖国家应加强金融监管合作，共同构筑金融安全网，防止美国以邻为壑的货币政策冲击以及由此带来的债务风险和金融风险。

第四章
金砖国家科技创新合作主要进展及路径研究

当前世界正经历百年未有之大变局，我们正处于一个易变性（vola-tile）、不确定性（uncertain）、复杂性（complex）以及模糊性（ambiguous）的世界，即乌卡时代（VUCA）。"变化"与"不确定性"成为这个时代的主题。在这样的背景下赋予了金砖国家科技创新合作新的内涵和发展重点。

一、全球不确定性环境与金砖国家科技创新合作

（一）全球不确定性环境的内涵及对金砖国家科技创新合作提出的要求

1. 易变性内涵及对金砖国家科技创新合作提出的要求

易变性指外部环境的多变性，主要表现在技术的变革层面。当前，全球面临着技术革命和产业变革的重要战略机遇期。以智能化、网络化、数字化为核心的新工业革命方兴未艾，大数据、人工智能、区块链等前沿技术的研发和应用不断取得突破，各种新产业、新业态、新模式蓬勃发展。

这种技术层面上的革新给各国的经济发展方式、商业模式等带来了巨大的变化，是产生"乌卡时代"易变性的重要原因。各国经济发展生产方式和商业模式需要及时做出调整，以适应新的发展格局。

为抢占新一轮工业革命的制高点，各国纷纷出台积极的产业政策和科技政策，推动新技术和新产业发展。发达国家希望通过加快技术突破和先导产业发展强化其竞争优势，已经具备一定工业基础和技术能力的后发国家希望通过这一机会窗口实现赶超。以金砖国家为代表的新兴市场国家在产业基础、市场规模、资源禀赋等方面各具自身优势，互补性很强，并在机械制造、电子信息、资源能源等领域有良好的合作基础，它们纷纷通过积极和多样化的政策促进新技术和新产业的培育发展，迫切需要加强彼此在科技创新领域的合作，共同探讨新技术、新业态和新模式，探寻新的增长动能和发展路径，在多边主义原则下构建更加开放的产业生态和创新生态，以实现跨越式发展。

2. 不确定性内涵及对金砖国家科技创新合作提出的要求

不确定性指的是缺乏预见性，缺乏对意外的预期以及对事情的理解和意识。具体表现在：随着新冠肺炎疫情席卷全球，疫情所带来的不确定性频繁发生，病毒自身不断地在变异，出现了奥密克戎、德尔塔等变异株，带有更强的传染性，现有的疫苗、核酸检测以及特效药是否对变异株病毒依旧有良好效果，带有极大的不确定性，对全球的服务业以及国际交往活动产生深刻的影响。

外部环境的不确定性对当前金砖国家之间的合作带来重大的冲击，尤其是疫情下一步变化趋势的不确定性、高研发成本，迫切需要金砖国家加强在疫情防控方面的合作，尤其是借助科技创新合作的力量减少疫情对经济发展的不确定性影响。

3. 复杂性内涵及对金砖国家科技创新合作提出的要求

复杂性是指受到各种力量、各种因素以及各种事情的困扰。近年来，全球经济增长日趋缓慢，逆全球化趋势日益明显，发达经济体金融霸权主义、贸易保护主义逐步抬头，国际经济运行环境面临各种新的风险和挑战。金砖国家外需持续低迷，加之各成员国内部经济结构性因素、周期性因素和突发性因素等叠加影响，经济增速呈现出波动加剧、不稳定、不平衡的情况，国与国之间的关系网络变得越来越复杂。

全球政治经济环境的复杂性、客观性要求金砖国家要积极搭建新工业革命伙伴关系，扩大投资与贸易，以开放包容、合作共赢的金砖精神，坚持共商、共建、共享原则，推动实现金砖国家合作第二个"金色十年"美好愿景，深化金砖国家在数字化、工业化、科技创新、包容增长和投资五大领域的合作，其中科技创新领域的合作是落实新工业革命伙伴关系的重要抓手。目前欧美发达国家在技术储备和技术创新方面仍然引领全球，金砖国家大都处于工业化中后期，技术创新能力与发达国家相比仍然存在较大差距，亟须在新工业革命中加强技术创新与合作，推动科技人才培养和交流，孵化科技企业和项目，形成新型合作伙伴关系，更好地应对发达国家的单边主义、贸易保护主义以及技术层面上的封锁。

4. 模糊性内涵及对金砖国家科技创新合作提出的要求

模糊性指的是对现实的模糊，包括各种条件和因果关系的混杂，具体指很多事物之间存在紧密联系，但是各种关系又不太明确。表现在：疫情影响下，互联网以及人工智能等技术加速应用，一部分企业可以在疫情影响下抓住商机，纷纷走实施数字化转型的道路，而有些企业或组织可能看不清当前的棋局，还是依靠传统的经验做出决策，这样会影响它们未来的发展。

"乌卡时代"下的模糊性要求各个国家要认清棋局，不能故步自封，要坚持多边主义，弱化利益冲突和意识形态，从战略高度充分认识和积极推进科技创新合作，共同应对和防范各类风险，对共同利益事项集体发声达成共识。通过发展数字经济和技术创新，加快新工业革命步伐，推动工业产品和技术成果在全球拓展，推进技术进步，弥补数字鸿沟，让更多发

展中国家享受技术进步带来的发展红利，引领广大发展中国家拓宽增长空
间、创新增长路径、释放增长潜力，逐步改善金砖五国和发展中国家在国
际经济舞台上的地位。

（二）全球不确定性环境下金砖国家科技创新合作的战略价值

1. 有助于金砖国家共建新工业革命伙伴关系

2018 年，习近平主席在南非约翰内斯堡举行的金砖国家工商论坛上提
出"共同建设金砖国家新工业革命伙伴关系，加强宏观经济政策协调，促
进创新和工业化合作，联手加快经济新旧动能转换和转型升级"[①] 的重要
倡议。《约翰内斯堡宣言》中明确提出"新工业革命伙伴关系旨在深化金
砖国家在数字化、工业化、创新、包容、投资等领域合作，最大程度把握
第四次工业革命带来的机遇，应对相关挑战"，并宣布"启动新工业革命
伙伴关系的全面运作"。[②] 建设金砖国家新工业革命伙伴关系是提升金砖国
家合作水平和层次，推动各国在经贸财经、政治安全、人文交流等领域合
作不断走深走实的重要举措，也是维护全球稳定、共同安全和创新增长的
关键力量。金砖国家要推进新工业革命伙伴关系必须以科技创新合作为重
要抓手，加强科技政策的协调和科技发展战略对接，联手营造有利发展环
境，共同构建相互依存、彼此融合的利益共同体，引导经济全球化实现包
容、普惠的再平衡，推动形成更加公正合理的国际经济新秩序。目前，中
方积极推动金砖国家新工业革命伙伴关系创新基地的建设，将数字技术合
作作为金砖国家经济增长的主要驱动力，推动金砖国家之间加强在政策协
调、项目开发以及人才培养等领域的合作。例如，中巴之间可以积极开展
在 5G 技术实现远程医疗等虚拟项目的合作、中南之间加强在数字基础设
施以及数字技术等领域的合作，中印之间加强在 3D 打印技术、信息技术

---

① 《携手合作 开创未来》，载于《人民日报》2022 年 6 月 22 日，第 01 版。
② 《金砖国家领导人第十次会晤约翰内斯堡宣言》（全文），中华人民共和国外交部官网，
http：//www.mfa.gov.cn/ce/cgetaterinburg/chn/zyxw/t1580647 - htm，2018 年 7 月 27 日。

等领域的合作，中俄之间加强在微生物研究以及免疫学合作研究等领域的
合作。

2. 有助于金砖国家共同应对全球经济治理

在过去很长的一段时间里，全球经济治理主要是以发达国家为主导，
尤其是在"二战"之后所创立的国际货币基金组织、世界银行及世界贸易
组织在全球经济治理体系中扮演着重要的角色，对稳定国际经济秩序、防
范经济危机等做出了重要的贡献。例如，成立于1945年的国际货币基金组
织在推动国际货币合作，推动国际贸易规模扩大以及稳定发展等方面发挥
了积极的作用。但是由于该组织主要掌握在发达国家手里，在一些份额分
布、表决机制等的设计上也倾向于发达国家，故其在一些作用的发挥上受
到了一定的限制。2009年，世界银行行长提出要提高发展中国家对世界银
行的认同性，增强发展中国家的参与权和信息公开力度，但是改革的成效
并不显著。尤其是2008年金融危机的爆发，全球经济复苏面临诸多不确定
性的因素，在当前百年未有之大变局的背景下，这种治理体系已经难以适
应全球政治经济贸易格局所发生的深刻变化，逐步暴露出其发展的弊端。
另外，广大的发展中国家尤其是新兴市场国家快速崛起，它们希望在全球
经济治理体系中占有一席之地，可以更多地反映发展中国家的利益诉求。
科技创新是经济发展的重要引擎，通过科技创新可以不断完善经济治理手
段，通过加强科技创新交流合作，推动科技与金融融合发展，创新金融工
具，可以更好地服务于包括金砖国家在内的新兴市场经济国家发展的需
要，有助于提升金砖国家参与全球经济治理的能力。例如，金砖国家新开
发银行成立以来累计批准了成员国约80个项目，贷款总额达到300亿美
元①，主要支持发展中国家的基础设施和可持续发展领域，涵盖了交通运
输、清洁能源、数字基础设施等方面，有效地发挥了在全球经济治理体系

---

① 《新开发银行累计批准成员国约300亿美元的80个项目》，国家发展和改革委员会网站，https：//www. ndrc. gov. cn/xwdt/ztzl/gwyhhkdt/202111/t20211126 _ 1305330. html? code = &state = 123，2021年11月26日。

中的作用和意义。

3. 有助于金砖国家共同应对全球卫生治理

金砖五国本着各自的技术优势纷纷加强在新技术开发领域的布局，五国在生物技术、生物医药方面均处于世界领先地位，尤其是巴西在传染病方面的研究优势明显。五国之间也积极拓宽在生物医药领域的一些合作。2002 年 2 月，在中印科技合作联合委员会第五次会议上提出了加强中印在医学、草药开发的生物技术标准化和质量控制、药品研发、疫苗和诊断的医药生物技术、生物安全等领域的合作；在 2006 年 9 月的《中国科学技术部与印度科技部科技合作谅解备忘录》中也提到了生物技术和医学的合作。中国和巴西之间早在 2009 年 5 月的科学技术与创新合作工作计划中便提到了加强生物技术、医药卫生等领域的合作，2015 年 6 月的第二届中巴高级别科技创新对话上也强调了生物技术的合作。2007 年 11 月《中华人民共和国科学技术部和俄罗斯联邦科学与创新署关于在科技有限发展领域开展共同项目合作的谅解备忘录》中提到加强生物科学的合作。2010 年 10 月中国—南非科技合作联委会第四次会议上提到加强双方在生物技术领域的合作。由此可见，中国与金砖国家在生物医药方面的合作由来已久。在新冠肺炎疫情影响下，金砖国家通过加强在疫苗方面的联合研发和试验，推动金砖五国在疫苗生产、合作建厂、标准互认、传染病治疗等方面的交流合作，有助于共同构筑抗击疫情的安全防线。例如，研究发现中医药在治疗新冠肺炎方面是安全有效的，除中国外的其他金砖国家也在积极联合大学开展中医研究，采用中医疗法辅助抗击新冠肺炎疫情。未来可以通过成立金砖国家传统医学研究中心，发挥北京科兴中维生物技术有限公司、南非医学研究理事会、巴西免疫生物技术研究所、俄罗斯斯莫罗钦采夫流感病毒研究所、印度医学研究理事会等联合开发疫苗的效应，帮助金砖国家共同走出疫情的阴影，造福人民。再比如，金砖国家在 2022 年的 3 月 22 日启动了金砖国家疫苗研发中心，致力于金砖国家的疫苗合作，加速疫苗创新，这有助于提升金砖五国的疫情防控能力。

4. 有助于金砖国家共同应对全球环境治理

气候变化问题日益突出，共同应对全球环境问题也成了金砖国家提升全球治理能力的重要抓手，是金砖国家构建更紧密合作关系的重要纽带和桥梁。早在 2009 年的哥本哈根联合国气候变化大会上，巴西、南非、印度和中国就在全球气候谈判中表现出要加强多方协调，共同应对气候问题。在 2009 年第一届金砖国家领导人峰会、2010 年第二届金砖国家领导人峰会、2013 年金砖国家德班会议、2014 年首届科技和创新部长级会议、第二届金砖国家科技创新部长级会议、第四届金砖国家科技创新部长级会议等均探讨了金砖国家在气候变化、节能减排、新能源开发、可再生能源利用等领域的未来对话与合作前景。在 2022 年召开的金砖国家应对气候变化高级别会议上，五国再次声明要敦促发达国家在《联合国气候变化框架公约》第二十七次缔约方大会前兑现之前所承诺的"到 2020 年前每年向发展中国家提供 1000 亿美元等在内的气候资金"，帮助发展中国家更好地开展气候行动。金砖五国也积极制定了应对气候变化的目标愿景并为此不断努力着。这些目标的实现迫切要求金砖五国要通过科技创新加强在清洁能源以及低碳技术等领域的合作，加强金砖国家探讨加快低碳和气候韧性转型方面的研究，开发控制温室气体排放和减缓气候变化的技术，实施适应气候变化的技术和措施，搭建金砖国家环境友好型技术平台，推动金砖国家在生态环境领域的科技合作。

二、金砖国家科技创新合作的主要进展

创新是推动全球可持续发展的主要动力之一。作为引领发展中国家科技创新的主要群体，金砖国家把握新工业革命的时代机遇，不断加大研发力度。从 2006 年中国、俄罗斯、印度、巴西四国外长首次会晤，到 2021 年金砖国家系列会议，十几年间，金砖国家的科学交流日渐频繁，科技合作持续深化，合作成果不断落地、合作潜力高效发挥，有力促进了经济发展、就业增长、结构改革和竞争力提升，成为新兴市场和发展中国家合作的重要平台，也成为完善全球治理的中坚力量。

（一）科技创新引领优势不断加强

尽管金砖国家总体科技水平稍落后于发达国家，合作申请的专利数量有限，但金砖国家高度重视科技创新。

1. 完善科技创新合作的顶层设计

近年来，金砖国家不断加强顶层设计、积极制定长期发展战略、全面布局科技创新重点领域，如中国先后出台的《国家中长期科学和技术发展规划纲要（2006—2020）》《国家创新驱动发展战略纲要》《推进"一带一路"科技创新合作专项规划》、巴西颁布的《2016—2020 年国家科学技术和创新发展战略》、俄罗斯出台的《2013—2020 年国家科技发展纲要》《俄罗斯联邦科学技术发展战略》、印度的《印度十年创新路线图（2010—2020）》《2035 科技展望》、南非的《2008—2018：面向知识经济的创新计划》《面对全球变化重大挑战的国家计划》《南非生物技术战略》等。通过长期规划和顶层设计，明确科技创新的发展目标、重点发展领域以及实施路径，为科技创新提供指引和保障。[①]

2. 聚焦新技术开发和新兴产业布局

近年来，金砖国家从技术优势和市场需求出发，持续加快在新技术开发和新兴产业发展中的布局，产业领域的技术优势显著。目前，中国在新一代信息技术产业、高端装备制造业等领域，俄罗斯在空间技术、生物技

---

① 徐铖：《金砖国家科技创新发展现状与合作路径初探》，载于《学术探索》2021 年第 3 期，第 98～104 页。

术、航空航天、纳米技术、核电技术等领域，印度在软件开发、生物制药等领域，巴西在民用航空、深海石油开发、生物质能等领域，南非在煤化工等领域都拥有世界领先的技术水平（见表4-1），这些国别优势，为金砖国家科技创新合作和经济社会发展奠定了坚实基础。

表4-1　　　　　　　　　　金砖国家科技创新优势比较

国家	世界领先科学技术
中国	5G技术、量子通信技术、特高压输电技术、人工智能、核能发电技术、北斗导航系统、民用无人机、超级钢技术、空间站技术、盾构机、高铁、航天技术、超级计算机、杂交水稻、量子保密通信等领域
俄罗斯	航空发动机、火箭发动机、核能、地质勘探、复合及特种材料生产与加工、核动力破冰船、算法开发、热核能、等离子体物理学、射电天文学、引力天文学等领域
印度	信息技术、空中加油技术、火星探测、遥感卫星、航空航天、能源环保、生物医药、深海勘探、海洋科考等领域
巴西	生命科学、航空航天、核能和铀浓缩技术、农业科学、再生能源、软件技术、可持续经济等领域
南非	宇宙探索与空间技术、医学生物技术、全球气候变化研究、深矿技术、微型卫星工程、古人类学、天文学、生物多样性、南极研究等领域

3. 明确协作任务

根据《金砖国家科技创新工作计划》及其实施方案，金砖国家得以在科技创新政策、信息通信技术及高性能计算、自然灾害预防与监测、新能源、可再生能源和能效、水资源及污染处理、地理空间技术及其应用、天文学、生物科技及生物医学（包括人类健康及神经科学）、海洋及极地科学技术、材料科学、纳米技术、光子学等领域展开科技创新合作。[①] 特别是，金砖国家还利用科技创新优势明确协作任务，如俄罗斯和巴西在生物

---

① 许鸿：《中国—金砖国家科技创新合作现状与对策建议》，载于《科技中国》2021年第3期，第43~47页。

技术和生物医学领域、中国和南非在信息技术与高性能计算领域、俄罗斯和巴西在海洋极地研究领域、俄罗斯和印度在纳米科技和材料科学和光电学等领域展开合作，充分发挥中国在新能源、可再生能源及能效领域，印度在地理空间技术和应用领域，俄罗斯在水资源和污染治理领域，巴西在自然灾害预防管理领域，南非在天文学合作领域的引领优势。通过紧密的科技创新合作，金砖国家对世界科技创新的贡献率逐渐提高，国际影响力与日俱增。

（二）科技创新合作机制日臻完善

金砖国家秉承共商、共建、共享理念，充分发挥科技创新的强大支撑和引领作用。自2006年首届金砖四国外长会议以来，金砖国家从多边合作论坛拓展出全方位、多层次、宽领域的合作机制，全面深化各领域合作，构建更紧密、更务实的伙伴关系。

1. 建立科技创新部长会议制度

自2014年开始，金砖国家建立了科技创新部长会议机制，截至2021年底已成功举办9届。在金砖国家科技创新部长会议框架下，金砖国家在大型研究基础设施合作、科技创新框架、技术转移和创新网络平台等方面达成共识，并通过了《金砖国家政府间科技创新合作谅解备忘录》《金砖国家科技创新框架计划》《开普敦宣言》《莫斯科宣言》《斋普尔宣言》《坎皮纳斯宣言》《金砖国家科技创新工作计划》等重要文件，金砖国家科技创新合作平台得以设立和完善。

2. 完善金砖国家科技创新合作平台

金砖国家技术转移中心、创新金砖网络、金砖国家科技创新创业伙伴关系工作组、金砖国家科技创新资金资助方工作组、金砖国家青年科学家论坛、金砖国家可持续发展大数据论坛、金砖国家智库国际研讨会等包括公私伙伴关系在内的多领域、多层次创新合作平台为金砖国家间的技术转移、合作研发、创业孵化及人才交流等提供了较为全面的支撑和保障。通过开展金砖国家科技园区合作，建立园区合作定期交流机制；通过技术转移转化合作，搭建产学研合作平台；通过建立青年创新创业合作伙伴关系，支持科技创新投资以及跨境投资；通过科技创新人才的合作交流，分享创新创业的实践经验。在多层次合作机制和多样化合作平台的支持下，金砖国家科学家、工程师、政策制定者和相关国际组织得以分享知识、技术和经验。

3. 共同制定长期科技合作计划

近年来，金砖国家把握新工业革命机遇，共同思考如何运用新一代信息技术赋能传统产业、绿色产业，积极投身智能制造、"互联网＋"、数字经济、共享经济等战略合作，共同制定长期科技合作计划，为全球创新发展贡献了"金砖"方案和"金砖"智慧。金砖国家已经成为所在地区的标杆和"领头羊"，引领周边国家科技、经济和社会发展。

（三）科技创新合作领域持续扩大

1. 积极拓宽科技合作领域

金砖国家努力拓宽科技合作领域，挖掘新的合作动力。金砖国家科技创新合作领域从聚焦科研合作扩展到新工业革命领域创新合作，从聚焦论文合作扩展到数字化、网络化、智能化合作，从聚焦科研机构和大学的合作扩展到供应链、产业链、人才链的全面合作，科技创新合作领域持续扩大，科技创新合作成果跨越式增长。从金砖国家间的论文合作数量与合作强度来看，金砖国家论文合作数量自建立科技创新部长会议机制以来增长了3倍，合作强度提升了1倍。①

---

① 秦铮、黄宁、刘琳：《金砖国家科技创新合作进展、问题与对策》，载于《科技中国》2021年第6期，第18~20页。

2. 实施包容性科技创新合作

从金砖国家间的互补领域来看，各国取长补短实现包容性科技创新合作。中国与巴西在纳米技术、空间科技、清洁能源、农业科技等领域已经取得良好合作进展，并积极拓展在物联网、信息通信技术、新材料等领域的合作；中国和印度在政策协调、基础设施、节能环保、高技术、能源和医药等领域达成新的合作共识；中国与俄罗斯在纳米、能源、节能、环保、自然资源利用等领域建立了良好的合作关系；中国与南非的合作从传统的家电、矿业、冶炼等领域扩展到金融、电信、新能源、基础设施等领域。从高技术产品贸易来看，金砖国家的贸易规模持续扩大。其中，中国是南非、巴西、俄罗斯、印度机电产品进口的第一大来源国，印度和中国是南非、俄罗斯运输设备进口的主要来源国。

3. 积极参与国际大科学计划和大科学工程

金砖各国还结合国家重大发展战略，积极参与国际大科学计划和大科学工程，共同应对全球性重大问题。例如，中国参加世界最大射电望远镜（FAST）、"人造太阳"核聚变装置（EAST）、大亚湾中微子实验等多项大科学工程；印度参加国际热核聚变实验堆（ITER）计划；巴西参与国际空间站、激光干涉引力波观测、大洋钻探计划、大型强子对撞机等多个国际计划；南非参与平方公里阵列射电望远镜（SKA）项目等。① 通过科技创新合作领域的持续扩大，金砖国家的科技创新能力实现了跨越式的提升。《金砖国家综合创新竞争力发展报告（2020年）》显示，近年来金砖国家综合创新竞争力评价指数在G20中的排名稳步上升，金砖国家对世界科技创新的贡献率逐渐提高。截至2019年底，金砖国家的研发投入已大于全球总投入的1/6；高技术产品出口额超过6万亿美元，占比超全球总量的

---

① 杨修、朱晓暄、李惟依：《金砖国家科技创新发展现状与对策研究》，载于《国际经济合作》2017年第7期，第67~70页。

1/4；科技期刊论文发表量逾 60 万篇，占比超全球总量的 1/4。[①]

（四）新工业革命领域科技创新合作加快推进

金砖国家的创新优势和合作基础为加快金砖国家新工业革命领域的科技创新合作提供了重要支撑。

1. 加快新工业革命领域合作

近年来，金砖国家把握新一轮工业革命的发展机遇，积极探寻发展新经济的模式，不断加快推进新工业革命领域合作。2018 年，在金砖国家领导人第十次会晤上，中国提出了建立金砖国家新工业革命伙伴关系的重要倡议。2020 年，在金砖国家领导人第十二次会晤上，中国宣布在厦门市建立金砖国家新工业革命伙伴关系创新基地。金砖各国利用自身体制机制优势，在新工业革命伙伴关系框架下共同推进创新合作。2021 年，金砖国家新工业革命伙伴关系厦门创新基地正式启用，28 个凸显金砖成色、总投资额达 134 亿元的金砖创新基地项目签约，涵盖生物科技、新材料、绿色经济以及智能制造等领域。厦门金砖创新基地建设一年多来，聚焦政策协调、人才培养、项目开发三大领域，着力实施金砖创新基地建设"八个一"工程。[②] 先后发布两批 60 项重点任务清单，开展 15 期金砖专题培训，建设 7 个新工业革命领域赋能平台，推出首批 39 个新工业革命领域示范标杆项目，签约 33 个金砖国家合作项目，成功举办了 2021 "金砖国家智库国际研讨会"、2021 金砖国家新工业革命伙伴关系论坛、大赛及展览。厦门海关统计数据显示，2021 年福建省对其他金砖国家进出口额为 1413.7

[①] 中国科学技术交流中心：《金砖国家综合创新竞争力发展报告（2020 年）》，https：//www.cnii.com.cn/rmydb/202109/t20210909_307820.html，2021 年 9 月 9 日。

[②] "八个一"工程指的是制定一个规划、出台一套政策、建立一支工作队伍、搭建一个平台、建设一套应用场景、落地一批项目、设立一只基金、举办一系列活动。

亿元，同比增长 19.3%。① 在新工业革命领域创新合作中，金砖国家围绕数字化、网络化、智能化、绿色化，聚焦智能制造、工业互联网、绿色发展等多领域，积极打造企业、科研机构和高校开放互动的创新平台，促进新技术的传播和交流。

2. 大力发展数字经济

自 2016 年"数字金砖"提出以来，金砖国家抓住历史机遇，大力发展数字经济，推进数字产业化和产业数字化。金砖各国充分发挥互补优势和协同效应，在数字经济领域的合作不断推进，相互依存度持续增强。抓住新工业革命和数字服务贸易带来的发展机遇，促进数字化转型，加强5G、人工智能、数字经济等领域合作，增强企业创新能力，推动经济社会可持续发展，是金砖国家科技创新合作的重要方向。②

3. 联合金砖国家智库组建金砖智库联盟

金砖国家新工业革命领域的科技创新合作还将通过联合金砖国家智库组建金砖智库联盟，深入推进金砖国家行业标准、检验检测、资质认证等互通互认，打造特色鲜明、品牌优势突出的金砖人才个性化培训体系，创建车联网先导区和智能制造先行区，通过设立金砖产业基金等一系列措施进行深化。金砖国家深入开展产业合作，积极推进新工业革命领域的科技创新合作，共同构筑互利共赢的发展格局，推动全球经济实现包容性发展。

---

① 《人民日报点赞厦门：推进金砖国家合作机制，加快合作成果转化》，载于《福建日报》2022 年 6 月 24 日。

② 刘锦前、孙晓：《金砖国家数字经济合作现状与前景》，载于《现代国际关系》2022 年第 1 期，第 44 ~ 52 页。

三、金砖国家科技创新合作的制约因素

（一）金砖国家科技创新合作难以深入

1. 合作理念有待持续深化

金砖国家完成了从资本市场投资理念到国际政治战略力量的历史性转变，在金砖国家科技创新合作过程中，需要进一步强化"开放、全面、合作、共赢"的金砖国家合作精神。首先，技术创新领域的合作离不开"开放"的理念，如何调整金砖国家之间的创新与合作，需要对"开放"理念的共识进行新的探索。其次，在金砖国家科技创新合作的过程中，离不开人文交流。为了找到金砖国家文化传统的最小公倍数和最大公约数，求同存异，需要通过普及"包容"的理念以提出合适的合作方案。最后，关于科技创新合作的风险和收益，需要特别关注基于"双赢"的合作理念。欲建立完整的金砖国家风险分担机制，必须加强与金砖国家保险和再保险市场的合作，加强金融基础设施建设，以支撑金砖国家间的科技创新合作。

2. 合作方法有待进一步创新

为激发金砖国家在科技创新与合作机制方面的新活力，金砖各国亟须在国际政治、经济、技术等领域进行新的探索。不论是福塔莱萨会议提出的网络安全问题，还是乌法会议提出的人才雇佣问题，抑或是果阿会议讨论的移民人口转移问题，以及厦门会议探讨的新地区合作的实践模式问题，都反映了金砖国家对科学科技创新合作的有效方法的持续搜索和对科技创新合作方式的不断升级。但目前金砖国家所实施的科技创新与合作模式还比较单一，且合作主体相对有限，主要依靠项目和平台来促进合作，忽略了金砖国家在这一阶段科学技术创新的各自特点和金砖各国的最新科技创新成果，贸然寻找其间科学科技创新合作领域。因此，科技创新合作方式方法不够完善也是金砖国家间科技创新合作不够深入的重要原因之一。

3. 科研合作对象相对有限

尽管金砖国家之间的科技创新合作领域不断扩大，但具体从其合作对象上看，金砖各国内部间科技创新合作的强度并不高，原因在于大部分金砖国家在选择科技创新伙伴时仍倾向于与发达国家进行合作，而在金砖国家内部的合作并没有与发达国家的合作来得多。通过搜索科技论文的作者所在国家可以发现，南非、巴西、中国、俄罗斯、印度与美国合作的比例均高于与其他金砖国家。这也从侧面说明了金砖国家之间科技创新的深入合作，不仅是对金砖五国范围内技术创新水平的提升，更是对全球各国技术创新研究整体水平的改善。

（二）金砖国家知识沟通机制尚未完善

1. 金砖国家自身发展问题阻碍合作沟通

目前，金砖国家自身正面临一系列深刻的发展问题，包括深化改革、转变经济增长方式、提高资本市场运行效率、促进经济持续稳定增长、加强市场公平竞争、改革金融体制、放宽政府管制等，这些都一定程度上影响了金砖国家间的科技创新合作。2008 年国际金融危机爆发后，欧美国家深陷金融危机和债务危机，经济低迷。而以金砖国家为代表的新兴经济体，经济增速提高，被视为世界经济的"救星"。然而，近年来，在国际金融危机继续对世界经济产生恶劣影响的情况下，金砖国家快速增长的经济形势也呈现出整体疲软和放缓的趋势，如股市整体表现不佳、外资流入减少、资本外流严重、债务水平提高等，这些都一定程度上反映了金砖国家自身发展机制的问题，给彼此间的科技创新合作也带来一定影响。从国际上看，美联储制度从量化宽松政策中废除，发达国家需求疲软，世界贸易保护主义抬头，增加了世界经济运行的复杂性，不少国际机构对金砖国家的经济前景也提出了担忧或作出负面评价，严重制约了金砖国家的技术创新发展，金砖国家自身发展机制的问题给其间科技创新的合作也带来了阻碍。

2. 金砖国家知识产权贸易往来较少

虽然金砖国家之间已经存在一些知识产权的交易，但总体而言知识产权交易数量仍然较少。由于部分金砖国家的研究与开发（R&D）水平相对有限，造成相互间并不是知识产权使用费的主要贸易伙伴，致使金砖国家的进口知识产权使用费主要源于非金砖国家，特别是西方发达国家仍然是部分金砖国家发生知识产权交易的主要伙伴。中国商务部副部长国际贸易谈判执行代表王受文称，2019 年中国向美国支付的知识产权使用费为 86.4 亿美元，几乎占我国全部购买知识产权的 1/4。[①] 可见，金砖国家间的知识产权贸易往来并不及金砖国家与西方发达国家，一定程度上削弱了金砖国家间科技创新合作的有效性。

3. 金砖国家专利合作关系有待加强

从专利国际合作的角度来看，2022 年 2 月 10 日，世界知识产权机构（WIPO）在日内瓦发布了《2021 年世界性 PCT 专利报告》。该报告显示，受 2021 年新冠肺炎疫情的影响，WIPO 的《专利合作条约》（PCT）提出的国际专利申请数与 2020 年相比提高了 0.9%，达到了 27.75 万件的历史最高水平。其中，亚洲的 PCT 国际专利申请占了较大比重，2011 年专利申请量所占比重为 38.5%，而 2021 年专利申请量所占比重则高达 54.1%。具体来看，2021 年中国的 PCT 专利申请数位居世界首位（6.59 万件），其次是美国（59570 件）、日本（50260 件）、韩国（20678 件）、德国（17322 件）、法国（7380 件）、英国（5841 件）、瑞士（5386 件）、瑞典

---

① 《磋商严重受挫责任在美 原则问题中方决不让步——国新办发布〈关于中美经贸磋商的中方立场〉白皮书热点聚焦》，新华社新媒体，https://baijiahao.baidu.com/s? id = 1635242095634694472&wfr = spider&for = pc，2019 年 6 月 2 日。

（4453 件）、荷兰（4125 件）。[①] 由此可见，大部分金砖国家的专利申请数量与全球发达国家相比仍然缺乏竞争力。这可能是由于跨国公司研究与发展的国际化是国际专利合作的主要原因，而跨国公司在东道国从事科技创新活动申请专利时，专利权的国家一般是其本国，发明人是东道国员工。因此，只有在两国建立更为密切的投资关系时，才能获得可持续渠道和开展国际专利合作。但目前金砖国家之间的投资关系并不紧密，国际直接投资较少，导致金砖国家之间技术创新专利合作也相对较少。

（三）金砖国家科技创新合作环境复杂

1. 金砖各国利益不完全吻合阻碍了合作开展

科技创新合作的顺利开展离不开金砖各国在合作时表现出的利益趋同性，而目前金砖国家间尚未形成一致的价值观念，国境与领土争端、区域控制竞争、政治局势一度紧张，直接严重影响了金砖各国在科技创新合作时的行为态度与战略决策。金砖国家之间在科技创新合作过程中难免存在各国利益上的冲突，形成了科技创新合作过程中的阻力，并在短时间内很难化解。例如，中印两国除了在边境和领土问题上有争议外，在出口贸易上也有医药品、初级产品、通信和能源资源等争议；在达成建设"中土天然气管道"的协议后，印度极力说服有关方面修建从土库曼斯坦到印度的天然气管道；巴西、印度近年来对我国采取了力度较大的贸易保护措施；巴西、印度和南非将本国铁矿石等资源作为国际谈判的筹码，罔顾中国的正当利益，攫取巨额利益；印度、俄罗斯两国对长期对华巨额贸易逆差表示不满；在多哈回合谈判中，各国利益诉求差异尤为显著：巴西的重点是原料出口，印度的重点是信息产业与技术，俄罗斯的重点是石油天然气资源，而中国则在第一时间把产业与金融置于首要位置，难以形成"联盟或

---

① 《2021 年我国 PCT 国际专利申请蝉联全球第一》，中国质量新闻网，https：// baijiahao. baidu. com/s？ id＝1724793923453010462&wfr＝spider&for＝pc，2022 年 2 月 15 日。

卡特尔"。这些都制约着金砖国家之间科技创新合作的开展。

2. 合作环境的复杂性制约了科技创新合作推进

金砖国家提出了科技创新合作的共同愿景，但由于各国习俗、宗教信仰、语言文化等方面的差异，使环境设定变得更为复杂，制约了金砖各国科技创新合作的推进。从国际大环境上看，部分金砖国家表现出的政局失衡、边境纠纷、社会不安等因素，加剧了科技创新合作的不确定性，合作环境的复杂性、多样性和不确定性增加了科技创新合作的难度。例如，新冠肺炎疫情全球范围内的蔓延，受"逆全球化"浪潮和部分发达国家将病毒污名化的影响，金砖国家在抗疫方面的研发合作明显不足，持续受到多方共同对疫苗研发、采购、供应等方面不确定性的影响，影响了其创新产出。又如 2018 年，印度排名前 100 的网络应用程序中就有 44 个出自中国开发者之手，中印两国在互联网技术层面的合作本应呈现大幅增长之势，但由于 2020 年中印两国边境纠纷给两国间的科技创新交流带来了较大的阻碍，印度已经禁封了多款中国的应用程序。因此，金砖各国在科技创新合作过程中如何顺应国际大环境，有效调整目标偏差也是其发展过程中无法回避的难题。金砖国家作为新兴经济体，应不断追求在国际市场竞争中提升技术创新能力，以实现对本国和世界经济与社会发展的期望。

3. 西方国家干扰形成科技创新合作压力

在旧国际格局中占统治地位的西方势力正不断向新兴经济体施加压力，从内部和外部进行挤压与瓦解，试图利用如七国集团、国际货币基金组织和世界银行等传统国际经济治理机制与新兴的金砖五国合作机制展开抗衡。尽管近年来发展中国家就国际组织议题提出了全球资源与财富公平再分配问题，世界银行成员中也有 3/4 以上是发展中国家，但由于在政治、经济等方面的支撑力量不够，现有国际金融管理机构内部系统仍然更偏向于实力地位较高的发达国家，拥有表决权的国家中发达国家所占比重较大，压制了发展中国家的合理诉求，并借机使发展中国家错失技术创新发展的黄金时期，更对金砖国家的科技创新合作施加一定压力。

（四）金砖国家科技创新合作未能满足现实需求

1. 金砖各国之间存在创新需求的冲突

金砖各国对于创新合作的关注领域也不能完全满足本国发展的一些要求。例如，就国际外交和国家安全保障领域而言，俄罗斯较好地继承了苏联的研究传统，在印度和南非的研究中，国际关系和军事防御领域备受关注，而巴西和中国对该领域的研究就相对有限，因此，在推动金砖国家外交和国家安全领域的科技创新合作时合力不足。再以环境领域为例，印度能源与资源问题凸显了环境与公共卫生问题的严重程度，为该国能源与环境的研究带来了发展机遇，南非也拥有不少相关领域的专家，然而，巴西、俄罗斯和中国在该领域内的技术创新团队数量和质量相对有限，因此，金砖国家在环境领域的科技创新合作也尚未取得重大进展。

2. 现有合作尚未满足国际社会的多元化发展需要

金砖国家的科技创新合作离不开各国在科学技术层面研究的不断拓展和深入，但在全球价值链不断扩张的情况下，金砖国家科技创新合作的议题尚未完全满足当下国际社会需求。如果金砖国家间的科技创新合作主要是为本国相对狭隘的利益（如商业机会与资源供给的获得、维护本国主权或地区影响力等）服务的话，那么以保障上述利益为目的的科技创新合作就很难在国际社会中发挥金砖国家的真实价值。新的科技创新合作不仅应建立在金砖国家国力上升的基础上，更重要的是需要得到国际社会的广泛支持。金砖国家成员在各自国家和地区之外的技术创新举措不能仅仅局限于针对发达国家，也不能要求在主要的国际制度中占据更具优势的地位，更重要的是通过积极的科技创新合作推动自身和国际社会的多元化发展。

3. 金砖各国科技创新合作有待加强

在现实中有些制度设计并没有直接与各国在科技创新合作中出现的区域不平衡或矛盾性的发展问题相匹配，忽略了金砖各国在技术创新层面的真实水平，以及创新能力和优势领域等方面的差异。由此产生了科技创新合作的制度盲点、内容规划不当、技术偏差，甚至相互模仿等问题。这种同质的制度设计没有考虑不同合作国家之间的能力水平与切实需求，难以进行合适有效的协调与实施，阻碍了科技创新合作成效的提升。

（五）金砖国家科技创新合作保障力量不足

1. 金砖话语权缺失限制合作机会

近年来，随着国际政治经济形势的变化，虽然金砖国家在科技创新上已经实现较大突破，但其话语权仍然不足，一些信息传播渠道的影响力仍然较弱，难以满足科技创新合作的实际需求。例如，在知识信息的共享方面，部分金砖国家的创新研究成果仅使用当地语言进行传播，削弱了不同国家之间的知识信息流通与共享。在国际会议开展方面，部分会议仅邀请金砖国家成员国专家参加相关研讨，不利于其他观点的交流与碰撞，但在人员互动交流方面，各成员国还是倾向于对西方国家的学术访问，相比之下金砖国家之间人员交流的机会仍然较少，这在一定程度上限制了金砖国家科技创新合作的可能性。

2. 亟须前瞻性研究引领合作前沿

为激发金砖国家合作机制的创新活力，进一步开拓全新的科技创新合作领域的需求日益迫切。但目前金砖国家开展的相关研究主要以阐释性研究为主，新兴领域的技术攻关合作研究相对较少，并不能真正成为金砖国家科技创新合作前瞻性研究的基础。目前，金砖各国高技术产业取得了长足的发展，产业规模不断扩大，产业技术不断提升，个别技术已处于国际领先地位，但创新模仿跟跑、原始创新能力不足、顶层设计不够科学、关键技术被人为"卡脖子"等问题依然存在。总体来看，金砖各国研发能力与发达国家差距较大，在全球高尖端产业竞争和国家核心竞争力方面存在不足，阻碍了前沿科技领域的科技创新合作。

3. 技术创新人才缺陷制约合作成效

科技创新人才水平随着科技创新合作的深化发展日趋得到重视。新时代下，社会经济发展需求对创新创业人才的国际视野与跨区域思维提出了较高的要求，而金砖各国创新人才的国际化程度并不一致，部分国家国际创新人才的培养仍然比较有限，尚缺乏科技创新的国际意识和开放意识，忽略了对创新人才国际竞争力的提升。同时，受办学条件、教育资源等所限，不同国家的高校参与各层次的国际合作交流机会往往较少，现有国际合作交流程度也较为不足，致使金砖各国高校人才培养的国际化水平较难得到提升。此外，在金砖科技创新人才的国际化教育上仍存在经费投入不足、师资队伍整体国际化素养偏低等弊端，进一步制约着金砖国家国际化技术创新人才水平的提升，限制了金砖国家间的科技创新国际化合作。

四、金砖国家科技创新合作的路径探讨

当前，科技创新的国际化趋势特征显著，区域间的科技创新合作成为全球科技创新发展的强势态势。因此，金砖国家科技创新合作必然是开放包容的合作，也会是互利共赢的合作，可以是政府的合作，也可以是民间的合作。可见，金砖国家科技创新合作从金砖国家之间的内部合作走向"金砖＋"的开放合作，是适应全球科技创新发展规律的准确应对。新一轮工业革命影响下，金砖国家科技创新合作应当以利益共享为目标，以平台建设为手段，以人才、项目、资金援助、信息、数据等要素为载体，采取科技人文交流、科技项目合作、科技创新重大工程联合攻关联合实验室

与技术转移中心共建、科技园区共建共享等模式，在技术联合攻关、技术成果转化、技术转移等领域积极探索金砖国家科技创新合作的实现路径。

（一）顺应全球治理体系变革新趋势，重塑金砖国家科技创新合作新理念

当前，金砖国家应顺应全球治理体系变革新趋势，要求在正视金砖国家发展特点与现实国力的基础上，秉承开放和包容的科技创新合作新理念，以新工业革命伙伴关系引领，助力金砖国家科技创新合作与共赢。过往金砖国家科技创新合作进程中，虽然金砖国家之间的科技创新合作尚有合作机制的保障和多年具体现实实践合作的基础，科技创新合作成效显著，但由于金砖国家科技创新实力存在差异，以及目前全球各国关于区域科技创新合作没有统一的模式、版本和机制，金砖国家之间的科技创新合作存在多个领域、多种层次、不同规模的现实表征[①]，仍处于不断摸索、尝试和突破阶段。因此，未来金砖国家科技创新合作，要重塑金砖国家科技创新合作新理念，化被动为主动、转竞争为竞合、拓内部交流为开放包容，实现金砖国家科技创新合作更大价值。一是坚持化被动为主动的合作理念，积极主动参与国际新规则制定。鼓励金砖各国积极主动参与金砖国家科技创新合作新规则的制定，并在不同的国力水平和发展领域共同探索与实践适合金砖国家科技创新合作的新规则，引导金砖国家从全球科技创新治理的追随者转为全球科技创新治理的引领者。二是坚持转竞争为竞合的发展理念，积极推动全球关键共性技术创新。推动金砖各国在围绕开放、包容、公平的共同发展方向的基础上，打造多方利益共同体和命运共同体，建立协同联动和互助发展的国际关系，在气候变化、生态环境、能源资源短缺、贫困、突发公共卫生安全事件等国家安全领域共同合作研发

---

① 霍宏伟、赵新力和肖轶：《中国与二十国集团其他成员国政府间科技创新合作现状研究》，载于《中国软科学》2017 年第 4 期，第 1～13 页。

共性技术，而非独立研发某项技术，从而提高金砖国家整体科技创新效率。三是坚持拓内部交流为开放包容的方向理念，积极发展高质量合作伙伴关系。推动金砖国家拓展科技创新合作对象，助力金砖国家科技创新合作从"金砖"加速走向"金砖＋"，坚定开放包容和合作共赢的科技创新合作理念，进一步拓展金砖国家与其他新兴经济体、发达经济体的科技创新合作空间。

（二）充分发挥企业科技创新主体作用，强化金砖国家科技创新合作市场化程度

当前，高校、科研院所、联合实验室等民间研学主体在金砖国家科技创新合作的活跃度和贡献度较为突出，而作为科技创新主体的企业在金砖国家科技创新合作的作用尚未充分发挥，且科技创新合作的市场化发展面临困境。因此，在新一轮金砖国家科技创新合作的进程中，要充分发挥企业创新主体的作用，加速金砖各国科技成果转化，提升金砖国家科技创新合作的市场化程度，以进一步满足支撑金砖各国内部产业发展的利益诉求和全球科技创新市场的应用需求。一是积极培育潜力型科技初创企业，拓宽金砖国家科技创新合作潜在领域。面对全球科技创新发展动向的多元性和动态性，金砖各国要坚持长期的、可持续发展的合作战略抉择，在生物医药、数字技术、新能源、新材料、气候等领域积极培育和扶持潜力型初创企业，不断探索金砖国家科技创新合作的潜在领域和新型空间，为实现金砖国家科技创新的持续深入合作奠定基础。二是提升金砖国家高新技术企业国际竞争力，强化领军科技企业国际影响力和话语权。作为创新型领军企业，高新技术领军企业国际化拓展和国际竞争力的提升，将会对全球技术、人才、市场、资本等生产要素的集聚和效率产生积极影响，助力金砖国家科技创新企业吸引全球生产要素的集聚集中，进一步提高高新技术企业生产效益和拓宽市场渠道。三是加大金砖国家企业研发投入强度，完善国际企业跨国技术合作长效机制。企业是科技创新应用研究和市场推广

的关键主体，也是官产学研产业链、创新链和合作链的重要载体。一方面，金砖各国要鼓励和引导国际型企业，尤其是跨国企业强化研发投入强度，在重视专利布局和数字化转型的基础上，进一步提升金砖国家企业科技合作的参与度，优化企业研发投入结构，借助市场化的力量，积极鼓励金砖国家企业技术要素、技术专利等技术创新相关产品和服务趋向全球市场化、产业化，为探索全球科技创新合作治理提供金砖样本。另一方面，金砖各国要吸引中小科技创新企业的参与，通过对参与金砖国家科技创新合作的中小企业相关项目给予资助和奖励，引导金砖国家中小企业在新能源、新材料等重点领域提升创新能力，鼓励本土科技创新企业创新创业，为金砖各国科技创新合作提供潜在机遇。四是落实金砖国家知识产权合作机制，积极维护金砖国家科技创新成果。通过规范金砖国家内资公司、外资公司、海外公司的竞争行为，落实知识产权监管和审查制度[1]，完善金砖国家知识产权争议解决机制，才能切实保护金砖国家科技创新相关专利、版权、商标、资质认证及其他知识产权，促进金砖国家科技创新产品与服务对标国际标准，以扩大金砖国家知识产权贸易，保障金砖国家企业参与科技创新活动的利益。

（三）探索多元化国际合作交流新模式，细化金砖国家科技创新合作策略

当前，全球发展不平衡的问题对国际合作交流模式提出了更高的要求。金砖国家科技创新合作应在遵循开放包容、优势互补、共建共享等原则的基础上，根据自身的发展定位和环境基础选择科学、合理和有效的差异性合作模式与合作策略，尤其要借助地缘优势和资源优势的力量，才能

---

[1]　杨修、朱晓暄和李惟依：《金砖国家科技创新发展现状与对策研究》，载于《国际经济合作》2017 年第 7 期，第 67~70 页。

切实提升金砖国家科技创新合作的成效。① 从横向的角度来看，基于金砖各国科技创新水平的差异性，金砖国家在推进金砖国家科技创新合作时可以采用"一国一策、精准施策"的策略方案，根据国别具体需求和领域特色制定差别化的科技创新合作策略。从纵向的角度来看，金砖各国可以在不同发展阶段有选择性地采取科技创新合作模式，根据科技创新资源特点、实力、需求的演化趋势特征，实现科技创新合作的精准施策。首先，金砖各国要持续完善科技创新合作的政策支持体系。可以效仿《2016—2021 年国家科学技术和创新发展战略》等政府创新合作策略，推动"金砖"走向"金砖 +"，鼓励政府与企业联动创新。其次，金砖各国要共建国际科技创新合作平台。金砖各国可以采取政府主导的科技创新合作模式，通过与金砖国家甚至是"金砖 +"国家签订《金砖国家遥感卫星星座合作协议》《金砖国家经济伙伴战略》等高质量伙伴关系战略合作协议，建立金砖国家科技创新合作的协调机制，以政府间的合作协议为金砖国家稳定开展科技创新合作提供政府信用保障，推进金砖国家科技创新合作制度化。最后，金砖各国要增强科学技术研究基础设施建设。金砖各国可以加大对科技创新基础设施、人才引育等方面的投入，深化科技创新官产学研，保障金砖国家科技创新活动的持续性发展。可见，金砖国家科技创新合作的根本动因在于服务国家发展战略和实现市场价值。

（四）推进科技创新多边合作机制改革，完善金砖国家合作机制顶层设计

面对金砖国家科技创新合作面临的短期困境和长期桎梏，未来金砖国家科技创新合作在根植于市场主体力量的同时，仍然需要加强顶层设计，借助前瞻性、全局性和战略性的战略规划与合作协定，构建金砖国家科技

---

① 薛澜、胡钰：《我国科技发展的国际比较及政策建议》，载于《科技日报》2003 年 5 月 14 日。

创新合作多头联动的长效合作机制。一是通过制定金砖国家科技创新合作中长期规划，确定合作中长期目标、重点领域和保障措施。①。尤其，金砖国家科技创新合作中长期规划既要涉及金砖各国自身基础调整和目标定位，也要涉及金砖国家整体内部和对外科技创新合作的中长期规划，以进一步推动达成金砖国家科技创新合作的共识。二是通过建立金砖国家科技创新合作长效对接机制，保障金砖国家良好的沟通渠道和营销渠道。鼓励金砖国家构建技术转移平台、科技合作平台、技术创新联盟、国际科技合作联盟、产业创新联盟、科技创新合作基地等多种长效机制，畅通技术人才、技术企业、技术市场的沟通渠道，实现金砖各国在生物医药、数字技术、新能源、新材料、气候等多个领域的有效对接。三是通过加强高端国际科技人才的培养与引进工作，优化金砖国家科技创新人才储备。推动建立符合金砖国家科技创新合作特点的人才培养和人才引进模式，发展"项目—人才—基地"相结合的科技创新合作模式，强化金砖各国人文交流和国际化程度，充分提升金砖国家科技创新合作成效，并产生示范效应。

---

① 高际香：《中俄科技创新合作：模式重塑与路径选择》，载于《俄罗斯东欧中亚研究》2021年第3期，第97~115页。

第五章
金砖国家可持续发展成效、趋势及战略研究

可持续发展目标是联合国《2030 年可持续发展议程》的关键和核心，旨在全面解决社会、经济和环境三个方面的发展问题。一直以来，金砖国家致力于通过夯实金砖国家合作机制不断深化成员国间的多领域合作，推动成员国社会、经济和环境可持续协调发展，这改变了全球经济、社会及环境治理格局，有效推动了联合国《2030 年可持续发展议程》目标的实现。

一、金砖国家可持续发展的基础和成效

金砖国家的五个成员国都是具有较大市场规模和潜力的新兴国家，面临相似的发展困境，各自具有独特的资源禀赋，各成员国间的生产和贸易互补性较强，合作空间和前景非常广阔。自 2006 年金砖国家首次举行外长会晤以来，金砖国家合作机制至今已历经 16 年之久，不但突破了概念性的金砖表述，还建立了首脑峰会及一系列多领域会谈合作机制，扩大了金砖国家的成员数量，并提高了金砖国家的合作级别。可以说，金砖国家合作机制历久弥新，在可持续发展领域取得了显著成效，为各成员国之间的各领域合作创造了良好的基础。

（一）金砖国家可持续发展基础

1. 经济增长快速稳定，为可持续发展提供了很好的经济基础

作为发展中国家和新兴经济体，在 2008 年金融危机发生后，金砖国家一直是推动全球经济复苏的重要加速器。如图 5-1 所示，近年来，金砖国家 GDP 总量从 2008 年的 94366 亿美元增长到 2020 年的 206277 亿美元。

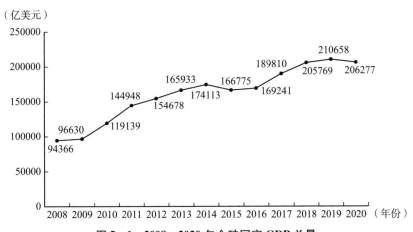

图 5-1　2008~2020 年金砖国家 GDP 总量

资料来源：世界银行数据库。

其中，中国成为金砖国家中经济增速最为稳定优异的国家。2008 年，中国 GDP 总量仅有 45943 亿美元，2020 年中国 GDP 总量达到 146877 亿美元。从图 5-2 中可以看出，中国在金融危机之后的经济增长势头一直保持较高水平，其他四个成员国则存在一定的波动趋势。整体上来看，巴西的经济总量从 2008 年的 16958 亿美元增长至 2017 年的 20635 亿美元后开始逐步回落，受到疫情影响，2020 年的 GDP 总量仅为 14486 亿美元；印度和中国情况较为类似，在 2008 年后虽然存在短暂波动放缓，但是一直呈现出较高增速趋势，从 2008 年的 11989 亿美元激增至 2017 年的 2.597 万亿美

元，其后一直变动不大；俄罗斯是金砖国家中经济总量波动较大的成员国，2008 年 GDP 为 16608 亿美元，在渡过金融危机的短暂低迷之后，GDP 回升至 2013 年的 22925 亿美元，但是之后受到战争和制裁的影响，一直维持在 15000 亿美元上下水平；南非在金融危机后的经济总量也经历了两个波峰，从 2008 年的 2868 亿美元增长至 2011 年的 4582 亿美元后迅速下滑至 2016 年的 3236 亿美元，当前大致维持在 3000 亿~4000 亿美元上下浮动。

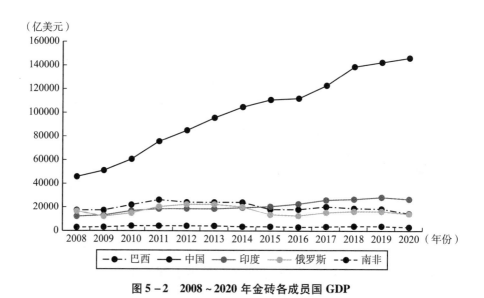

图 5 – 2　2008 ~ 2020 年金砖各成员国 GDP

资料来源：世界银行数据库。

由此可见，虽然俄罗斯和南非等国家的经济发展经历了短暂波动，但是在经济危机中复苏较快。金砖国家经济总量一直呈现出显著的上升趋势，成为维护世界经济增长的关键助推器，也为金砖国家可持续发展提供了重要的经济基础。

2. 高度关注绿色发展，为可持续发展提供了很好的理念基础

自工业化以来，全球经济快速发展，也带来了全球变暖、自然灾害增加、水土流失、海平面上升及海洋生物多样性减少等各种各样的环境问题。环境问题具有复杂性、全方位性、主体多元性和制度合作性。当前，逐步全球化的环境危机影响深远，已经成为世界各国广泛关注的全球治理主要议题，世界各国已经在气候变化、海洋法等全球环境治理原则上逐步达成共识，《巴黎协定》等环保公约的签订也推动了全球环境治理体系的逐步完善。就金砖国家而言，在粗放型工业化后果不断凸显及 G7 逐渐失去全球环境治理主导权的背景下，金砖国家参与全球环境治理的意愿不断增强，绿色发展及环境治理合作成为金砖国家合作机制发展的新领域。金砖国家的五个成员国都是《联合国气候变化框架公约》的缔约国，金砖国家还主张在《京都议定书》和《联合国气候变化框架公约》框架下进一步加强相互合作，实施《巴厘岛路线图》，并针对气候变化问题制定了相关的行动方案和节能减排举措安排，提出了减少温室气体排放的行动计划，全面参与了气候变化相关的国际合作，这不仅有效促进了金砖国家的绿色减排成效，还极大地提高了金砖国家作为新兴经济体代表在全球环境治理体系中的话语权。自金砖国家合作机制正式落实以来，金砖各国均致力于积极关注绿色发展。当前，金砖国家除年度召开首脑峰会之外，还定期召开环境部长级会议，已经正式构建金砖国家环境合作机制和合作框架，并通过上海合作组织、G20 等其他国际治理平台进一步发挥作用。金砖国家首脑峰会的核心议题也逐渐从传统的经济、金融等内容逐渐转向绿色可持续发展等更加多维的领域。中俄印等金砖国家成员国都是举足轻重的发展中大国，后危机时代，各成员国在区域和多边场合的关注议题也逐步向低碳经济、绿色发展对话和可持续发展目标进行转变。金砖五国正在积极致力于降低国内单位产出的资源消耗和能源消耗。俄乌冲突等地缘政治危机加剧了全球能源供应的紧张局面，中国和印度两个能源消耗大国均在提速低碳技术研发和产业化，积极培育低碳产业和工业体系，强化建筑、交通等传统行业的节能减排，关注森林碳汇，全面降低对能源的依赖并增强对气候变化的应对能力，加快构建低碳循环的发展模式。金砖国家的对话与合作成果说明，金砖各国已经充分意识到提高环境技术和环境管理的贡献率是转变增长方式、实现绿色发展的核心要义，因此，着力推进气候变化与绿色发展等区域对话合作，已经成为金砖国家年度首脑峰会的核心议题，在各国协调一致的努力下，"绿色金砖"将进一步成为推动全球范围内环境与气候合作的关键力量。

3. 凝聚共同利益诉求，为可持续发展提供了很好的合作基础

金砖国家正在成为世界政治经济发展中新的引领力量。金砖各国加强可持续发展合作符合各国的利益，具有广阔的发展前景。金砖国家在经济发展和资源禀赋上存在优势互补效应。巴西自然资源较为富裕，具有优越的地理位置，因此在烟酒、饮料、食品等初级产品上具有显著比较优势，被称为世界原料基地。俄罗斯是油气大国，天然气和石油资源储量丰富，被称为世界加油站，在润滑油等原料类产品上也具有较多优势。印度的优势主要在软件服务业和劳动密集型产品，被称为世界办公室。矿业是南非经济的四大支柱之一，在初级产品上具有明显优势，被称为世界矿产大国。中国拥有世界上最大的市场、最完备的制造业体系和高素质工人，被称为世界工厂。金砖国家从形式上的概念到部长级会议，再到首脑峰会的快速发展，最大的驱动力就是源于各成员国具有广泛的共同利益。近年来，金砖国家经济快速发展备受关注，与此同时，各成员国的碳排放和环境污染问题也成为关注焦点。受到技术基础较差、发达国家的技术壁垒严重等客观因素影响，相较于发达国家而言，金砖国家的生产技术水平均相对较低，能源结构以化石能源为主，经济增长更多依赖资源驱动。一些发达国家将耗能高、污染大的产业向金砖国家转移的行为进一步加剧了金砖国家的环境治理难度。在这方面，金砖国家一致坚持发达国家和发展中国家应当实施共同但是有区别的责任原则，并在多领域的国际及区域治理平台共同发声，呼吁发达国家加大向发展中国家提供碳减排资金和技术的力度。此外，气候变化已经成为紧密联系金砖国家各成员国的重要纽带，是构建金砖国家高质量伙伴关系的重要方面。面对日益严峻的环境恶化趋势和缓慢变革的全球环境治理体系，金砖国家正在积极谋划绿色发展转型，

将金砖国家合作的范围进一步扩展至环境领域。当前，金砖国家环境治理合作已经形成了以金砖国家首脑峰会为指导，以环境部长级会议为支撑，以新开发银行为关键工具的初步框架。共同的利益诉求和发展转型困境、互补的资源和环境禀赋、多样化的技术优势和环境问题为金砖国家进一步深化金砖环境协同发展奠定了合作基础，金砖国家环境基础设施建设、低碳技术联合开发与转让及可持续发展目标下的跨国政府和社会资本合作正在金砖国家间广泛开展。

（二）金砖国家可持续发展成效

在严峻的生态环境制约下，传统工业文明的生产和生活方式面临严峻挑战，这已成为金砖国家的发展共识。近年来，金砖国家致力于凝聚共识，全面落实可持续发展目标，在经济、环境和社会可持续发展等各方面均取得了明显的发展成效。

1. 经济可持续发展成效

经济可持续发展是一切发展的基础，是发展中国家可持续发展的核心和首要关注。后疫情时代，金砖国家经济的快速增长不仅引领了全球经济复苏，还成为全球经济可持续发展的关键助推器。如图5-3所示，在后危机时代，除2015～2016年及2020年以外，金砖国家的经济增长水平长期高于世界平均水平。2015年，俄罗斯和巴西经济增长出现显著下滑，俄罗斯的经济增长率为-2.0%，巴西的经济增长率为-3.5%，这直接导致金砖国家的经济增长水平比世界同期水平略低一些。此后在中国和印度两个大国的强劲增长带动下，金砖国家的整体增速在2017年快速超越世界同期水平。2020年，受到新冠肺炎疫情的影响，中国经济表现低于预期，经济增长只有2.3%，但是中国仍然是金砖国家中经济增长唯一表现为正的成员国，南非、印度和巴西经济增长均低于世界同期水平（-3.3%），受到印度-7.3%的较低增长制约，金砖国家经济平均增长率再次略低于世界同期水平。

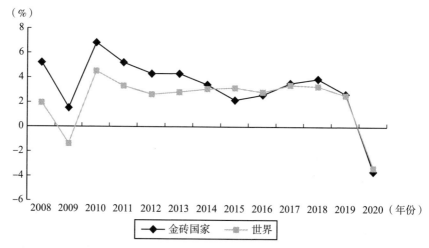

图5 - 3　2008 ~ 2020 年金砖国家与世界 GDP 增速

资料来源：世界银行数据库。

　　从表5 - 1 所示各国的经济增长数据可以看出，中国正在经历从高速增长向高质量发展转变的过程，经济总量越来越大，经济增速稳步回落。根据国家统计局数据显示，2020 年中国即使遭遇新冠肺炎疫情的冲击，经济增长率依然为2.2%，是金砖国家中增速唯一为正的国家，人均 GDP 第一次突破 1 万美元。创新成为中国经济可持续发展的重要驱动力，中国在多项创新指标上表现良好，据世界知识产权组织发布的《2021 年全球创新指数报告》显示，中国是唯一一个进入全球创新指数排名前 30 的中等收入国家。2021 年，中国创新指数排名已经升至第 12 位，出现了连续 9 年排名上升的趋势，当前位居中等收入经济体首位，业已超过日本、以色列、加拿大等发达经济体。创新驱动下，中国产业结构逐渐升级，经济增长对能源和资源的依赖逐步下降，经济增长实现了效益提升和可持续发展。在其他金砖国家成员国中，印度和中国的经济增长变化趋势较为类似，在达到 2016 年 8.3% 的高速增长之后开始减缓至 2019 年的 4.0%，但是印度受到新冠肺炎疫情的冲击更大，2020 年经济增速跌落至 -7.3%。相比而言，在油气资源的支撑下，俄罗斯经济受到新冠肺炎疫情的影响较小，虽然也下降了 5 个百分点，但是其下降幅度仍然高于世界平均水平 1 个百分点。对大宗商品出口的过度依赖在一定程度上遏制了巴西实体制造业的发展，"去工业化"导致后疫情时代巴西的经济发展受到国际市场大宗商品价格波动的显著影响，在全球疫情冲击下，巴西 2020 年的经济增长率为 -4.1%，低于世界同期水平。南非是全球新冠肺炎病毒感染率最高的国家之一，确诊病例数占整个非洲的一半以上。新冠肺炎疫情的突然暴发给南非经济带来多重挑战，使原本就处于衰退状态的南非经济受到重创，2020 年南非经济增速跌至 -6.4%，远低于世界同期水平。

表 5 - 1　　　　　　2008 ~ 2020 年金砖国家 GDP 增长率　　　　　单位：%

国家	2008年	2009年	2010年	2011年	2012年	2013年	2014年	2015年	2016年	2017年	2018年	2019年	2020年
巴西	5.1	-0.1	7.5	4.0	1.9	3.0	0.5	-3.5	-3.3	1.3	1.8	1.4	-4.1
中国	9.7	9.4	10.6	9.6	7.9	7.8	7.4	7.0	6.8	6.9	6.7	5.9	2.2
印度	3.1	7.9	8.5	5.2	5.5	6.4	7.4	8.0	8.3	6.8	6.5	4.0	-7.3
俄罗斯	5.2	-7.8	4.5	4.3	4.0	1.8	0.7	-2.0	0.2	1.8	2.8	2.0	-3.0
南非	3.2	-1.5	3.0	3.2	2.4	2.5	1.4	1.3	0.7	1.2	1.5	0.1	-6.4
金砖国家	5.2	1.6	6.8	5.2	4.3	4.3	3.5	2.2	2.5	3.6	3.9	2.7	-3.7
世界	2.0	-1.3	4.5	3.3	2.7	2.8	3.1	3.2	2.8	3.4	3.3	2.6	-3.3

资料来源：世界银行数据库。

2. 环境可持续发展成效

当今世界，气候变化、资源危机、生态退化、自然灾害等世界性环境危机频繁发生，绿色发展和绿色增长概念应运而生。为协同应对全球生态环境变化带来的挑战，金砖国家纷纷践行绿色转型发展，以绿色发展引领城市建设和经济增长，力求在环境、经济和社会间实现多维共赢。由金砖国家共同出资建立的金砖国家新开发银行自成立以来，已经在成员国中批准了约 80 个项目，达到 300 亿美元，覆盖交通、水和卫生、清洁能源等可持续发展领域。金砖国家的可持续发展道路各具特色、成果丰硕，在气候多边进程中发挥了积极的引领作用，为全球范围内的低碳发展、气候和环境可持续发展做出了巨大贡献。伴随着经济快速发展，能耗和环境问题日益引起金砖国家的重视，金砖环境合作机制也在不断增强，金砖成员国间的双边和多边环境合作日趋紧密，有效推动了金砖国家环境可持续发展能力的提高。如表 5 - 2 所示，自 2010 年以来，中国、巴西、印度、俄罗斯及南非金砖五国 PM2.5 空气污染年平均暴露量均呈现出显著的下降趋势，其中巴西下降了约 3 个百分点，中国下降了约 14 个百分点，印度下降了约 5 个百分点，俄罗斯下降了约 3 个百分点，南非下降了约 2 个百分点。

表 5 - 2 　　　　2010 ~ 2017 年金砖国家 PM2.5 空气污染，

年平均暴露量　　　　　单位：微克每立方米

国家	2010 年	2011 年	2012 年	2013 年	2014 年	2015 年	2016 年	2017 年
巴西	15.955	15.913	15.285	14.610	13.990	13.595	12.659	12.707
中国	69.480	70.542	63.827	65.515	59.767	59.063	52.211	52.665
印度	95.758	97.599	88.169	91.805	89.622	89.303	89.672	90.873
俄罗斯	19.480	19.192	18.304	17.795	16.582	17.019	16.220	16.160
南非	27.139	26.558	26.577	26.729	26.722	26.113	25.140	25.102
金砖国家	50.252	50.773	47.541	47.962	45.958	47.245	45.165	45.538

资料来源：世界银行数据库。

但是，也应充分看到，在金砖国家经济快速发展的同时，中印两国的二氧化碳排放量（人均公吨数）一直居高不下（见表 5 - 3），均高于世界同期增幅。这一现象与两个发展中大国所处的发展方位密切相关，在对化石燃料依赖性短时间内难以降低的大背景下，优先发展新能源，改善生态环境是中印两国破局的主要路径。从表 5 - 4 可以看出，中国的森林面积占

比已经从 2008 年的 20.8% 增长至 2020 年的 23.3%，印度的森林面积占比
也从 23.2% 增长至 24.3%。

表 5-3　　　　　　2008~2018 年金砖国家二氧化碳排放量　　单位：人均公吨数

国家	2008年	2009年	2010年	2011年	2012年	2013年	2014年	2015年	2016年	2017年	2018年	增幅
巴西	1.94	1.81	2.03	2.11	2.27	2.40	2.50	2.35	2.14	2.16	2.04	0.10
中国	5.43	5.80	6.33	6.90	7.04	7.29	7.21	7.12	7.07	7.17	7.35	1.92
印度	1.19	1.29	1.35	1.41	1.51	1.54	1.65	1.64	1.65	1.72	1.80	0.61
俄罗斯	11.30	10.47	11.08	11.62	11.64	11.32	11.17	10.81	10.61	10.78	11.13	-0.17
南非	8.57	8.00	8.30	7.87	8.08	8.14	8.21	7.67	7.56	7.63	7.50	-1.07
金砖国家	4.38	4.28	4.48	4.57	4.58	4.61	4.56	4.48	4.43	4.44	4.48	0.10

资料来源：世界银行数据库。

表 5-4　　　　　2008~2020 年金砖国家森林面积占土地面积比重　　　单位：%

国家	2008年	2009年	2010年	2011年	2012年	2013年	2014年	2015年	2016年	2017年	2018年	2019年	2020年
巴西	62.2	61.7	61.2	61.0	60.8	60.7	60.5	60.3	60.1	59.8	59.7	59.6	59.4
中国	20.8	21.0	21.3	21.5	21.7	21.9	22.1	22.3	22.5	22.7	22.9	23.1	23.3
印度	23.2	23.3	23.4	23.5	23.6	23.6	23.7	23.8	23.9	24.0	24.1	24.2	24.3
俄罗斯	49.7	49.7	49.8	49.8	49.8	49.8	49.8	49.8	49.8	49.8	49.8	49.8	49.8
南非	14.4	14.4	14.4	14.3	14.3	14.3	14.2	14.2	14.2	14.1	14.1	14.1	14.1
世界	30.9	30.9	30.9	30.8	30.8	30.8	30.7	30.7	—	—	—	—	—

资料来源：世界银行数据库。

3. 社会可持续发展成效

快速的经济发展为金砖国家进一步提高社会治理水平提供了经济基础
和支撑。后疫情时代，金砖国家在社会可持续发展领域中的投入不断增

加，各成员国贫困、教育不平等现象逐步改善，社会可持续发展能力得到较大提高。总体上金砖国家在教育上的投入呈现出持续增加的态势，如表5－5数据显示，2008～2020年金砖各成员国公共教育支出占GDP比重的平均水平从2008年的4.12%增长到2020年的4.94%，增长近1/5，增幅显著。需要注意的是，中国和印度两个国家的教育投入总量虽然较高，但是所占GDP比重依然较低。

表5－5　　　　　2008～2020年金砖国家公共教育支出及公共卫生

支出占GDP比重　　　　　　　　单位：%

指标		巴西	俄罗斯	印度	中国	南非	金砖国家
公共教育 支出占比	2008年	4.7	3.7	2.9	3.3	5.8	4.12
	2020年	6.2	4.0	3.5	4.1	6.9	4.94
公共卫生 支出占比	2008年	4.7	3.7	1.3	4.5	3.3	3.5
	2020年	4.0	4.6	1.8	7.1	4.2	5.43

资料来源：国家统计局：《2021金砖国家联合统计手册》，中国统计出版社2022年版。

此外，受联合国《2030年可持续发展议程》的驱动和新冠肺炎疫情的冲击，金砖国家纷纷提高了对公共卫生的投入力度，整体上，金砖国家公共卫生支出占GDP比重2008～2020年提高了近2个百分点，其中中国增幅最为显著，增加了近3个百分点。然而，不容忽视的是金砖国家内部各成员国在公共卫生方面存在明显的不均衡性，如印度的公共卫生支出占比虽然也呈现出增长趋势，但是仍然低于其他国家2～3倍，这成为印度应对新冠肺炎疫情不力的一个重要原因，为印度社会可持续发展留下隐患。在金砖国家成员国中，中国的公共卫生占比比重及增速情况一直较为突出，2008年中国公共卫生支出占比为4.5%，在成员国中略低于巴西（4.7%），2022年中国公共卫生支出已经达到7.1%，高于第二名俄罗斯（4.6%）2.5个百分点。面对新冠肺炎疫情给各国人民生命健康带来的巨大威胁，金砖国家高举多边主义旗帜，坚持团结合作、凝聚合力，携手应对疫情。中国有效遏制了病毒扩散，为全球疫情应对积累了有益经验，并积极开展抗议合作，推动金砖国家在疫苗和药物研发、经验交流和信息分享等方面发挥领导作用，把公共卫生领域合作作为金砖国家合作的重要内容，有效促进了金砖机制为抗击疫情发挥作用，完善了金砖国家卫生治理机制，推动打造人类卫生健康共同体，有效提高了金砖国家人民的幸福感、安全感和获得感。

二、金砖国家可持续发展面临的机遇与挑战

金砖国家可持续发展已经具备了良好的基础，取得了积极的成效。当前，在国际形势发生深刻变化、全球秩序面临深度调整的背景下，金砖国家可持续发展面临着诸多的新情况、新问题、新挑战，金砖国家应紧紧抓住可持续发展的机遇，积极应对挑战，推动金砖国家可持续发展取得新成效。

（一）金砖国家可持续发展面临的机遇

1. 国际力量对比发生深刻变化，为金砖国家可持续发展提供了重要机遇

一直以来，西方国家都是国际经济秩序的主导者，国际格局呈现"西强东弱"的总体态势。随着经济全球化的深入发展，以"金砖五国"为代表的新兴市场与发展中国家实现群体性崛起，成为世界经济增长的重要力量，国际力量对比也随之发生深刻变化。根据 IMF 数据显示，2008 年国际金融危机以来，以"金砖五国"为核心的发展中国家对世界经济增长贡献率始终保持在 70%～80%，为世界经济可持续发展注入了强劲动力。从经济总量来看，"金砖五国"GDP 总和占世界比重从 2007 年的 13.79%上升至 2019 年的 24.36%，而"西方七国"（G7）GDP 占比却从 2007 年的54.82%下降至 2019 年的 45.77%，"东升西降"的态势较为明显。从增速

来看，尽管近几年金砖国家经济增速存在较大悬殊，但金砖国家总体 GDP 增速依然较快，特别是中国的表现依然突出，2020 年受疫情冲击，全球经济增速下滑 3.5%，在主要国家经济普遍负增长的情况下，中国经济实现了 2.3% 的正增长，继续保持世界第二大经济体地位。① 因此，总体上看，世界格局"东升西降""西强东弱"态势依旧，金砖国家经济发展潜力依然较大，要素重组和产业调整步伐加快，国际贸易和国际投资稳步增强，在全球经济治理中的代表性和话语权不断提升，从而为金砖国家可持续发展提供了重要的机遇。

2. 绿色发展成为全球共识，为金砖国家可持续发展提供了良好契机

当前，环境污染、资源枯竭已成为全球性问题，严重威胁人类社会可持续发展。而全球仍受新冠肺炎疫情影响，加上越发严峻的气候变化问题等，更是让世界各国在应对气候变化和可持续发展方面形成了广泛的民意基础，发展绿色经济、推动绿色转型已经成为国际社会的普遍共识。世界气象组织发布的《2021 年全球气候状况报告》指出，基于 2021 年前 9 个月的数据，过去 7 年正在成为有记录以来最温暖的 7 年。为了应对全球变暖，包括金砖国家在内的世界各国都在采取积极的措施、制定科学的战略推动实现绿色发展和可持续发展。全球已有超过 130 个国家和地区提出了零碳或碳中和的气候目标，中国也明确提出 2030 年"碳达峰"与 2060 年"碳中和"目标。在 2021 年 11 月举行的第 26 届联合国气候变化大会上，全球近 200 个国家达成了《格拉斯哥气候公约》《关于森林和土地利用的格拉斯哥领导人宣言》以及《中美关于在 21 世纪 20 年代强化气候行动的格拉斯哥联合宣言》等一系列条款，为全球应对气候变化注入信心。由此可见，为应对气候变化并寻找后疫情时代的经济新增长点，全球绿色转型步伐必将进一步加快，未来很长一段时间内，各国政府都将积极加大对绿

---

① 郭贝贝、董小君：《新发展格局下制度型开放的逻辑内涵和路径选择》，载于《行政管理改革》2022 年第 4 期。

色低碳领域的投资，绿色转型将是各国经济复苏的重要动能。[①] 这就为金砖国家可持续发展提供了良好的契机。

3. 新工业革命伙伴关系的建立与深化，为金砖国家可持续发展提供了强劲动力

共建金砖国家新工业革命伙伴关系是习近平主席于 2018 年 7 月在南非约翰内斯堡举行的金砖国家工商论坛上提出的，这一倡议获得金砖国家普遍共识并被写入 2018 年的《金砖国家领导人第十次会晤约翰内斯堡宣言》。新工业革命伙伴关系旨在加强金砖国家在数字化、工业化、创新、包容、投资等领域的深度合作，有利于金砖国家更好地把握第四次工业革命带来的机遇，促进金砖国家经济增长与转型，增强可持续发展能力。在 2019 年 11 月举行的金砖国家领导人第十一次会晤上，习近平主席再次强调要 "把握改革创新的时代机遇，深入推进金砖国家新工业革命伙伴关系"[②]。2020 年 11 月举行的金砖国家领导人第十二次会晤上，习近平主席提出在福建省厦门市建立金砖国家新工业革命伙伴关系创新基地，开展金砖各国在政策协调、人才培养、项目开发等领域的务实合作，加快建立金砖国家新工业革命伙伴关系。因此，金砖国家新工业革命伙伴关系的建立已成为推动金砖国家合作的重大标志性经济合作项目，有利于金砖国家发挥各自比较优势，加强各国协调合作，共同应对各种全球性挑战。随着金砖国家新工业革命伙伴关系的加快建立与不断深化，金砖国家在科技创新合作、产业转型升级、绿色经济发展等方面将获得更多的机会，金砖国家务实合作也将向更高质量方向迈进，从而为促进金砖国家可持续发展、推动包容性增长提供了强劲的动力。

[①] 刘燕春子：《全球绿色经济转型正当其时》，载于《金融时报》2021 年 12 月 29 日，第 8 版。

[②] 《习近平出席金砖国家领导人第十一次会晤并发表重要讲话》，央广网，http://baijiahao.baidu.com/s? id = 1650221633842419906&wfr = spider&for = pc，2019 年 11 月 15 日。

4. 数字经济的快速发展，为金砖国家可持续发展提供了新的动力

近年来，数字经济作为一种新经济业态，受到世界各国的广泛关注。根据《全球数字经济白皮书》（2021 年）数据报告，2020 年全球数字经济占 GDP 的比重已达到 43.7%。金砖国家自 2016 年提出"数字金砖"以来，数字经济发展势头较好，数字技术研发和数字企业创新取得了显著成效，在大数据、云计算、人工智能、物联网等新兴技术领域展现出十足的发展活力，数字经济已成为金砖国家经济高质量发展的新引擎。数字经济的快速发展不仅对推动金砖国家产业数字化转型和产业链完善具有重要的作用，而且对于加快数字产业化、更好发挥数据要素的价值、提升全要素生产率具有积极的意义。此外，数字经济的快速发展还推动减少能源消耗、缓解气候变化、促进可持续发展等具有积极的影响。由此可见，数字经济的快速发展为金砖国家可持续发展提供了新的动力。当然，还应该看到，金砖国家数字经济发展水平与发达国家相比还存在数字和技术鸿沟，金砖国家内部数字经济发展也存在一定的差异，因此，金砖国家正在强化数字经济领域的合作，2020 年 11 月制定的《金砖国家经济伙伴战略2025》将数字经济作为金砖国家三大重点合作领域之一，致力于提升金砖国家数字经济发展水平，努力缩小与发达国家的差距。在 2022 年 4 月举办的金砖国家可持续发展大数据论坛上，各方倡议在可持续发展大数据领域合作开展科学研究，充分利用大数据技术等加强对可持续发展目标的监测和评估，携手推进联合国《2030 年可持续发展议程》。这些都为金砖国家可持续发展提供了很好的契机。

5. 新冠肺炎疫情倒逼公共卫生领域合作，为金砖国家可持续发展提出新要求

新冠肺炎疫情凸显了人类社会加强全球公共卫生治理合作的紧迫性，也彰显了构建人类命运共同体的重要意义。完善全球公共卫生治理体系，构筑牢固的公共卫生安全屏障，是实现可持续发展的必然要求。新冠肺炎

疫情也使得公共卫生治理在金砖国家合作议程中的重要性显著提升。在
2020 年金砖国家领导人第十二次会晤上，习近平主席发表重要讲话强调，
为推动金砖国家疫苗研发中心建设，中方已经设立疫苗研发中国中心，愿
通过线上线下相结合方式，推进五国疫苗联合研发和试验、合作建厂、授
权生产、标准互认等工作。2022 年 3 月，金砖国家疫苗研发中心在线启
动，标志着金砖国家向加强公共卫生合作和疫苗研发合作又迈出坚实一
步。金砖国家将以此为契机不断推进公共卫生合作，共同提升金砖国家传
染病防控能力以及应对公共卫生事件的能力，筑牢抗击疫情的"金砖防
线"，展现推动合作抗疫的"金砖担当"，为金砖国家可持续发展提供
助力。

（二）金砖国家可持续发展面临的挑战

1. 新冠肺炎疫情产生的负面影响给金砖国家可持续发展带来巨大的挑战

自 2019 年底以来，新冠肺炎疫情已导致全球 5.99 亿人感染，世界卫
生组织最新数据显示，截至 2022 年 8 月 30 日 17 时，全球超过 646 万人死
亡，产生了极大的破坏性，也给全球可持续发展带来了巨大的冲击。[①] 联
合国 2021 年"可持续发展高级别政治论坛"上发布的《联合国秘书长可
持续发展目标进展报告》显示，实现可持续发展目标的努力受到新冠肺炎
疫情的不同程度冲击，某些领域数年来的进步化为乌有。根据统计数据和
影响评估，在新冠肺炎疫情背景下，2020 年全球陷入贫困的人口数量增加
了 1.19 亿~1.24 亿人，有 2.55 亿个全职工作岗位流失；饥饿人口数量因
疫情影响可能进一步增加至 8300 万~1.32 亿人；疫情还加剧了不平等，
许多国家的基尼系数出现明显上升。此外，疫情也对教育公平、性别平

---

① 世界卫生组织：《全球累计新冠确诊病例达 599071265 例》，中国新闻网，https：//
www. chinanews. com. cn/gj/2022/08 – 31/9840825. shtml，2022 年 8 月 31 日。

等、体面就业等产生极大的负面影响。[①] 新冠肺炎疫情对金砖国家也产生了很大影响，截至 2022 年 8 月 28 日，印度累计确诊病例超过 4400 万例，巴西累计超 3400 万例，确诊病例数排在全球第二、第三位，俄罗斯累计超 1900 万例，南非超 400 万例，中国（含港澳台）累计超 245 万例。[②] 疫情使得金砖国家合作的经济基础遭到侵蚀，经济出现大幅萎缩，影响贸易金融活动的正常开展，部分产业链和供应链面临中断风险，部分人文交流活动因疫情被迫取消或中断，这些都给金砖国家可持续发展带来了巨大的挑战。

2. 俄乌冲突加剧全球动荡，增添了金砖国家可持续发展的不确定性

2021 年世界经济刚从疫情引发的大衰退中明显复苏，但进入 2022 年，变异病毒又接连出现，给全球经济稳定复苏蒙上阴影，而俄罗斯和乌克兰爆发冲突更加使得世界经济面临严峻挑战，全球产业链、供应链安全再次受到威胁，经济金融网络碎片化问题加剧，也给金砖国家可持续发展增添了诸多不确定性因素。作为金砖国家重要成员，俄罗斯在金砖机制始创和发展过程中发挥了关键作用，而俄乌冲突的爆发必将对金砖机制的国际声望与影响力产生负面影响。鉴于俄乌冲突持续和近期各国宏观经济政策变化，联合国贸易和发展会议将 2022 年全球经济增长预期下调至 2.6%，并建议采取行动保护全球经济。虽然俄罗斯与乌克兰在国际贸易和产出中所占份额很小，但两国都是全球重要的粮食出口国，全球约 30% 的小麦和大麦从俄罗斯与乌克兰出口[③]，此外，两国还是玉米与葵花籽油等农产品的重要出口国。同时，俄罗斯还是世界上最大的天然气出口国和第二大石油出口国。正是由于两国在粮食出口、能源出口等领域的重要国际地位，俄

---

① 《联合国报告：新冠疫情抹去十年全球发展成果》，澎湃新闻，https：//www. thepaper. cn/newsDetail_forward_13493312，2021 年 7 月 8 日。

② 《全球累计确诊超 600000000！》，搜狐新闻，http：//news. sohu. com/a/58045974 _121099273，2022 年 8 月 28 日。

③ 《俄乌主要粮食产量以及中国进口情况》，证券时报网，http：//www. stcn. com/stock/djjd/202203/t20220316_4244005. html，2022 年 3 月 26 日。

乌冲突严重扰乱了金融市场和原本就供应紧张的粮食、能源市场，全球粮食安全问题、能源安全问题、金融风险等变得更加严峻。粮食价格、能源价格上涨对包括金砖国家在内的发展中国家低收入群体将产生直接影响，导致出现更多的营养不良、饥饿和贫困等问题，对金砖国家的可持续发展构成潜在威胁。

3. 金砖国家结构性改革任务依然艰巨，制约了金砖国家可持续发展

面对复杂严峻的国际国内环境，金砖国家原本就进展缓慢的结构性改革任务更加艰巨，从而也增加了实现可持续发展目标的难度。金砖国家普遍面临着转变经济发展方式的压力，中国在金砖国家中发展形势最好，已由高速增长阶段转向高质量发展阶段，但发展不平衡、不充分问题仍然突出，重点领域关键环节改革任务仍然艰巨，城乡区域发展和收入分配差距仍然较大，在科技创新、生态环保、民生保障、社会治理等领域仍然存在短板。俄罗斯经济结构性改革举步维艰，普京执政以来一直将转变经济发展方式作为重要任务，然而到现在俄罗斯经济对能源资源的过度依赖问题仍未有效改观，根据美国能源情报署（EIA）的相关数据显示，2011～2020年，原油和天然气收入占俄罗斯政府平均年度总收入的43%，能源出口额在俄罗斯出口总额中的占比约为60%。[①] 而俄乌冲突引发的国际制裁更将使俄罗斯经济大幅衰退，结构改革的经济基础更加脆弱。印度也长期存在"二元"结构性问题，产业结构比例失调，制造业比较落后，贫富差距依然巨大，根据《2022年世界不平等报告》显示，印度1%最富有的人口占全国财富比例高达33.0%，10%最富有的人口占全国财富比例为64.6%，而收入最低的50%民众则只占全国财富的5.9%。[②] 巴西结构性改革停滞不前，贫困和经济社会中的不平等问题呈恶化趋势，经济发展严

---

① 《俄乌冲突将重构全球能源供给版图》，正观新闻，https://baijiahao.baidu.com/s? id = 1728715688358571688&wfr = spider&for = pc，2022年3月30日。

② 《这份世界经济形势报告发布，印度舆论为何又嗨了？｜新京智库》，新京报，https://www.bjnews.com.cn/detail/1651060202169105.html，2022年4月27日。

重依赖初级农产品出口。南非同样面临结构性僵化问题，国有企业业绩持续恶化、失业率高、通胀压力上升、社会不稳定等问题较为突出。此外，金砖国家科技创新对经济增长的贡献与西方发达国家相比仍有差距，在全球生产体系中仍处于价值链的中低端，自主创新能力还比较低，这些都是金砖国家推动结构性改革、促进可持续发展面临的问题和挑战。

4. 能源结构不合理和节能减碳技术偏低，加大金砖国家可持续发展的挑战

随着全球能源格局深刻变革，以金砖国家为代表的新兴市场国家和发展中国家已成为全球能源消费的主体。2019 年，金砖五国的能源消费总量占全球能源消费的比重已经超过 38%，能源消费增量占全球比重更是接近 90%。① 尽管金砖国家不断推进能源消费结构优化，着力提升非化石能源占比，但金砖国家能源消费结构依然不够合理，尤其是中国、印度和南非的煤炭消费比重均超过 50%，这种以煤炭为主的能源结构必然导致较高的碳排放规模，根据《可持续发展蓝皮书：中国可持续发展评价报告（2021）》的数据，2019 年中国的二氧化碳排放量约为 98.3 亿吨，约占全世界二氧化碳排放总量的 28.8%，中国单位 GDP 二氧化碳排放量约为 0.75 千克/美元，约为美国的 3 倍、德国的 4 倍。2020 年中国二氧化碳排放量为 98.9 亿吨，全球排名第一；印度二氧化碳排放量为 23.0 亿吨，全球排名第三。在能源结构不合理、碳排放量高的同时，金砖国家现有的节能减碳技术又相对比较落后，大多数节能减碳技术都掌握在欧美发达国家巨头企业手上，为了满足高质量发展的要求，金砖国家还需要着力提升节能减碳技术水平，推动绿色低碳发展，更好地应对欧美发达国家基于碳排放设置的贸易壁垒。

---

① 包维宁、王珺：《观察丨金砖国家能源发展态势与合作前景》，国际能源网，https://www.in-en.com/article/html/energy-2302905.shtml，2021 年 3 月 31 日。

三、金砖国家可持续发展的趋势展望

在世界百年未有之大变局加速演进，国际秩序和利益格局不断调整的进程中，金砖国家作为全球治理的重要平台持续发挥着重要作用。一直以来，金砖国家都坚定地执行联合国可持续发展《21 世纪议程》《联合国千年宣言》《2030 年可持续发展议程》《巴黎协定》等，为实现全球可持续发展和千年发展目标努力奋斗，在可持续发展领域取得了巨大的成就，尤其是中国全面建成小康社会，现行标准下 9899 万农村贫困人口全部脱贫，历史性地解决了绝对贫困问题，推动全球贫困人口数量迅速下降。① 此外，金砖国家环境保护力度不断加大，新能源开发和利用取得了重大进展，中国政府提出"双碳"目标，更是为应对全球气候变化做出了巨大贡献。可以预见，金砖国家的可持续发展事业将继续取得新进展，各国间的合作更加紧密，合作更加多元化，中国的表率作用进一步发挥，金砖国家的国际影响力和凝聚力进一步增强。

（一）可持续发展事业继续取得积极进展

金砖国家将继续贯彻落实联合国《2030 年可持续发展议程》和《巴黎协定》，促进和加强合作，共同努力，树立全面、协调、可持续的发展观，充分发挥金砖国家新开发银行等的作用，以平衡、综合的方式推进经济、社会和环境三个维度的可持续发展。可以预见，金砖国家将在应对气候变化、实现可持续能源消费和生产、促进绿色经济发展、消除贫困和健康等领域取得积极进展。

---

① 习近平：《在全国脱贫攻坚总结表彰大会上的讲话》，载于《人民日报》2021 年 2 月 26 日，第 2 版。

在应对气候变化方面，金砖国家作为全球最主要的新兴市场国家，纷纷推动实现"碳达峰"和"碳中和"，共同推进全球可持续发展和应对气候变化。而在实现"双碳目标"的过程中，金砖各国的气候合作将向纵深发展。各成员国将充分利用相关领域的技术实力和优势条件，进一步加强能源和环境合作，取长补短，巩固已有的成果，推动能源研究平台和环境友好技术合作平台的建设，强化扩大能源联合研究范围、实施能源联合项目、强化能源研究平台、建立环境友好技术平台架构模型等方面的工作，进一步强化金砖国家能源和环境保护领域的战略伙伴关系，共同推进"碳达峰"和"碳中和"目标的实现，打造"绿色金砖"。

在实现可持续能源消费和生产方面，金砖国家将加强技术和创新合作领域的互动，特别是创造条件吸引能源部门的相关可持续投资：（1）完善金砖国家新开发银行机制；（2）建设更加稳定安全的世界能源市场，促进包括天然气、液化天然气在内的不可再生和可再生能源的平衡能源组合，提高能源市场的有效性和稳定性，并发展相关的可持续基础设施；（3）不断拓展和深化可再生能源领域的合作及其在电力、交通、供热和工业领域的应用，促进能源转型和低碳经济发展。

在促进绿色经济发展方面，金砖国家将从污染防治、绿色经济发展等维度，围绕产业链、供应链、价值链等制定相关政策，推广相关技术，培养相关人才，加强相关合作，普及绿色发展理念，推进绿色产业发展，共同促进绿色转型升级。此外，针对绿色产品、绿色服务等方面制定更加完备的标准，推动绿色经济市场体系发展。

在消除贫困和健康方面，金砖国家将继续加大减贫工作力度，鼓励发展影响更大的部门，例如借助发展教育和卫生、农业和基础设施以消除贫困；加强有关消除一切形式和层面的贫困的合作与最佳实践交流，包括极端贫困在内，为全球减贫事业做出更大贡献；加大减贫投入力度，创新资金来源渠道，优化资金分配；共同呼吁发达国家尽快兑现各项承诺，切实增加对发展中国家的援助，扩大与发展中国家之间的贸易往来、相互投资，加强南北合作；积极构建探讨减贫战略和政策的交流机制与平台，交流减贫和发展经验，互学互鉴；不断改善人民的生活质量，包括城市居民和农民，促进金砖国家社会保障体系的发展，确保基本社会服务和社会基础设施的可获得性，确保所有人群和子孙后代的繁荣；持续改善医疗条件，提供更多的医疗服务，全面解决疫苗接种和疾病治疗问题，加强传染病和非传染性慢性病的预防，提高儿童和孕产妇健康水平。

（二）能源领域合作更加紧密

推进能源清洁、低碳转型是大势所趋，包括金砖国家在内的世界主要国家都在朝着这个方向努力。能源合作是金砖国家合作的重要领域。加强能源领域合作，一是可以发挥资源和产业优势，形成互补优势；二是以合作为契机，积极调整内部产业发展方式，加强外部资源融合，参与全球能源治理，推动全球能源价格、贸易、安全合作和监管体系建设，有利于带动其他发展中国家，促进国际新秩序构建；三是在太阳能、风能、核能、生物质能、氢能等绿色能源领域，加强技术创新和应用合作，对推动能源消费升级，实现绿色低碳发展具有重要意义。

随着工业化进程的加快，金砖国家对资源和能源的需求将不断上升，在能源供给和能源需求上都将是影响全球能源市场的重要力量，同时在能源领域的合作潜力也将被进一步激发。特别是在俄乌冲突后，金砖国家在能源领域的合作将更加紧密。此外，能源转型、能源多样化、能源安全等历来是金砖国家能源合作的战略领地。随着金砖国家能源合作机制和体系的不断完善与落实，金砖各成员国在能源领域的合作战略、合作进程、内部能源贸易规则与定价机制等将更加协调和完善，能源金融合作将更加顺畅，绿色能源技术联合研发将更加强化，有助于实现可再生能源技术的新突破，推动构建一个安全、稳定、公平、透明的国际能源新秩序。

（三）合作模式不断创新

目前，金砖国家已经形成以首脑峰会为主，部长级会议及民间论坛为辅的多层次对话形式，涉及外交、安全、贸易、农业、卫生、统计等广泛领域。今后，金砖国家可能在开放性建设上再向前迈出更大步伐，在巩固金砖国家间对话机制的基础上，不断创新合作模式，扩大金砖国家合作的辐射圈，建立"BRICS + N"的开放合作模式①，推动金砖五国间和"金砖＋"国家间的合作，通过机制创新创造合作新动能。例如，2013 年以来，金砖国家分别同非洲国家领导人、拉丁美洲国家领导人、欧亚经济联盟成员国、上海合作组织成员国以及"环孟加拉湾多领域经济技术合作倡议"成员国领导人举行了对话会，并探讨了双方市场对接以及合作机遇和实现路径。

随着金砖国家合作机制和合作体系的不断完善，金砖国家在可持续发展领域的合作将越来越活跃，逐步建立起更加有效的合作模式。同时金砖国家同发达国家在可持续发展领域的合作也将进一步增强，推动发达国家与发展中国家共同开展技术研发，高效利用全球资源，实现优势互补，共同推进可持续发展。另外，金砖国家将更加积极地参与国际合作规则的制定，构建有利于发展中国家利益的国际合作规则，主动解决全球性问题。金砖国家与其他国家、国际组织的可持续发展合作也将得到加强，也必将会在国际场合越来越多地开展共同行动，共同参与各类可持续发展领域的多边谈判，为国际可持续发展合作注入新动力、激发新动能、开拓新空间，维护共同利益，履行国际义务，为解决人类共同面临的可持续发展问题做出更大的贡献。

---

① 徐秀军：《金砖国家经济合作面临的挑战与前景》，载于《当代世界》2016 年第 11 期，第 34～37 页。

（四）中国的表率作用进一步发挥

中国在金砖国家中经济规模最大、经济增长速度最快、人口最多，是世界第二大经济体，在加强金砖国家政策协调、强化金砖国家合作、提升金砖国家影响力、促进金砖国家可持续发展等方面发挥了十分突出和重要的作用，而且中国一直是金砖国家合作机制的重要参与者和坚定维护者。未来，中国在金砖国家中将进一步发挥表率作用。

一是为金砖国家可持续发展更好地提供中国方案。在 2016 年 G20 杭州峰会期间，中国首次把发展问题置于全球宏观政策框架的核心位置，第一次就落实《2030 年可持续发展议程》制定行动计划，第一次强调支持非洲和最不发达国家工业化，第一次大力构建发展中国家深度参与 G20 峰会的有效机制与参与方式，彰显了中国推进南北协调发展、推进世界和平发展的领导力风格。在 2021 年 9 月的第 76 届联合国大会上，习近平主席提出将发展置于全球宏观政策框架的突出位置，这一次加入民生指向，含义更加丰富。特别地，2030 年可持续发展目标中的一项重要内容是消减贫困。在消除贫困方面，中国政府采取了一系列果断有效的措施，最终取得了脱贫攻坚战的全面胜利，使现行标准下 9899 万农村贫困人口全部脱贫，历史性地解决了绝对贫困问题，推动全球贫困人口数量迅速下降。中国在消除贫困上的成功，极大地坚定了其他金砖国家消除贫困的信心，也给它们提供了很多经验启示和更有效的方案。此外，中国一直是《巴黎协定》的坚定支持者，采取了非常多积极有力的政策措施，在生态文明建设、环境保护、应对气候变化等方面取得了显著成效。中国还向世界庄严承诺将力争于 2030 年前实现二氧化碳排放达到峰值、2060 年前实现"碳中和"，这意味着中国作为世界上最大的发展中国家，将完成全球最高碳排放强度降幅，用全球历史上最短的时间实现从"碳达峰"到"碳中和"。这既是中国向世界表明坚决履行《巴黎协定》的承诺，也向世界传递未来绿色发展、低碳发展的决心。

二是为金砖国家团结抗疫更好地展现中国担当。2020 年以来，中国抗击新冠肺炎疫情取得的重大战略性成果，得益于在中国共产党的坚强领导下，坚持以人民为中心，秉持人民至上的理念，为其他国家抗疫提供了很好的中国样本。不仅如此，中国还一直积极为金砖国家抗击疫情提供援助。在 2020 年和 2021 年金砖国家领导人会晤上，习近平主席都提到了携手合作，团结抗疫的内容，承诺中国向有需要的国家提供疫苗和相应技术支持。在中国新冠肺炎疫苗研发完成并投入使用后，中国通过提出全球疫苗合作行动倡议等一系列措施，推动疫苗作为全球公共产品得到公平分配，特别是让发展中国家获益，促进弥合全球"免疫鸿沟"。截至 2022 年 5 月，中国已经先后向 120 多个国家和国际组织提供了约 22 亿剂的疫苗，是对外提供疫苗最多的国家。[①]

（五）国际影响力和凝聚力不断提升

金砖国家是一个包含 5 个代表性的新兴市场国家的重要合作机制和合作平台，对于推动各国间构建更紧密、更全面、更牢固的伙伴关系发挥了重要作用。金砖国家合作机制成立以来，遵循开放透明、团结互助、深化合作、共谋发展原则和"开放、包容、合作、共赢"的金砖国家精神，合作基础日益夯实，领域逐渐拓展，已经形成以领导人会晤为导向，以安全事务高级代表会议、外长会晤等部长级会议为支撑，在经贸、财金、科技、农业、文化、教育、卫生、智库、友城等数十个领域开展务实合作的多层次架构。金砖国家合作的影响已经超越 5 国范畴，成为促进世界经济增长、完善全球治理、促进国际关系民主化的建设性力量。[②] 十多年来，金砖国家一步一个脚印，合作不断走深走实，发展为具有重要影响的国际

---

① 《中国推动世贸组织达成新冠疫苗知识产权豁免决定展现大国担当》，新华网，https：//cn. chinadaily. com. cn/a/202206/21/WS62b0fedaa3101c3ee7adbf8f. html，2022 年 6 月 21 日。

② 中华人民共和国外交部：《金砖国家》，外交部官网，https：//www. fmprc. gov. cn/web/gjhdq_676201/gjhdqzz_681964/jzgj_682158/jbqk_682160/，2022 年 6 月。

机制，取得了丰硕成果。

　　2017 年金砖国家领导人第九次会晤期间，中国提出"金砖＋"合作模式，并在厦门举行了新兴市场国家与发展中国家对话会，这大幅增强了新兴市场国家与发展中国家的凝聚力，为推动金砖国家可持续发展发挥了重要作用。"金砖＋"既涉及金砖国家与 G20、上海合作组织等国际组织的机制互动，更涉及金砖国家与其他发展中国家的整体融合。2018 年在金砖国家领导人第十次会晤期间，金砖国家领导人与非洲国家及新兴市场国家和发展中国家举行了第二次"金砖＋"对话会，中国对金砖机制建设的制度创新得以延续。2019 年在金砖国家领导人第十一次会晤期间，中国进一步推动金砖国家领导人与金砖国家工商理事会、新开发银行等专门机制进行对话联系，推动建立国际发展融资新规则。此外，中国提出的"一带一路"倡议，也是推动全球治理和可持续发展的重要途径。这些均为金砖国家整体推进可持续发展提供了基本保障。

　　在未来世界经济格局的演变过程中，发达国家仍将占据着重要的主导地位，以金砖国家为代表的新兴市场国家只有联合起来才能在国际舞台发出更多的声音。在金砖国家合作框架下，金砖国家将更充分地发挥自身优势，搭建利益共享载体，更好地利用金砖国家平台把新兴市场国家牢牢地吸引在一起，形成利益共同体。还可以更充分地发挥经济优势，与其他新兴市场国家一起建立更多类似金砖国家新开发银行、亚洲基础设施投资银行等新兴市场国家主导的投资银行，或吸引更多的国家加入这些银行，更好地支持新兴市场国家的经济建设和可持续发展。随着"一带一路"倡议等区域发展战略的影响力和扩散力不断提升，可以更好地通过经济利益纽带把新兴市场国家串联在一起，使新兴市场国家关系步入更加务实、更富成果和更可持续的新时期，同时不断提升国际影响力，使更广大发展中国家和新兴市场国家凝聚在一起。

四、促进金砖国家可持续发展的战略措施

经过多年合作与不断探索实践，金砖国家为全球可持续发展做出了积极的贡献，推动发展中国家群体落实联合国《2030 年可持续发展议程》。同时，金砖国家深化全球可持续发展伙伴关系，充分发挥发达国家与发展中国家之间的桥梁作用，推动了联合国《2030 年可持续发展议程》的广泛性和协同性。面对新冠肺炎疫情仍在全球持续、世界经济复苏艰难曲折、国际秩序演变深刻复杂的挑战，金砖国家要展现担当，为全球可持续发展做出更大的积极贡献，推动构建人类命运共同体。

（一）奋力推进高质量稳定增长

要坚持发展优先理念，推动开放创新增长。金砖国家要积极引领创新增长、长效治理的发展路径，最大限度利用科技发展的最新成果，助力世界经济平稳复苏，推动经济全球化朝着更加开放、包容、普惠、平衡、共赢的方向发展，实现高质量稳定增长。

一是金砖国家要坚持包容性增长的理念，不断调整经济结构和产业结构，在实现经济取得增长的同时，增强经济与资源环境的包容性、协调性，促进产业升级，促进知识、技能提升，推动资本、技术、信息和人才的流动，为企业跨国合作提供更好的便利条件和营商环境。推动各国坚持和贯彻绿色发展理念，转变经济发展方式，将对经济结构进行战略性调整作为推进经济可持续发展的重大决策。转变经济增长动能，在加强合作、互通有无、优势互补、互利共赢基础上，完善金砖国家和其他国家之间的经贸大循环合作，提高经贸合作成效和可持续性。促进各国把国民经济增长更多地建立在扩大内需的基础上，把经济增长主要动能由资源要素投入转向科技信息投入，将经济增长依靠资源投入转向依靠科技进步、劳动者

的素质提高和管理的创新上来。

二是金砖国家要加大绿色投资，加强绿色金融合作，鼓励绿色金融产品创新，推动金砖国家加强环保节能和环保技术的开发与合作，深化产学研用的结合，支持绿色专家队伍的交流和研讨，创新技术转让合作方式，推进绿色产业合作，搭建绿色创新企业孵化和科研平台。支持各国大力发展绿色经济、循环经济和低碳经济，建设和完善绿色产业体系，建立循环经济工业园区、循环经济农业示范区，形成绿色发展先导效应，减少水资源、矿产资源、土地资源等资源能源消耗，大力降低二氧化硫、氮氧化物、氨氮等环境污染物的排放，控制高耗能、高排放行业的低水平扩张和重复建设，通过各种财税手段鼓励企业引进、研发、应用前沿节能降耗新技术、新工艺，淘汰落后产能。

三是深化基础设施建设合作。坚持分类施策、统筹兼顾，充分考虑不同国家、不同地区的差异性，着力体现落实联合国《2030 年可持续发展议程》的科学性、平衡性和执行的公平性。加强可持续基础设施建设，加强金砖国家新开发银行等金融机构等对成员国和其他新兴国家提供可持续性基础设施和项目建设绿色投融资。建设和完善自然保护地体系，建设生物多样性、大气、水、土壤、辐射等生态环境监测网络及污水、垃圾、固体废弃物等回收处理设施，建设绿色、循环、低碳等生产和生活基础设施，推进生产、生活基础设施绿色化，支撑发展绿色、循环、低碳经济，建设资源节约型、环境友好型社会，使新型环境基础设施成为金砖国家基础设施建设的重要基石。建设数字经济基础设施，提升社会基础设施的数字化、网络化和智能化水平，健全教育、医疗和养老等基本公共服务体系，推动文化、旅游、体育和智慧社会的基础设施建设，加快基础性、普惠性、兜底性民生基础设施建设，推进社会基础设施适老化改造，使社会发展成果更好、更公平地惠及人民。持续开放基础设施市场，提高金砖国家之间的参与度，使基础设施建设成为带动区域经济增长的动力源，进一步实现互联互通的发展目标。

（二）努力扩大就业和技能培训

面对经济增长下行和新冠肺炎疫情的双重影响，全球经济发展面临需求收缩、供给冲击、预期转弱三重压力，同时随着产业转型升级、技术创新加快，就业市场结构性矛盾非常突出。金砖国家要推行以人民为中心的发展理念，积极引领包容性增长路径，努力促进经济增长中的就业和减贫成效。

一是建立包容性劳动力市场和稳就业政策。把就业优先政策纳入各类宏观政策体系，特别是在财税、金融等政策方面都要考虑就业优先，强化政府在引导就业优先方面的责任。通过优化营商环境、减税帮扶等政策鼓励创业就业，激发市场活力，培育壮大市场主体，增加就业渠道，提升就业质量。加强金融业对实体经济发展的实际支持，鼓励金融机构对受疫情影响比较严重的企业给予更多金融支持，营造良好的金融生态，稳定企业发展态势。强化对中小企业的帮扶和支持力度，发挥中小企业在容纳就业、促进就业方面的主渠道作用，扶持技术创新型、劳动力密集型、社会效益型中小企业、小微企业，尽可能减轻企业的成本负担。

二是完善劳动力教育和技能培训体系。新冠肺炎疫情极大程度上改变了劳动力的教育和技能培训方式，金砖国家要积极运用数字解决方案确保提供包容和公平的优质教育，加强员工技能培训合作。通过交流最佳实践经验和专业知识，加大在开发、分配和获取公开数字内容等方面的合作，加强职业技术教育与培训领域的合作，探索在该领域创建金砖国家合作平台的可能性，消除数字鸿沟对劳动技能培训的影响，不断培养智能型、技能型、创新型劳动力，使劳动者能够适应市场对就业人员的综合素质和专业技能越来越高的要求。

（三）着力促进农业和粮食安全

农业是经济社会稳定的基石，农业和农村振兴发展及消除贫困是实现《2030年可持续发展议程》的重要内容，在全球气候变化、能源化肥等大宗商品价格暴涨和区域冲突加剧的背景下，全球农业生产和粮食安排面临前所未有的挑战。金砖国家要致力于加强农业合作，落实《金砖国家农业合作行动计划（2021—2024）》，促进粮食安全和农村地区全面发展。

一是设立金砖国家农业科技创新合作目录，探索设立农业科技创新合作专项基金，支持重大农业科技基础问题的创新合作。探索建立多元化、多层次的信息沟通与交流机制，完善金砖国家农业信息交流机制与平台建设，建立起科研人员互访与留学生培养合作机制，实现农业、农产品的信息互通与交流，推进合作与信任、保持合作机制的稳定性。通过科研项目联合攻关、青年科学家交流等方式，加强金砖国家农业科技合作，进而带动多市场主体参与形成产能合作机制，提高产能合作稳定性。

二是加大农业现代化投资。落实《金砖国家农业合作行动计划（2021—2024）》，在农业贸易投资、农业减排、数字农业、农业生物多样性保护等领域加强合作。深化粮食安全合作，完善金砖国家农业信息交流系统，共同提升粮食和重要农产品生产与供给的保障能力。建立金砖国家农业研究平台，举办金砖国家农村发展和减贫研讨会，探讨成立金砖国家农村和农业发展工作小组，签署关于粮食安全合作的备忘录，进一步加快农业生产服务标准互认工作，提高各国标准协同水平，加强对农民及农业企业的指导与扶持，扶持企业生产符合金砖国家共同农业标准的产品。开通金砖国家农业产能合作绿色通道，进一步挖掘与推动金砖国家农业产能合作潜力，助力未来金砖国家间的产能合作，助力实现金砖国家消除贫困目标。

三是推行金砖国家农产品贸易便利化。农产品贸易合作是金砖国家农业合作的重要组成部分，其稳定性与便利性对金砖国家农业合作成效具有重要影响，也是推动农业现代化、提高粮食安全的重要途径。金砖国家要探索实现农产品贸易合作稳定性与便利性的有效措施，可以签署金砖国家多边农产品贸易协定，共同探索制定针对金砖国家的补贴、关税和检验检疫政策，推行金砖国家农产品贸易便利化。推动建立农业生产、贸易企业的交流合作机制，发展和完善农产品贸易电子商务平台，拓展农产品贸易合作路径，增强金砖国家农产品贸易稳定性。

（四）极力强化疫情防控与合作

不断完善预防和治疗、健康教育、接种疫苗、生殖健康相关的医疗服务等措施是可持续发展目标的历史性承诺。金砖国家要创建可持续医疗卫生体系，加强医疗卫生领域的全方位合作，持续改善居民的医疗卫生服务条件，抵御新冠肺炎疫情对居民的健康和生命安全带来的威胁。

一是通过全会动员和强力财政支持，为应对新冠肺炎疫情及其他当前和未来卫生挑战做好更充分准备并加强金砖国家之间的合作，在包括世界卫生组织在内的现有国际框架内合作应对新冠肺炎疫情。加强对疫情的溯源研究合作，通过基于科学，包括各领域专业知识，透明、及时、非政治化和不受干扰的研究进程，增强国际社会对新型病原体出现过程的了解和预防未来大流行病的能力。支持根据《国际卫生条例（2005）》以及世界卫生组织全球疫情警报和反应网络，建立金砖国家预防大规模传染病早期预警系统，通过机制性合作识别未来大流行病和预测疫情。各国拿出应有的政治担当，支持彼此的抗疫努力，分享疫情信息，交流抗疫经验。在新冠肺炎疫苗接种及检测证书互认方面加强国际合作，降低国际经贸合作和人员流动带来的新冠肺炎疫情传播风险，需要电信和信息通信技术系统的无缝运行，并采取必要措施减轻疫情对社会经济的负面影响，实现可持续的包容性发展。

二是坚持公平可及，加强疫苗国际合作，金砖国家要在疫苗联合研发、合作生产、标准互认等领域开展务实合作，通过双边、国际组织和

"新冠疫苗实施计划"，通过提供资金支持、捐赠、本地生产以及促进疫苗、诊疗手段和救生设备出口等方式，支持世界各国抗击疫情，加强疫情防范和应对。推动金砖国家疫苗研发中心线上平台尽快启动，为促进疫苗公平分配、加强全球抗疫合作做出积极贡献。要加强传统医药合作，为抗击疫情提供更多手段。

三是促进更为高效、覆盖面更广的全球卫生治理，提升金砖国家医疗卫生全球援助能力，在全球卫生治理方面给卫生条件落后的广大非洲国家、东南亚国家以及中南美洲国家提供力所能及的帮助。将金砖国家的卫生治理合作模式向其他国家扩展，形成谋求共同发展的新型卫生治理体系。在疾病防控、疫苗及药物可及等方面投入更多的努力，加强在国家层面的数字健康系统应用合作，建立统一的多方面整体框架，利用数字技术加强疫情防控合作，大规模建设和利用电子政务平台、人工智能、大数据等数字和技术手段，起到促进发展和提高金砖国家疾病防控效率的重要作用。通过金砖国家医药研讨会、高级别会议和传统医药专家会促进经验和知识的分享，鼓励在传统医药领域进一步开展交流。

（五）大力加强气候和环境治理

气候变化是人类共同面临的全球公共环境问题，保护生态环境和积极应对气候变化是实现可持续发展目标的重要前提。金砖国家要加强应对气候变化的全方位合作，增强生态保护和环境治理能力建设，推动全球气候变化合作的进程和成效。

一是加强应对气候变化的责任和担当意识。在全球环境治理进程中，金砖国家要推动建立碳排放的"消费者责任制"，合理明确碳减排的历史责任和未来责任，推动全球各国积极参与碳减排合作，提高环境治理的积极性，建立碳减排长效治理机制和国际合作的长效机制。金砖国家要致力推动国际社会坚持公平，坚持《联合国气候变化框架公约》（UNFCCC）"共同但有区别的责任原则"、各自能力原则以及"国家自主决定贡献"制度安排，全面有效落实《联合国气候变化框架公约》《京都议定书》和《巴黎协定》，维护发展中国家和新兴市场的共同利益。在实现可持续发展和努力消除贫困的背景下，坚持给予发展中国家更多时间实现"碳达峰"和"碳中和"，给予发展中国家"碳达峰""碳中和"战略路径和行动方案更多的自主性与灵活性。坚持按照《巴黎协定》的相关条款，要求发达国家向发展中国家为应对气候变化提供资金、能力建设支持和技术转让等必要手段，帮助发展中国家有能力在可持续发展的背景下实施气候行动。

二是完善应对气候变化能力建设体系。抓住以互联网为核心的新工业革命发展战略机遇，大力发展数字经济，推动低碳经济、循环经济和绿色经济发展，大幅度降低传统工业生产对能源和资源的消耗，缩小各种污染排放的规模。推动化石燃料、氢能、核能和可再生能源等的可持续和高效利用，大力发展新型清洁能源产业，使新能源成为新一代产业体系的主动力，提升生产方式和生活方式的绿色低碳水平，努力建立发展创新、增长联动、利益融合的新增长模式，确保可持续消费和生产模式作为可持续发展的关键因素。提升碳汇能力建设，提升林业碳汇和海洋碳汇的建设能力以及生态产品价值实现能力，通过金融创新等手段提升碳减排的区域合作和转移支付能力。

三是建立碳减排合作的长效机制。金砖国家要加强碳减排合作的信息沟通和经验共享，积极主办应对气候变化高级别会议、环境部长会议和技术交流会议等环境智库交流平台，加强信息沟通和立场协调，分享绿色低碳转型经验，开展绿色低碳技术合作。积极推进能源研究平台的务实合作，加强传统化石能源和清洁能源的务实合作，维护金砖国家能源体系的可持续发展和安全机制建设。建立金砖国家航天合作机制，尽快发布遥感卫星星座应用成果，助力金砖国家加强灾害管理和环境保护。落实《金砖国家遥感卫星星座合作协定》，提升金砖国家在全球气候变化、灾害管理、环境保护、预防粮食和水资源短缺、社会经济可持续发展等方面的研究能力。

第六章
金砖国家加强全球治理、践行多边主义的应对战略

近年来，逆全球化与贸易保护主义思潮，叠加新冠肺炎疫情，对世界经济运行、全球治理体系和国际政治格局产生了重大冲击和影响。尤其是俄乌冲突，世界各种矛盾的交织、对抗，致使全球政治经济生态环境发生变化，国际文化交流与思想交锋格局出现了值得关注的新动向。国际秩序进入深刻调整变化之中，全球治理领域出现许多亟待各国合作协商解决的新问题，发达国家和发展中国家共同面临发展和协调治理任务。面对复杂多变的国际形势，作为推动国际秩序合理演变、完善全球治理、促进各国发展的重要力量，金砖国家理应加强团结与合作，共同维护新兴经济体和发展国家的共同利益，在维护和践行真正的多边主义，促进全球经济复苏和可持续发展等方面发挥更大的作用。

一、世界格局新变化对当前全球治理体系的冲击与重塑

尽管全球化代表人类社会的发展方向，但单边主义、霸权主义等逆全球化思潮不断涌现。新冠肺炎疫情导致全球经济活动暂停乃至经济存在深度衰退风险，从而引发经济格局变动和结构调整。俄乌冲突，使"二战"以来以联合国为核心的国际秩序再次受到严重冲击，导致全球治理难度进

一步增大。无论是全球"东升西降"趋势增强，还是各种矛盾冲突与不确定事件的发生，都使得国际秩序博弈更加复杂，大国关系不断调整，世界格局进一步重塑。

（一）逆全球化与贸易保护主义思潮推动全球经济治理体系变革

全球化带来的产业分工与产业转移，会对原有产业布局进行调整，推进产业更替。对于发达国家来说，在占领产业链顶端的同时，淘汰落后产业，会造成部分制造业利益集团和群体的利益受损，它们成为了全球化的强烈反对者，是逆全球化力量的主要体现。另外，受意识形态等因素影响，部分发达国家不愿意接受新兴经济体在全球化发展中不断壮大的现实，更不愿意这些非西方国家取代它们在世界政治经济中的现有地位，制造出了经济冲突、文化分裂，逆全球化思潮不断发酵。

逆全球化浪潮表明，当某些西方国家发现无法充分满足其要求时，采取单边主义行动，通过损害国际共同体的"公义"来维护自身"私利"便成为了更好的选择。① 在经济全球化加速发展的过程中，新兴经济体快速发展，发达国家由于技术封锁与产业调整，致使贸易赤字增加。进而它们认为未能从多边贸易机制、全球化中获得好处，便将贸易逆差这样一个多边经贸问题双边化，逐渐走向单边贸易保护主义。多边贸易机制受到冲击，全球产业链和供应链受到了前所未有的冲击与破坏。

当今世界人、财、物的跨国流动促使文化、制度、发展道路、思想的交流和互鉴异常活跃。在面对诸如贫困、气候、疫情等众多全球性问题时，人们日益树立人类命运共同体的意识，逐步认识到促进各国互联互通是当今世界发展的必然要求。然而，当自身短期利益受到影响时，当特权无法维护时，排外主义、极端主义思潮便不断涌现。逆全球化与贸易保护主义来自民粹主义的回潮，而民粹主义回潮又同全球化不均衡发展和全球

---

① 戴长征：《全球治理中全球化与逆全球化的较量》，载于《国家治理》2020 年第 3 期。

治理的失效紧密相关①。然而，需要指出的是，发展仍是当今世界各国面临的最主要问题，是发达国家和发展中国家需要共同面对和关注的议程。只有共同发展才能解决当前面临的诸多问题。经济全球化是大势所趋，是经济发展的必然规律。全球是一个整体，世界互联互通，没有一个国家可以孤立于世界之外，独善其身。分离主义、恐怖主义、极端主义是世界各国的共同敌人，只有建立良好的国际秩序，加强全球协作，才能推进当今世界的稳定发展。

当前国际关系正处于一个重要的转折点，新国际关系需要从旧国际关系中蜕变而出，走向相互尊重、平等协商、开放包容与合作共赢的多边主义。历史和现实表明，良好的国际秩序离不开良好的全球治理体系。在多元化和多变的世界格局与秩序下，单一的、以自身为中心的治理体系难以有效调节多方矛盾，难以成为当今世界有效的治理体系，必然会走向不可调和与冲突，无法形成有效的全球治理秩序。尤其是随着当前全球化的深入发展和国际权力格局的深刻转型，全球治理体系变革日益紧迫，保护主义与单边主义不是解决方案，只有多边主义才是全球治理的正道，才能真正推动全球实现合作共赢。

（二）新冠肺炎疫情推进全球经济结构深刻调整

当前，全球新冠肺炎疫情形势依然严峻，世界经济下行压力不断积累。疫情是当前国际经济的最大变量，使全球各种原有的风险凸显，全球经济需求和供应遭受重创，产业链面临巨大冲击，国际金融环境急剧恶化，导致世界经济衰退甚至出现危机的风险急剧增大。

疫情严重冲击经济全球化，"去全球化"和产业链脱钩问题出现。经济全球化是当代世界经济的重要发展趋势和特征，促进生产要素跨国跨地区流动，推动各国市场分工与协作，使得世界经济成为紧密联系的整体。

---

① 戴长征：《全球治理中全球化与逆全球化的较量》，载于《国家治理》2020 年第 3 期。

然而，新冠肺炎疫情对全球供应链、产业链、价值链造成严重冲击。防疫措施影响了各国间的正常交往与交流，使互联互通、经济要素全球化流动受阻，众多国家开始思考如何完备自身产业体系，减少对全球化的依赖，全球产业发展受到严重影响。基于这方面的思考与措施防范，全球产业布局发生了重要变化，一些跨国企业的全球战略出现调整，促使供应链本地化、区域化。部分国家经济政策作出调整，转向更多依靠内向发展，减少对国际供应链的依赖。这种疫情下的经济发展趋势与政策取向，在一定程度上削弱了全球化进程，并进一步加快了国际秩序和全球化结构的调整。

疫情导致全球秩序不稳定，治理体系受到严重冲击。此次疫情严重干扰了国际正常的经贸活动，严重阻碍了商品与服务的跨境流动，同时也给全球多边治理体系带来严重冲击。当前的突出问题是，在更多考虑本国利益的情况下，单边主义和保护主义政策更加盛行，令全球经济总体雪上加霜。部分国家自身利益至上，企图以独断专行来取代国际治理。政治因素的干扰骤然上升，而经济要素和市场的正常作用却遭受严重破坏，全球产业链布局面临断裂的风险。

疫情加剧了各国的不信任感，国家间的合作与联系被进一步割裂，削弱了全球治理。无论是疫情起源的争吵，还是防疫措施的不同选择，国家间的辩论、争吵和行动消耗巨大，极大抵消了相互学习的愿望。这场危机不仅没有使各个国家和社会团结起来，变得更加紧密，携手抗疫，相反却更倾向于彼此分离，集中维护本国政策选择与现状。它被一些国家视为一场国家性而非国际性危机，结果大家就在抗疫中各自为战。① 人类命运共同体理念，齐心合力、守望相助、共同应对，在一定程度上被削弱。全球治理体系在疫情面前不仅没有更加团结有效，反而出现了某种程度的削弱。

---

① 马丁·雅克：《新冠肺炎疫情如何影响全球治理》，环球网，https：//opinion.huanqiu.com/article/405TH5GjKAp，2020 年 9 月 20 日。

（三）俄乌冲突严重冲击全球产业链与国际秩序

俄罗斯和乌克兰爆发冲突，使本已循环不畅的世界经济面临更加严峻的挑战，而西方国家对俄罗斯的经济制裁，更加剧了全球供应链重构和经济金融网络碎片化，搅动了地缘经济秩序，世界经济格局加速演变。

近年来，芯片紧缺、疫苗不足、资源和技术流动受阻、物价上涨等世界经济乱象频生，衍生出全球性供给短缺的新挑战，并在俄乌冲突爆发后共振而成新一波全球供应链危机。[①] 俄乌冲突爆发后，能源等关系全球经济发展的相关产品产量下降，而美欧经济金融制裁、出口管制，强行改变了全球原有的金融和商业联系，负面溢出效应持续放大，致大宗商品供需失衡、价格暴涨，严重扰乱了全球粮食和能源贸易，全球经济放缓的可能性远远大于回归经济正常增长的可能性，其发展前景更不被看好。

俄乌冲突下，各方制裁与反制裁激烈博弈、交织强化，进一步挤压供应，致使世界经济雪上加霜，加剧世界经济的内在矛盾。俄乌冲突和疫情反复深刻展现了国际政治经济领域传统安全和非传统安全风险叠加、相互加速的趋势，具有很强的外溢性、破坏性。在危机叠加的影响下，国际贸易和投资动能不足，供应链中断，产业链内卷，世界经济负重爬坡，不稳定、不确定、不平衡特点将更加突出，低速增长的脆弱态势逐步确立。

一段时间以来，美国和西方国家频频、全力干预经济，持续扰乱供应链，引发全球经济关系混乱，迄今更以自身安全凌驾他国之上的霸权逻辑、政治逻辑取代效率优先、合作共赢的经济逻辑、利益逻辑，掀起全球产业链供应链非常规调整，支撑过去经济全球化的动力正不断受压递减。各国内顾倾向强化，单边、保护、孤立主义上升，资源民族主义抬头，发达国家泛化安全概念，致经济全球化的政治承载力持续受到削弱。

---

① 张运成：《俄乌冲突加速世界经济格局之变》，载于《光明日报》2022 年 4 月 25 日，第 12 版。

可以预见，未来经济全球化将步入深度调整的关键过渡期，政治、安全、军事、意识形态等因素的塑造作用将显著上升。俄乌冲突至今，区域与世界经济呈现出的政治化、阵营化和集团化苗头倾向正构成全球发展的最大威胁。世界经济可能会分裂成不同的地缘政治集团，具有不同的贸易和技术标准、支付系统和储备货币。国际经济合作、政策协调大大削弱，国际秩序与全球治理体系受到破坏性冲击，全球发展呈现断层趋势。

金砖国家作为新兴经济体的代表，应践行真正的多边主义，主张全球政治、经济等问题各归其位、回归本身，反对政治化、阵营化；积极携手各国为世界经济发展注入新动能、拓展新空间，推动世界经济秩序朝着公正合理的方向发展。

（四）国际格局加速演变，全球治理体系亟待重塑

当今世界正经历百年未有之大变局，是习近平总书记作出的一个重大战略判断。具体来看，新一轮科技革命和产业变革是大变局的重要推动力量，国际力量对比深刻调整尤其是"东升西降"是大变局发展的主要方向，新冠肺炎疫情全球暴发是加剧大变局演进的催化剂，世界进入动荡变革期是大变局的基本特征。[①] 与历史上因世界大战而促使国际格局剧烈调整不同，当今世界，是经济全球化与保护主义、单边主义，新科技革命和产业变革蓄势待发与世界经济增长动能不足，新冠肺炎疫情急需团结应对与各国割裂等，一系列矛盾与失衡造成国际格局深刻演变。为此，全球治理体系需要深刻调整与重塑，以应对国际秩序与国际安全环境的变化。

新兴经济体国家的快速发展促使世界地缘政治中心发生转移的进程将进一步加快，世界力量对比发生变化。新兴经济体国家的快速发展推动了世界经济的整体增长，尤其是在推动世界经济从 2008 年金融危机中复苏发

---

① 何毅亭：《我国发展环境面临深刻复杂变化》，载于《人民日报》2020 年 12 月 8 日，第 9 版。

挥了重要作用，从而增大了新兴经济体和发展中国家在世界事务中的发言权。新兴经济体和发展中国家在安全领域同样做出巨大贡献，以"金砖五国"为代表的新兴大国都在本地区发挥了举足轻重的稳定作用。在全球性事务中，新兴国家在不同领域和不同层面上结成临时性、非排他性的利益共同体，在维护和争取发展中国家权益的过程中显示了力量，同时为全球治理提供了强劲的动力。① 新兴经济体和发展中国家整体崛起，推动原来的南北关系发生深刻变化，新兴经济体和发展中国家与发达国家在国际社会和世界经济发展中的话语权、主导权、规则制定权的竞争及博弈，在某种程度上、在一定的时点会非常激烈。在全球治理中，新兴经济体和发展中国家理应承担更多的责任与义务。

世界经济格局发生的变化，不仅带来对世界治理体系的挑战，还在文化、文明、发展理念上不断交错与冲突。尤其在全球开放性市场下，世界经济联系日益紧密，新兴经济体发展力量的理论、理念和文化、文明的影响力则与日俱增，西方发达经济体在发展潜力与话语权上受到冲击，双方基于维护各代表力量，难免出现博弈与冲突。几百年一直由西方发达国家主导着全球秩序与全球规则的历史慢慢走向终结，非西方国家开始参与并建构世界事务，世界从单边决定向多极化发展的态势越来越明显。

当今世界，新的思想革命、新的科技革命、新的产业革命和新一轮经济全球化正在同步发展，完全交织在一起，这在人类历史上是从来没有过的事情。信息革命、数字革命、量子革命形成的数字经济，形成的互联网、物联网、人工智能、大数据、云计算、云服务、量子计算等新的变革，使整个世界的经济形态、经济联系、经济结构和经济动能发生了根本性变化。这些东西交织在一起，从根本上打破了人类以往的思维方式和更迭方式。对于任何一个高度发达的工业大国来说，这些突破性创新都是一个巨大的挑战；对于新兴经济体和发展中国家而言，既是巨大的挑战，也

① 马迎晨：《全球治理离不开新兴经济体国家》，载于《光明日报》2013 年 8 月 27 日，第 8 版。

是突破发展的机遇。如果各国不能共同分享人类创新的成果，将对以往形成的市场优势与地缘政治优势造成颠覆性的冲击，并且会在一定时间内进一步拉大差距。这种技术革新与产业更替带来的变革，对现有秩序造成的影响与矛盾冲突会更快速、更激烈。这一系列新的冲击，将倒逼全球重塑既有的或者过时的社会规则与制度，并把规则、制度本身演进带入一个全新的阶段。[①]。

新冠肺炎疫情深刻地改变了世界，国际格局在动荡中寻求再平衡。大国关系在未见根本性改善的情况下，全球治理面临着巨大挑战。疫情继续考验各国经济复苏的能力，各国需要以"命运共同体"的理念，推进合作与协调，积极发挥协作精神，推动多边主义进程，帮助国际社会从疫情中尽快恢复。当前以及疫情后国际格局的演变与发展深刻影响着人类的发展观、国际观和安全观，也必将会推动国际安全环境与国际政治经济秩序带来新的变革。新冠肺炎疫情对全球经济造成重大冲击，也许并不会从根本上改变国际格局的演变趋向，但是不可否认会加快推进国际格局演变的历史进程。此外，当下疫情的非传统安全正在逆袭和影响着传统安全，国际安全格局和国际关系将面临再调整和再塑造的新议题。

基于当前的国际秩序与矛盾冲突，再加上疫情的冲击，维护世界经济稳定发展，突进全球化进程，需要世界经济秩序的合理重组。首先，需要一个强有力的国际治理体系提供国际公共产品，维护基于国际共同规则的全球经贸规则和秩序；其次，积极适应全球化产业结构分工体系，为全球受损的弱势群体制定扶助解困的保障政策；最后，国与国之间加强政治互信，化解安全困境的焦虑，发挥国际机制的协调作用。[②]

---

① 张蕴岭：《世界大势：把握新时代变化的脉搏》，中共中央党校出版社 2021 年版，第 62～63 页。

② 杨鲁慧：《百年变局下的国际格局调整与中国引领新型周边关系》，载于《理论探讨》2021 年第 1 期。

二、金砖国家参与全球治理、践行多边主义的行动与困境

金砖国家是重要的国际组织和新兴经济体的杰出代表，在参与全球治理、践行多边主义过程中有着不容忽视的影响力。近年来，面对国际风云变幻，金砖国家坚守初心，积极参与全球治理，坚定践行多边主义，不断为稳定国际秩序注入正能量，使得其国际地位呈现出持续上升趋势。然而，在百年变局与新冠肺炎疫情交织之际，全球经济陷入严重衰退的境地，世界大国之间的战略竞争越发激烈，国际社会面临着巨大的分裂风险。在此背景下，金砖国家参与全球治理、践行多边主义的行动也正面临着多重困境。

（一）金砖国家伙伴关系不断受到严峻复杂的国际环境冲击

新冠肺炎疫情的全球暴发加速了百年变局的进程。这是人类社会近百年来经历的最为严重的一场公共卫生危机。在疫情面前，世界上所有国家都无法独善其身，各国原本应该团结协作、携手抗疫，但是个别国家从始至今都致力于将疫情政治化和病毒标签化。这使得全球抗疫行动一次又一次地陷入艰难境地，大国战略竞争不断加剧升级，国际社会也面临分裂和对抗的风险。这场疫情不但对各国的国家治理体系和治理能力带来巨大考验，也使全球治理和全球化进程面临严峻挑战。以欧美发达国家为代表的单边主义逐渐显现，逆全球化势力不断抬头，经济全球化和多边主义面临困境，这对金砖国家参与全球治理营造了紧张的外部环境，也给金砖国家合作带来了多重不确定性。与此同时，受疫情等因素影响，世界经济正在经历着 20 世纪 30 年代大萧条以来最为严重的衰退。① 在此世界经济衰退、

---

① 卢静：《构建面向未来的金砖国家伙伴关系》，载于《当代世界》2021 年第 10 期。

国际社会分裂和全球政治动荡之际，我们迫切需要一股巨大的正义力量引领世界重回正轨和持续健康发展。

金砖国家合作是一个创新，超越了政治和军事结盟的老套路，建立了结伴不结盟的新关系；超越了以意识形态划线的老思维，走出了相互尊重、共同进步的新道路；超越了你输我赢、赢者通吃的老观念，实践了互惠互利、合作共赢的新理念。① 金砖国家立足于共同发展原则，通过合作互补增进彼此关系，积极缔造利益纽带，从经贸财经、政治安全、人文交流三个方面构建合作框架，着力打造利益共同体，从而驱动金砖国家伙伴关系持续健康发展。当前，严峻复杂的国际形势扰乱了金砖国家间的经贸合作与人文交流，对金砖国家合作形成考验，对金砖国家参与全球治理带来严重冲击，致使金砖国家的合作和利益纽带出现松动。部分欧美国家的政客借机炒作，反复将新冠肺炎疫情政治化和污名化，试图离间中国与其余金砖四国的合作关系，个别金砖国家因此终止购买中国疫苗。在金砖五国中，中国凭借科学的抗疫方针和强大的动员能力，率先控制住新冠肺炎疫情，实现复产复工。然而，俄罗斯、印度、巴西和南非的新冠肺炎疫情形势仍然严峻，国内生产生活受到显著影响，经济发展面临着巨大的下行压力。根据世界银行数据库的统计数据，2020 年在新冠肺炎疫情冲击下，全球众多国家经济遭遇停摆，经济出现不同幅度下滑，全球仅中国实现经济正增长，而巴西和俄罗斯经济增速分别为 -4.1% 和 -3.0%，印度和南非 GDP 增速分别为 -7.3% 和 -6.4%。

近年来，随着中国全球影响力的持续增强，中美两国的实力差距持续缩小，自特朗普政府以来，美国从权力政治思维出发，不断加剧对华战略竞争以维护美国霸权地位，这在一定程度上加大了对金砖国家的分化瓦解。② 与此同时，由于中国与其他金砖国家之间的实力差距日趋拉大，个别金砖国家在对华战略上的疑虑与恐惧也不断增加。根据国际货币基金组

---

① 《习近平集体会见金砖国家外长会晤外方代表团团长》，载于《人民日报》2017 年 6 月 20 日，第 1 版。

② 卢静：《构建面向未来的金砖国家伙伴关系》，载于《当代世界》2021 年第 10 期。

织的统计数据，2020 年金砖国家 GDP 占比方面，中国独占 71.6%，俄罗斯、印度、巴西和南非总和占比仅为 28.4%。[①] 其中，除了南非以外，其余国家人口总量均在 1 亿人以上，尤其是印度和中国人口几乎相同，但是经济总量依然存在较大差距。根据澳大利亚智库洛伊研究所发布的《2020 年亚洲实力指数》报告：一方面，美国的实力指数位居世界第一，中国位居世界第二，两国实力差距迅速缩小，而新冠肺炎疫情加速了国际权力的转移；另一方面，印度的实力指数呈现下降的趋势，印度虽然在人口规模上与中国基本相当，但其在未来几年几乎不可能与中国平起平坐。此外，金砖国家不但在政治制度和意识形态等方面存在明显差异，而且在一些具体国际问题上的政策主张和利益诉求也迥然不同，使得金砖国家构建的伙伴关系时常面临着战略互信赤字风险。上述情况无疑会给金砖国家合作带来负面影响，制约金砖国家在参与全球治理和践行多边主义过程中形成合力。在此背景下，金砖国家应该尽可能摈弃偏见和管控分歧，以更大的政治勇气积极构建面向未来的伙伴关系，以更大的政治智慧推动构建一个更加公平、包容、普惠和具有代表性的多极国际体系，在互利合作的基础上夯实金砖国家合作机制，共建人类命运共同体。

（二）金砖国家参与全球治理、践行多边主义的集体行动力减弱

作为金砖国家的重要成员，近年来中国和印度等发展中大国快速崛起，当今世界正处于权力转换和秩序调整的大变局时期。显然，金砖国家的成立意味着新兴经济体和发展中国家在发达国家处于逐渐衰落的背景下，团结起来共同应对国家战略竞争、携手挑战既有的霸权秩序、齐心协力参与全球治理而进行的一场集体行动。无论是从理念上还是实践上，金砖国家都对旧有全球治理秩序提出了质疑，勾画出了一种新型的、替代性

---

① 国家统计局：《中国统计年鉴》（2021），中国统计出版社 2021 年版。

的全球经济治理模式。①。金砖国家伙伴关系是否牢固主要取决于集体行动力。近年来，全球化和全球治理格局遭遇系统性震荡，传统安全和非传统安全叠加发酵，热点、难点问题交替升温。在此背景下，金砖国家不断把握机遇完善全球治理体系，但同时也面临着前所未有的挑战，导致集体行动力有所减弱。

（三）金砖国家内部缺陷制约了其参与全球治理、践行多边主义的影响力

　　金砖国家自成立以来，国际上质疑和唱衰的论调就如影随形。时至今日，由于未将任何西方主要发达国家纳入其中，金砖国家在参与全球治理过程中始终处于非中心、非主流的尴尬地位。尤其是在国际贸易、国际金融和国际投资等领域中，金砖国家对全球治理体系所能够施加的影响仍然十分有限。客观地说，造成这一现象的根本原因除了西方国家的排挤与打压之外，还包括金砖国家的内部缺陷制约了其参与全球治理、践行多边主义的影响力，具体体现在金砖国家自身实力不足和治理能力欠佳、部分金砖国家间存在嫌隙两个方面。

　　一方面，金砖国家自身实力不足和治理能力欠佳制约了其参与全球治理、践行多边主义的影响力。从综合实力来看，金砖国家确实与西方发达国家存在明显的差距，并且这种状况由来已久，可能在未来很长一段时间内仍然无法彻底改变。根据表 6 - 1 世界银行的统计数据，2020 年，金砖五国的 GDP 分布情况为：中国为 147227 亿美元，世界排名第 2；印度为 26230 亿美元，世界排名第 6；俄罗斯为 14835 亿美元，世界排名第 11；巴西为 14447 亿美元，世界排名第 12；南非为 3019 亿美元，世界排名第 38。2020 年，金砖国家 GDP 占世界总量的 24.3%，只有中国和印度进入

　　① 张立、王学人：《全球经济治理中的金砖国家合作：进展、动因与前景》，载于《印度洋经济体研究》2019 年第 5 期。

了世界前 10，南非经济总量占世界总量仅排名世界第 29。2020 年，美国
GDP 为 209366 亿美元，占世界总量的 24.7%，已经超过金砖国家的 GDP
总和；而以美国为首的西方主要发达国家① GDP 占世界总量的 49.0%，是
金砖国家 GDP 比重的 2 倍。此外，仅美国而言，无论是在产业结构、全球
产业链位置、科学技术水平和金融业等领域，还是在军事实力和政治影响
力等方面，都明显超过金砖国家的综合实力。而新兴经济体的优势，暂时
只能体现在发展速度和未来前景等方面，这在很大程度上与新兴经济体的
增长基数较低有关。随着增长基数的不断提高，新兴经济体在增长速度上
的优势也会随之缩小甚至消失。新兴经济体的另一个优势是人口方面。然
而，金砖国家庞大的人口规模是否能够有效地转化为现实的购买力，还要
取决于各成员国未来在增长速度、经济改革、社会包容性和收入分配格局
等方面取得的进展。如果收入分配持续向两极分化，社会非包容性问题无
法及时缓解，那么很有可能会造成市场需求受限、社会矛盾激化，从而陷
入非包容性和不可持续的增长模式。因此，有限的经济实力对金砖国家参
与全球经济治理变革的主要影响是，限制了金砖国家在参与全球治理过程
中提供公共品和与霸权国家议价的能力。

表 6-1　　　　　　　　　世界主要国家的 GDP 与 GDP 增长率

国别	2020 年 GDP（亿美元）	2020 年 GDP 世界排名	2020 年 GDP 占比（%）	国内生产总值增长率（%）				
				2016 年	2017 年	2018 年	2019 年	2020 年
世界	847056	/	/	2.8	3.4	3.3	2.6	-3.3
中国	147227	2	17.40	6.8	6.9	6.7	5.9	2.2
印度	26230	6	3.10	8.3	6.8	6.5	4.0	-7.3
俄罗斯	14835	11	1.80	0.2	1.8	2.8	2.0	-3.0

---

①　本书仅以美国、德国、英国、法国、意大利、西班牙、加拿大、日本和韩国 9 国为例。
由于日本和韩国深受美国影响，因此将其纳入西方阵营进行考察。

续表

国别	2020 年 GDP（亿美元）	2020 年 GDP 世界排名	2020 年 GDP 占比（%）	国内生产总值增长率（%）				
				2016 年	2017 年	2018 年	2019 年	2020 年
巴西	14447	12	1.70	-3.3	1.3	1.8	1.4	-4.1
南非	3019	38	0.40	0.7	1.2	1.5	0.1	-6.4
美国	209366	1	24.70	1.7	2.3	3	2.2	-3.5
德国	38061	4	4.50	2.2	2.6	1.3	0.6	-4.9
英国	27077	5	3.20	1.7	1.7	1.3	1.4	-9.8
法国	26030	7	3.10	1.1	2.3	1.8	1.5	-8.1
意大利	18864	8	2.20	1.3	1.7	0.9	0.3	-8.9
西班牙	12812	14	1.50	3	3	2.4	2	-10.8
加拿大	16434	9	1.90	1	3	2.4	1.9	-5.4
日本	50487	3	6.00	0.5	2.2	0.3	0.3	-4.8
韩国	16305	10	1.90	2.9	3.2	2.9	2	-1

资料来源：世界银行 WDI 数据库；部分结果系笔者计算所得。

另一方面，金砖国家内部关系不和谐也制约了其参与全球治理、践行多边主义的影响力。金砖成员国之间存在显著的异质性，竞争与合作并存已经成为常态，这也正是西方国家唱衰金砖国家最常用的依据。这种国家之间的异质性主要体现在政治制度、经济模式、宗教信仰、语言文化、历史矛盾等多个方面。同时，金砖国家相互间的地理跨度巨大，五个国家分布在亚洲、非洲和南美洲，要想突破洲际的限制而将五个国家整合为步调一致、意志相同的局面，其面临的困难和挑战都很大。即使在某些问题上能够达成共识，可能也只是浅层次或暂时性的。相比较而言，在以美国为首的西方发达国家阵营中，其世界霸权治理体系盛行多年、日益强大，各国在价值观、历史观、文化认同感等方面具有较高的相通或相似之处。因此，西方发达国家阵营相对比较容易能够整合为一股统一的力量，也符合其成员国的共同利益。但是，要想将彼此存在较大异质性的金砖国家整合成为一个稳定团结的整体，其难度可想而知。

三、金砖国家加强全球治理、践行多边主义的努力方向与措施

金砖国家应将构建开放、非歧视、透明和可预见的投资环境，推动全球贸易自由包容可持续发展，推动全球卫生治理体系改革等作为加强全球治理、践行多边主义的努力方向，制定出切实可行的相应措施。

（一）构建开放、非歧视、透明和可预见的投资环境

1. 推进"准入前国民待遇+负面清单"投资管理制度的实施

全球投资是经济增长的关键引擎，金砖国家应避免与跨境投资有关的保护主义，营造国际投资自由化环境，促进资本在国家间自由流动，推动全球经济持续复苏。不断完善外商投资市场准入制度，探索对外商投资实行"准入前国民待遇+负面清单"的管理模式。根据本国经济发展水平完善市场准入负面清单，不断提高外商投资负面清单的透明度和市场准入的可预期性，实现各类市场主体依法平等进入准入清单之外的行业、领域和业务。在做好风险评估的基础上，在维护国家安全的前提下，分层次、有重点放开制造业、服务业领域外资准入限制，对于交通、电信等基础设施以及矿业等相关领域逐步减少对外资的限制。实施公平竞争审查制度，对各类市场主体实行一致管理，优化、简化办事流程。

2. 完善投资者与国家间争端解决的多边规则和机制建设

金砖国家应为投资者和投资提供具有确定性和强有力的法律保护，包括有效的预防机制、争端解决机制和实施程序。探索仲裁前磋商程序，投资者与东道国应利用该程序更清晰地了解彼此诉求，了解涉案措施和东道

国法律规定，并探讨可能的解决方案，从而避免将争议升级到仲裁程序。探索建立更加有效的投资调解机制，创造性和前瞻性地采用替代性争端解决措施，以维护投资者与东道国政府的长期合作关系。推动投资者与国家间争端解决的法治化进程，完善纠错机制，设立基于国际条约的常设上诉机制，明确相应程序、机构、人员，增强投资争端解决的法律预期，约束裁判人员的行为，减少当事方滥用权利的行为。投资争端往往涉及复杂的事实和法律问题，确定仲裁庭的组成需要考虑众多因素，应允许争端当事方根据仲裁员的法律背景、经验、国籍、精力投入及个案可能需要的特殊专业知识选择合适的仲裁员人选。在保留当事方指定仲裁员权利的同时，需要对仲裁员资质、利益冲突、事项冲突、遴选和回避程序进行完善，增加透明度和合理性。

为了保护本国敏感部门和公共部门的利益，金砖国家政府在签署投资协定时可以增加扩大监管空间方面的措施以避免一些不必要的争端，主要采取引入一些例外条款、将本国较为敏感的领域从协定适用范围中排除和设置过渡期的方法，如引入根本安全利益例外条款、一般性例外措施、金融审慎措施例外，将国债、金融、税收、证券投资领域从协定适用范围中排除等。这可为金砖国家保护国家根本利益而采取必要行动留出充分空间，避免金砖国家在应对各种重大突发事件、保护本国国民利益时因担心违背国际投资协定有关条款会产生一些国际争端而不敢采取行动的情况。

3. 推进投资协定与环保条约、劳工标准的适当衔接

环境问题成为全球投资规则谈判中日益受到关注的议题。金砖国家不得背离环境保护法来鼓励投资，以及忽视环境标准的公平性，应更加重视投资规则中的环境保护条款及其操作性，承担更多实质性的环境义务。投资条约中不仅应包括最为典型的环境条款，如环境保护水平、环境保护合作、环境保护磋商、环境纠纷处理程序、机构安排、提高环境实施的自愿机制、公众参与机会和监督途径、国内及国际环境法律的实施和适用、与

其他环境协定的关系和定义等，还应积极纳入新增加的环境议题，如环境和生物多样性、侵略性外来物种、投资和气候变化、海洋渔业捕捞、企业的社会责任等。

劳工标准是全球投资规则谈判另一备受关注的新议题。金砖国家应推进投资协定与劳工标准的适当衔接，在现有国际劳工标准的基础上，对协定中的劳工标准进行发展和提高。金砖各国应把国际劳工组织的核心劳工权利作为核心标准，即自由结社权、集体谈判权、消除强制劳动、取消童工和消除就业歧视五项权利。在保障核心劳工权利的基础上，还应将最低工资、工作时间和职业安全与健康等也纳入磋商范围。[1] 此外，金砖各国也应充分保障本国的劳工政策空间，根据自身国情确立适当的劳工标准，明确阐明国家为保障劳工标准而采取非歧视性的必要措施。

4. 以竞争中立为核心原则强化竞争政策基础性地位

金砖国家应以竞争中立为核心原则强化竞争政策基础性地位，明确竞争中立改革的实践路径。进一步完善竞争中立的制度基础，形成以反垄断法、公平竞争审查制度和竞争评估与投诉制度为核心的竞争法律制度体系。确立、巩固竞争政策的基础性地位，继续完善反垄断制度，有效发挥反垄断法在经济法中的作用和地位，实现竞争政策与产业政策相协调。加快落实公平竞争审查制度的顶层设计和实践机制，实现公平竞争审查的法治化，为竞争中立改革提供法律保障。建立健全竞争评估与投诉制度，评估审查事前、事中、事后竞争行为是否契合竞争中立制度。[2]

深化国有企业分类改革分类治理。按照公益类、商业类对国有企业和相关业务进行分类改革分类治理：对于公益类国有企业和相关业务，政府对它们承担公共服务或公共政策职能的成本要给予公平、透明的补偿；对于商业类国有企业，要加快推进混合所有制改革、企业的公司制股份制改

---

① 黄茂兴：《二十国集团与全球经济治理研究》，经济科学出版社 2021 年版，第 372～393 页。

② 陈啸、杨光普：《以竞争中立为核心原则强化竞争政策基础性地位》，载于《海南大学学报》（人文社会科学版）2021 年第 3 期。

造等工作，加强国有企业的信息披露，实现优胜劣汰、有序进退；对于具有双重任务属性的国有企业，应确定一套合理的成本核算和分配机制，要求对其公共项目和商业行为分别承担独立责任、分别进行预算并区分不同账户管理，对其公共项目部分进行补贴且防止交叉补贴。[①]

（二）推动全球贸易自由包容可持续发展

1. 推动全球贸易可持续发展

降低贸易成本和增强贸易融资。世界银行在 2021 年 6 月期的《全球经济展望》中强调了降低贸易成本对于促进新兴市场和发展中经济体经济复苏的作用。金砖国家应委托经济合作与发展组织、世界贸易组织、世界银行持续做好贸易成本监测工作，积极推动《贸易便利化协定》的实施，提升协定实施的整体效果。完善贸易便利化举措，简化贸易流程和通关手续，更好地利用交通运输基础设施并改善治理，利用互联网与数字技术优势使贸易各环节的信息对接，进而实现贸易成本节约。贸易融资缺口阻碍了全球贸易的可持续发展。金砖国家应帮助贫困落后国家提升贸易融资知识技能，灵活运用授信开证、进出口押汇、提货担保、押汇业务、国际保理、福费廷、打包放款等融资工具进行贸易融资。推动加强金砖新开发银行等多边、区域开发银行贸易促进项目下的贸易融资，利用应急储备安排加大对贸易融资的金融支持力度。推动金砖各国货币的区域化进程，扩大各国货币在金砖体系的适用范围，扩大各国间货币互换规模，使各国货币能在金砖国家内部的国际贸易间合理流通。

加强贸易政策协调。金砖国家应系统梳理世界贸易组织、联合国贸易和发展会议、经济合作与发展组织以及世界银行针对贸易政策协调的研究报告，研读《全面与进步跨太平洋伙伴关系协定》《区域全面经济伙伴关

---

① 柳学信、王喆、张宇霖、牛志伟：《我国国有企业竞争中立制度框架及其改革路径》，载于《经济理论与经济管理》2022 年第 1 期。

系协定》《中欧投资协定》等有代表性的投资贸易协定，探析各国贸易立场的差异和分歧以及政策不协调部分，就促进贸易监管体系、程序和标准等方面的适度融合提出一系列可供参考的重要政策选择，推动各成员国贸易以及其他公共政策相互补充、相互促进。此外，金砖国家应健全贸易摩擦应对机制，有理有节、化解分歧，争取各方多赢，以协商方式妥善解决贸易争端，善于运用规则对滥用贸易保护措施和歧视性做法进行交涉与制衡。强化各国应对贸易摩擦的联动机制，指导各国企业做好贸易摩擦预警、咨询、对话、磋商、诉讼等工作。依法开展贸易救济调查，维护各国产业企业合法权益。

推动跨境电子商务健康快速发展。金砖各国通过协调国内、国际立法完善跨境电商国际规则，通过国际"单一窗口"联合工作计划、相关国家自由贸易谈判机制等，推进跨境电子商务相关国际规则、条例的研究和制定。积极解决电子商务在全球发展的技术、政策问题，在标准、支付、物流、通关、检验检疫、税收等方面加强国际协调。依据国际认可的基本原则设立跨境电子商务合作基本制度，创新跨境电子商务合作方式，化解相关贸易摩擦。推动中小微企业利用跨境电商平台开辟新的市场分销渠道，积极融入全球跨境贸易。推动中小企业通过跨境贸易不断提高其产品和服务的附加值，加强品牌形象建设，逐步改善中小企业在产业链和供应链中的地位，实现包容性贸易增长。

2. 坚定维护多边贸易体制

支持世界贸易组织改革。多边贸易谈判、争端解决和贸易政策监督是世界贸易组织的重要职能，也被称作世界贸易组织的三大支柱。但近些年来，伴随贸易保护主义、逆全球化思潮以及国际格局的巨大变动，世界贸易组织三大支柱均面临诸多困境：多哈回合谈判停滞不前，争端解决机制中的上诉机构停摆，世界贸易组织亟待改革。金砖国际应支持对世界贸易组织进行必要的改革，强化世界贸易组织全球贸易治理能力，以期增强世界贸易组织的有效性和权威性。积极参与世界贸易组织的多边贸易谈判与争议解决，支持世界贸易组织的谈判职能重新恢复活力，制定能够反映经济现实的规则制度；支持世界贸易组织打破上诉机构停摆的僵局，恢复争端解决机制；支持世界贸易组织改进监督职能，提升监督效能；推动世界贸易组织重新审视已有的贸易条款规则，适时进行相应的修订与增补，使多边体制在实质内容和程序上更具开放性和灵活性。

强化多边贸易体制建设。金砖各国应坚持均衡、普惠、共赢原则，反对贸易投资保护主义，将区域贸易协定的发展置于多边贸易体制的框架之中，确立多边贸易体制的首要和主导地位，继续将多边体制作为全球贸易治理机制的核心机制。积极落实"巴厘一揽子"协议，推动后巴厘工作计划制定，争取尽早完成多哈回合谈判。既要利用金砖机制搭建区域贸易协定的磋商与对话平台，加强区域贸易协定的透明度，确保区域贸易协定条款在既有领域与 WTO 协定的条款保持一致，以确保建立非歧视性的全球贸易体制；又要将区域贸易协定所涉及的新议题发展成为 WTO 讨论的议题，推动多边贸易体制的变革，适时将其整合到多边体制中，使多边主义是基于区域贸易协定的创新和结合。金砖国家还应积极参与健全已有的多边贸易规则与体制，倡导围绕贸易主题开展开放式的诸边讨论，积极参与正在进行中的相关谈判，在全球性议题上主动提出新主张、新倡议和新行动方案，推动发起诸边谈判，达成诸边协定的多边行为准则与程序，防止发展中国家在国际经贸规则制定中被边缘化，增强金砖国家在国际经贸规则和标准制定中的话语权。

3. 构建包容性全球价值链

构建包容性全球价值链是世界贸易持续增长的重要驱动力。金砖国家应推动从商品要素开放向国际规则开放转变，从遵守适应国际经贸规则向参与制定维护国际经贸规则转变，推动本国经济更加具有创新活力。加强金砖各国互联互通体系建设，通过政策沟通、道路联通、贸易畅通、货币流通、民心相通等，构建基于全球价值链的各种连接关系，使不同国家之间、城市之间形成相应的投资贸易活动的链条。推动来自不同发展水平国家的不同规模、不同技术水平和不同所有制的企业，尤其是发展中国家的中小企业，更好地融入到全球价值链中，以促进全球贸易可持续增长。金砖各国应携手诊断和界定发展中国家和中小企业在融入全球价值链时面临的国内外技术、政策等各种无形壁垒，积极为中小企业提供贷款、技术、供应链连接、电子商务、技能培训等支持，有效保障发展中国家及其中小企业获得合理分工收益，实现全球价值链升级，进而形成充分竞争、信息畅通的价值链微观生态。推动制订全球价值链能力建设战略计划，继续帮助发展中国家在积极参与、融入全球价值链的同时，实现传统产业的绿色化、智能化转型升级以及战略性新兴产业的创新驱动发展，增强生产能力和创新能力，同时有效管控融入全球价值链的风险。

（三）推动全球卫生治理体系改革

1. 打造抗疫共同体

金砖国家应推动国际社会坚持科学溯源，反对溯源问题政治化、污名化。积极加入世界卫生组织"新冠肺炎疫苗实施计划"，在检测手段、治疗药物以及疫苗研发、生产、互认等领域加强合作，推动金砖国家疫苗研发中心线上平台尽快启动，适时召开疫苗合作研讨会。支持世界贸易组织加快对疫苗专利的国际豁免，运用《与贸易有关的知识产权协定》关于专利强制许可的规定，推进疫苗专利的开放。推动疫苗生产合作、提高疫苗的国际出口量，特别是向发展中国家转让疫苗生产技术，减少对疫苗及其原辅料的贸易障碍，以实现全球疫苗产能的快速提升。克服全球公共卫生治理失灵、信任赤字和担当缺位等困难，推动把疫苗作为全球公共产品的共识落到实处，促进疫苗公平合理分配，确保在发展中国家的可及性和可负担性，弥合"免疫鸿沟"。推动国际社会向公共卫生体系力量薄弱国家和地区提供必要的医疗资金、医疗技术和医疗设备，帮助它们筑牢新冠肺炎疫情防控的防线。

2. 强化公共卫生领域的合作

金砖国家要充分发挥卫生部长会议等机制作用，完善双边、多边卫生合作机制，加强公共卫生领域政策对话、经验分享、基础设施建设、人员培训等合作。加快建立金砖国家大规模传染病早期预警机制，落实《关于在人用医疗产品监管领域开展合作的谅解备忘录》，围绕突发公共卫生事件应对、卫生应急和紧急医疗援助、能力建设、传统医药、公共卫生发展、数字健康产业等重点合作领域规划出富有成效的合作项目，以更好地应对公共卫生危机。加强公共卫生安全领域的科研合作，加大生命安全及生物安全领域科技研发投入力度，尽快补齐生命科学、生物技术、医药卫生、医疗设备等领域短板。构建主权国家、国际组织、非政府间的国际组织、跨国公司、慈善机构等多元主体参与的合作组织和平台，强化全球公共卫生治理的技术与经验交流。推动建立统一的、可持续的公共卫生信息平台，为各国之间传递、交流、共享公共卫生信息资源提供支撑，避免信息碎片化、信息不对称、资源短缺或浪费等，提高各国在全球卫生治理中的协同效率。

3. 完善全球卫生治理体制与机制

金砖国家应支持联合国和世界卫生组织发挥中心协调作用，支持将"公共卫生能力建设""初级卫生保健""药物疫苗可及性"等更具普惠价值的议题纳入常规议事议程，建立相应工作机制，制定全球集体行动路线，以增强全球集体行动的动能，切实维护全球公共卫生安全。在联合国和世界卫生组织框架下，坚持平等协商合作，由全体成员国普遍参与，通过正式和非正式机制磋商全球性卫生原则、规范、标准、政策、协议，在共识基础上推动完善全球卫生治理体系，使其更好地支持发展中国家提高医疗卫生能力。加大国际组织成员国之间的对话交流与政策协调，完善全球疾病预防控制体系，不断健全全球公共卫生治理信息互联互通系统，提高全球卫生监测预警和应急反应能力、重大疫情救治能力、应急物资储备和保障能力。推动各国履行《国际卫生条例》义务和责任承担，建立有约束力的激励惩罚机制，对有效参与公共卫生治理的国家给予激励，对失信或失职的国家给予惩罚，提高成员国参与全球公共卫生治理的自主性和规范性。推动依据各国实际情况、能力和发展程度的不同，制定共同但有区别的执行机制，发达国家制定的执行规则更加侧重于事务性，而发展中国家制定的执行规则要更加侧重于协同性。[①]

四、中国维护多边主义、参与全球治理的积极贡献与应对

百年变局与世纪疫情的相互交织，国家力量对比深刻变化，大国博弈日趋加剧，单边主义霸权的没落，国家安全压力的加大，地缘政治风险指数的上升，传统全球治理抑制的矛盾日益尖锐化、公开化，全球治理格局在错综复杂的国际关系中走向失序和分裂。这个时代是全球治理体系最脆弱的时代，任何微小的动荡都有可能被指数级放大，成为大动荡、大变革的导火索；这个时代也是全球治理体系重塑充满机遇的时代，以超越传统治理理念框架的新思维打破全球治理长期由少数国家垄断的局面，把碎片化的全球关系重新黏合在一起。中国在混沌的全球格局中始终保持清醒的认识，站在"全球将往何处去"的十字路口，中国没有随波逐流加入到全球利益争夺中，也没有"自甘平庸"地消极观望，更没有在西方霸权的威胁和打压中退却，而是以一个负责任大国的担当勇敢面对全球挑战，在构建更加合理、公平、平衡的全球治理体系中做积极的推动者、建设者和贡献者。以实际行动践行维护多边主义和构建人类命运共同体的中国理念、中国方案，为重塑什么样的全球治理体系铺就了路径，指明了方向。

---

① 李笃武、袁萍：《全球公共卫生治理面临的困境及其对策建议》，载于《重庆社会科学》2021 年第 12 期。

（一）中国维护多边主义、参与全球治理的积极贡献

全球是所有国家和地区共同拥有的公共物品，全球的资源和红利应该由所有国家和地区公平享有，全球的事务也应该由全体国家和地区共同协商。然而，长期以来，以美国为首的西方国家在全世界宣扬和兜售其所谓的"普世价值观"，试图通过价值理念的渗透和征服实现政治经济利益和霸权野心，把全球利益牢牢控制在少数国家群体的手中。这种严重失衡和不公平的行径已经走到了尽头。随着新兴市场国家和发展中国家的群体性崛起，要求挣脱西方价值枷锁的意愿越来越强烈，全球治理体系内部反对的声音越来越大。同时，处于全球治理体系主导地位的发达国家内部也由于利益分配不均，以及全球公共物品供给的消极而出现分化。近年来，二十国集团（G20）、金砖国家等在全球有较大影响力的多边机制都纷纷提出变革全球经济治理体系的主张，加快对世界贸易组织、国际货币基金组织等国际机构改革的呼声越来越强烈。[①] 中国反复强调和践行的多边主义成为全球治理体系变革的重要动力，中国也在维护多边主义、参与全球治理中做出了积极的努力和贡献，主要可以概括为理念贡献、方案贡献、行动贡献、纽带贡献、红利贡献。

1. 理念贡献

面对百年变局，全球各类发展鸿沟更加凸显，如何解答机会公平、包容发展的时代之问、世纪之问，习近平总书记多次强调世界需要真正的多边主义，在多边主义前加入"真正的"三字，凸显了与传统多边主义的根本区别。"真正的"三字既揭示了长期以来西方国家所宣扬的多边主义的虚伪本质，多边主义旗号下掩盖着的是少数西方霸权国家通过不公平的标准和规则制定以及意识形态划线把多数国家排除在全球治理体系之外，严

---

① 李敦瑞：《全球经济治理体系变革的机制及其趋势》，载于《治理研究》2021 年第 5 期。

重损害了其他国家参与国际事务的主权平等地位；又指明了当前全球经济秩序混乱的根本原因在于西方国家所奉行的多边主义本身，西方国家在重整全球经济治理秩序上无能为力。习近平总书记深刻阐释了"真正的多边主义"的内涵是"多边主义的要义是国际上的事由大家共同商量着办，世界前途命运由各国共同掌握"。和平、发展、公平、正义、民主、自由才是全人类共同的价值，各个国家不论大小、强弱、贫富都是国际上平等的一员，都有公平参与国际事务的权力，"民主不是哪个国家的专利，而是各国人民的权利"。① 确保全球政治经济秩序运行的原则是世界只有以联合国为核心的这一国际体系，只有以国际法为基础的这一国际秩序，只有以联合国宪章宗旨和原则为基础这一国际规则。中国提出真正的多边主义的理念唤醒了多数国家对多边主义理解的觉醒，为辨别科学的还是虚伪的多边主义提供了标尺。

2. 方案贡献

践行真正的多边主义，不能再走长期以来国际事务由少数几个国家说了算的老路，也不能再沿用某些国家或国家群体制定的规则，而是要让多边主义精神回归到以联合国为核心、以联合国宪章为基础的国际关系中。中国为如何践行真正的多边主义提出了方案。面对多边主义背离初衷后的误解和迷茫，习近平总书记明确指出"要维护以联合国为核心的国际体系，维护以国际法为基础的国际秩序，维护以世界贸易组织为核心的多边贸易体制"②。面对着少数国家的霸权、霸凌和强势，习近平总书记呼吁要加强团结与合作，形成与少数国家对话甚至抗衡的实力，"恪守互利共赢的合作观，拆除割裂贸易、投资、技术的高墙壁垒，营造包容普惠的发展

---

① 习近平：《坚定信心 共克时艰 共建更加美好的世界——第七十六届联合国大会一般性辩论上的重要讲话》（2021 年 9 月 21 日），载于《光明日报》2021 年 9 月 22 日。

② 习近平：《同舟共济克时艰，命运与共创未来——在博鳌亚洲论坛 2021 年年会开幕式上的主旨演讲》，载于《人民日报》2021 年 4 月 21 日。

前景"①。面对着当前全球治理的多重挑战,习近平总书记一针见血地指出
"冲出迷雾走向光明,最强大的力量是同心合力,最有效的方法是和衷共
济"②。和衷共济又可以具体化为共同守护人类生命健康、共同促进经济复
苏、共同维护世界和平安宁、共同应对全球治理挑战,四个"共同"生动
具体地概括了践行真正的多边主义的重点目标和行动方向。中国方案为瓦
解旧的全球治理体系注入了强大力量,为世界各国如何践行真正的多边主
义指明了新路径。

3. 行动贡献

中国提出的真正的多边主义,不是停留在口号上的呼吁和宣传,也不
是遥不可及的"乌托邦",而是可以转化为具体实践的行动指南,并且中
国也正以负责任大国的担当在践行真正的多边主义上展开了实质行动、积
累经验。例如,中国积极推动应对全球气候变化、减贫、反恐、维护网络
安全和地区安全的全球治理进程。中国积极开展抗击新冠肺炎疫情的国际
合作,截至 2022 年 3 月,中国已经向 120 多个国家和国际组织提供了超过
21 亿剂疫苗,成为对外提供疫苗最多的国家。③ 中国做出了二氧化碳排放
力争于 2030 年前达到峰值,努力争取 2060 年前实现"碳中和"的庄严承
诺,并迅速开展优化能源结构、构建绿色生产体系的积极行动。中国开创
了亚洲基础设施投资银行、金砖国家新开发银行等发展中国家多边金融合
作方式,设立了中国—联合国和平与发展基金、南南合作援助基金、中国
气候变化南南合作基金、丝路基金等支持发展中国家发展的多重援助基
金。中国全面履行加入世界贸易组织的关税减让承诺,所有商品的平均进
口关税水平从 2001 年的 15.3% 下降到 2021 年的 7.4%,坚定支持多边贸

---

① 习近平:《开启上海合作组织发展新征程——在上海合作组织成员国元首理事会第二十一
次会议上的讲话》,载于《人民日报》2021 年 9 月 18 日。
② 习近平:《同舟共济克时艰,命运与共创未来——在博鳌亚洲论坛 2021 年年会开幕式上
的视频主旨演讲》,载于《人民日报》2021 年 4 月 21 日。
③ 本报记者:《携手共建人类卫生健康共同体》,载于《人民日报》2022 年 3 月 20 日。

易体制，积极参与世界贸易组织改革进程，努力构建开放型世界经济体系。中国的行动和成效充分证明了践行真正的多边主义的科学性、可行性，真正诠释了什么是开放、包容、平衡、普惠、共赢。

4. 纽带贡献

为了把中国方案和中国经验更好地传导到国际社会，同时也为了使各个国家和地区的合作交流有更多可依附的实质性载体，中国积极为各个国家和地区之间的交流合作提供平台，发挥了重要的多边主义纽带作用。中国坚定支持联合国在处理和应对国际事务方面的核心作用，支持世界贸易组织、世界卫生组织、世界银行等国际组织在专业领域发挥领导作用。中国努力维系国际多边机制平台建设，积极参与亚太经合组织、亚洲相互协作与信任措施会议、东盟与中日韩领导人会议、东盟—中国领导人会议、亚欧会议、中国—中东欧国家合作等国际对话合作机制；坚定不移地维护G20 在全球经济治理中的重要作用；推动金砖国家务实合作，扩大"金砖 +"朋友圈，努力提升新兴市场国家和发展中国家的整体合力。中国主动搭建多边主义平台，截至 2022 年初，已与 147 个国家、32 个国际组织签署 200 多份共建"一带一路"合作文件，①"一带一路"成为全球治理创新的典范；截至 2021 年，我国已经连续举行了四届中国国际进口博览会，主动向世界开放市场，为各方进口中国市场搭建平台；2020 年 11 月，中国同各成员国签署区域全面经济伙伴关系协定，成为近 20 年来东亚经济一体化建设最重要的合作成果。中国努力维护国际安全，深入参与国际反恐合作，为朝鲜半岛、伊朗、阿富汗等地区问题的解决提供和平方案。中国以实际行动架起了国际和地区合作的桥梁纽带，有力维护了多边主义的稳定性和持续性。

---

① 《我国已与 147 个国家、32 个国际组织签署 200 多份共建"一带一路"合作文件》，载于《人民日报》2022 年 1 月 19 日。

5. 红利贡献

真正的多边主义是惠及全球所有国家和地区的多边主义，是酝酿全球经济发展机遇和释放发展红利的多边主义，中国不仅努力维护多边主义机制，搭建多边主义平台，而且分享多边主义红利，让多个国家和地区在参与多边主义中得到实实在在的好处。中国已发展成为世界第二大经济体、第一大货物贸易国、第一大外资吸收国，中国与多个国家和地区的经贸往来不仅提供了物美价廉、丰富多样的产品，让世界享受中国成本低廉、价格较低的红利，而且也为其他国家和地区的产品出口提供了广阔的市场，极大扩大了贸易空间，让世界享受了中国市场开放的红利。中国拥有世界上最大规模、最全门类、最完备部门的制造业体系，在稳定和畅通全球产业链、价值链中不断释放中国产业优势红利。据统计，中国经济总量占全球经济比重已经上升到 18% 以上，对全球经济增长的贡献率达 25% 左右，中国俨然已是全球经济增长的"发动机"。中国积极开展全球数字经济合作，与多个国家签署加强"数字丝绸之路"建设合作文件，中国在 5G 技术、人工智能、量子计算等诸多领域取得了科技创新的重要突破，中国科技进步的红利惠及世界各国人民。① 中国 8 亿多人口的脱贫为联合国千年发展目标中的减贫做出了 70% 的贡献，为发展中国家开展反贫困治理注入了动力。②

（二）中国维护多边主义、参与全球治理的应对

一个更加公正合理的全球治理体系需要真正的多边主义的共同参与和维护，需要反对一切单边主义和保护主义，反对任何形式的霸权主义和强权政治。中国在践行多边主义进程中从理念到行动的贡献，凝聚了中国应

---

① 刘兴华：《多边主义铺就全球治理和全球复苏之路》，载于《光明日报》2021 年 1 月 27 日。

② 《中国为全球减贫作出巨大贡献（国际论坛）》，载于《人民日报》2022 年 1 月 11 日。

对国际环境变化的智慧和应对全球风险未雨绸缪的长远眼光。中国的努力和呼吁需要有更多国家和地区的认可、共鸣和参与，要唤起追寻霸权主义、附庸"小团体主义"的国家和地区的觉醒。然而，全球多边主义进程中仍面临着重重障碍。俄乌冲突走向的不确定性以及带来的连锁反应正在持续发酵；全球新冠肺炎疫情的趋势仍不明朗；公共产品供给赤字不断加重；应对气候变化、难民危机、恐怖主义、贫困等全球问题的政策供给不足，各种潜在危机有扩大化的趋势，严重危及全球安全；西方大国大肆推行单边主义和小团体主义，严重破坏多边主义秩序，不遗余力地瓦解多边主义的团结，导致许多共识和协议难以落实推进，甚至试图在搅乱全球治理格局中打压中国等新兴发展中国家的力量，重建利益更加集中的全球治理秩序。这对中国维护多边主义参与全球治理提出了更高要求，也考验着中国智慧。

中国在《中华人民共和国国民经济和社会发展第十四个五年规划和2035 年远景目标纲要》中明确指出：坚持多边主义和共商共建共享原则，维护以联合国为核心的国际体系和以国际法为基础的国际秩序，共同应对全球性挑战。可见，维护和践行多边主义，推动构建人类命运共同体是中国外交未来将长期坚持的理念，重视提升大国之间的政治互信是我国获得稳定的国际环境的必然选择。面对着复杂的国际形势和多边主义进程中全球治理体系构建的重重困难，中国将始终充满信心，敢于应对挑战，主要从以下几个方面发挥中国应有的作用。

1. 树立负责任的大国形象，以"和合共生"的文化理念强化多边主义的认同感

中国五千年的文明沉淀着巨大的智慧，传统的礼仪之邦形成了和而不争的处世观，蕴含着深厚的仁爱、诚信、正义的价值理念。我国把中华优秀传统文化"和合共生"的理念精髓融入到全球跨文明合作中，主张各国尊重文明多样性①，以相互理解、相互包容解决国际争端，不谋求霸权地位，在全球经济交往中讲求和平共处、平等互利。虽然中国的综合国力增强大幅度提升了全球经济治理地位和话语权，但是中国并不会趁机行事、乘虚而入，而是在多年的经济往来中尊重包容他国、坚定维护经济全球化和自由贸易、尽己所能地帮助落后国家，逐渐树立了以和为善、以德服人的大国形象，逐渐走向全球经济治理中心是"水到渠成"。中国要继续树立负责任的大国形象，主张坚持对话协商，巧妙斡旋于不同国家之间，为解决地区和热点问题发挥建设性作用，为全球经济发展营造稳定的环境。中国要坚持重信守诺，以共商共建共享原则在双边和多边合作中持续释出诚意和善意。中国在推动全球经济合作中既要有魄力，充分表达自己的观点，并说服其他国家支持，又不能是单方面的"一言堂"，而是通过电话外交、网络外交、抗疫外交、援助外交等多种外交形式以文化人，以实实在在的行动消除其他国家对中国强大后的顾虑，在分享中国的红利中更加强化文明的纽带作用，通过无形的价值理念纽带把各国和地区紧紧联系在一起。

2. 推动国际组织机构朝着更加公平合理的方向改革，提升全球治理体系的代表性和包容性

改变广大发展中国家没能广泛参与国际货币基金组织、世界银行、世界贸易组织等国际重要的金融贸易组织机构机制设定的不平衡局面，冲破霸权主义、单边主义、保护主义设置的重重障碍，要加大国际组织机构改革力度，以权利平等、机会平等、规则平等为原则，推动全球金融、贸易和环境发展合作，推动国际组织机构切实反映国际格局的变化。② 首先，中国作为联合国常任理事国，要不遗余力地坚定维护以联合国为核心的国

---

① 阚天舒、闫姗姗：《全球治理要共同践行真正的多边主义》，载于《光明日报》2021年10月27日。

② 徐步：《推动全球治理体系朝着更加公平合理的方向发展》，载于《学习时报》2022年3月15日。

际体系，始终以联合国宪章宗旨和原则作为处理国际关系的基本准则。其次，呼吁和推动国际法治体系的健全与完善，把"主权平等""规则平等""机会平等"等价值理念和原则植入国际法治体系中，作为双边、区域、多边国际法律机制完善的重要准则，主张以国际法来解决国际争端，构建更能维护广大群体利益的国际秩序与机制。最后，作为120多个国家和地区的第一大贸易伙伴，中国应担当起推动全球经济治理变革的倡导者作用，以治理结构的变动和优化促进全球经济运行秩序的调整。鉴于美国等西方发达国家对中国的偏见以及对新兴发展中国家的抵触，单纯地要求G20、世界贸易组织等国际组织平台增加发展中国家的份额难度较大，中国应大力推动金砖国家等新兴发展中国家的平台扩容，成立类似于G7、可以和G7平等对话、有谈判力量的新兴市场国家合作组织，提升广大发展中国家的话语权，提升全球治理体系的代表性和包容性。

3. 增强多边治理机制的实效性，特别是发挥二十国集团和金砖国家治理平台的积极作用

践行多边主义不能停留在口头呼吁上，也不能仅落在价值理念上，而是应该体现在行动上，构建真正的多边主义的抓手和平台。中国要保持清醒的认识，把国际关注的焦点从利益纷争引入问题解决的层面，切实发挥联合国、国际货币基金组织、世界银行、世界贸易组织、G20、金砖国家、上海合作组织、亚太经合组织等多边治理机制的实效性，把抗击疫情、气候变化、经济复苏、全球安全、反恐、反腐败等议题引入磋商，以共同面临的问题和威胁倒逼形成合作的强力约束。特别要极力维护G20作为完善全球经济治理体系的首要平台作用，不断巩固和完善G20运行机制，利用G20优化政策协调，促进发达国家与发展中国家的平等对话，共同建设公平、开放、透明的投资贸易环境与市场，形成全球长效治理机制。中国要做金砖和"金砖＋"团结合作的黏合剂，努力提升金砖国家作为全球治理重要参与者的积极作用和影响力。加强金砖国家之间的宏观政策协调，促进货物和人员流动，在产业链、供应链畅通中发挥表率作用；加快金砖国家新工业革命伙伴关系建设，把握数字经济发展的前沿，提升整体创新力，共享新科技革命的好处；释放金砖国家整体强劲增长的潜力，发挥带动全球经济增长的"发动机"作用，形成对发达国家主动参与合作的引力，把金砖国家合作机制打造成"南南合作"和发展中国家联合自强的典范。

4. 推动"一带一路"多边化发展，成为国际公共物品供给和国际合作平台的"样板"

"一带一路"是中国构建人类命运共同体理念的生动体现和具体实践，但也被西方国家误解和歪曲，一方面，要消除西方国家对"一带一路"的疑虑和误会；另一方面，也要把"一带一路"打造成真正的多边主义实践的典范，让广大的国家和地区看到真正的多边主义是怎样的，切实体会到能从真正的多边主义中得到实实在在的利益。中国要推动"一带一路"多边化发展，从规则制定、组织管理、人员组成、项目合作、政策落实等各方面实现多边化、标准化和公开化。可以成立由多个国家和多个国际组织共同参与的组织架构，定期开展磋商、设定议题，公平分配话语权，强化"一带一路"作为国际公共产品的特性。中国要借助"一带一路"搭建多层次、多样化合作平台，如可以建立"一带一路"国际企业联盟、技术创新合作联盟、数字经济合作联盟、应对气候变化联盟、人才合作联盟等，使"一带一路"真正成为资源合理配置与优化的"调配器"。中国要推动"一带一路"与沿线国家或地区提出的区域性发展政策对接，提升政策的兼容性，扩展合作空间，如可以与哈萨克斯坦提出的"光明之路"、蒙古提出的"发展之路"、土耳其提出的"中间走廊"、越南提出的"两廊一圈"、东盟提出的互联互通总体规划、英国提出的"英格兰北方经济中心"等政策相协调。[①] 中国努力把"一带一路"打造成国际公共物品供给和国际合作平台的范例与"样板"，也是用事实证明真正的多边主义是可以实现的。

---

① 《中国行动：既说到做到又力求做好》，中国共产党新闻网，http://cpc.people.com.cn/n1/2018/0808/c419242 - 30216600.html，2018 年 8 月 8 日。

第七章
金砖国家新工业革命伙伴关系
合作进展与发展路径

一、新工业革命的本质与特点

（一）新工业革命发展浪潮

20 世纪 50 年代后，一系列重大的科学技术突破，尤其是信息传递技术突破，推动了新科技革命和新产业经济的发展，并直接导致了以美国为首的西方发达国家的经济结构调整和产业层次升级。除德国、日本等少数发达国家之外，大多数发达国家都出现了去工业化的现象，制造业在国民经济中的比重不断降低，而以金融等为代表的服务业比重则不断上升。

在去工业化的背景下，全球制造业中心开始从发达国家阵营向发展中国家转移，经济全球化、贸易自由化发展迅速，全球经济活力、创新速度也得到提升。然而，服务业主导下虚拟经济过分繁荣导致的经济结构失衡，也给发达国家埋下了隐患。2008 年美国次贷危机爆发，虚拟经济泡沫破裂，并迅速演变为一场席卷全球的国际金融危机。危机发生后的两年里，主要发达国家国民经济均出现负增长，而以中国和印度为首的发展中国家却依然保持强劲增长势头。危机促使全球各国重新认识工业化，特别是制造业发展的重要地位，积极探索以制造业与服务业一体化发展为主要特征的新产业体系构建。

德国"工业4.0"战略的提出正式拉开了新工业革命的序幕。之后，以美国、日本、韩国、英国等为首的发达国家，和以中国、印度等为首的发展中国家，也纷纷推出了相应的计划和战略，"智能制造"的发展浪潮席卷全球。下面将以发达国家代表美国、发展中国家代表中国以及传统制造强国德国为代表，一窥全球新工业革命发展浪潮。

美国方面。"二战"过后，美国迅速崛起并成为全球经济霸主，但其制造业产品的全球竞争力在进入21世纪后却出现了下降。这是第三次工业革命中美国去工业化的直接结果，也在2008年金融危机爆发后给美国的经济复苏造成了极大影响。2009年12月，美国总统执行办公室发布《重振美国制造业框架》；2011年6月，美国总统科技顾问委员会提出《先进制造伙伴计划》；2012年2月，美国国家科技委员会发布《先进制造业国家战略计划》。美国的再工业化和先进制造业发展行动全面启动。在新一轮的工业革命中，通用电气率先提出的工业互联网模式成为美国制造业战略的典型代表。2012年11月，通用电气发布《工业互联网：突破智慧和机器的界限》，推出了工业互联网的发展构想。工业互联网是新一代信息通信技术与工业经济深度融合的新模式和新业态，它以网络为基础、平台为中枢、数据为要素、安全为保障，将人、机、物、系统全面连接，构建起覆盖全产业链、全价值链的全新制造和服务体系，为工业乃至产业的数字化、网络化、智能化发展提供了实现途径。

德国方面。与其他西方发达国家不同，德国始终重视制造业发展，拥有世界一流的机器设备和装备制造业，但金融危机发生后，美国开始重振自身制造产业，亚洲国家也奋起直追，德国制造商的领先优势受到威胁。另外，新一代信息通信技术的发展催生了包括移动互联网、大数据、云计算等在内的一大批创新和应用，对制造业的生产和发展模式产生了深刻影响，而软件和互联网技术却是德国的相对弱项，严重削弱了德国在新工业时代的先发优势。如何解决上述两大难题，巩固自身制造业优势并抢夺国际制造业竞争制高点，成为德国政府的当务之急。2011年1月，德国产业—科学研究联盟通信促进小组提出将"工业4.0"纳进德国联邦政府"未来项目"；同年11月"工业4.0"作为德国政府的战略倡议被写入《高技术战略2020行动计划》。"工业4.0"战略包括两大部分：一是推动信息物理系统在制造业中的调度应用；二是销售信息物理系统技术和产品。该战略旨在将新一代信息技术与德国工业优势相结合，通过发展"智能生产"、打造"智能工厂"，实现生产中的机器协同、制造流程协同以及价值链协同。

中国方面。改革开放之后，尤其是加入世界贸易组织之后，我国从经济全球一体化中受益良多。不仅顺利从原先的农业大国转变为工业大国，更一举超越欧美国家成为世界第一制造业大国。然而金融危机发生后，全球制造业格局开始重新调整，国际贸易保护主义开始抬头。就我国而言，一方面，美国、德国、英国、日本等发达国家开始再工业化过程，对本国制造业的中高端升级造成战略挤压。另一方面，印度、越南等发展中国家依靠劳动力、资源等要素成本优势，加入争夺中低端制造业市场的行列，许多劳动密集型制造业产业开始向这些国家转移。此外，我国进入新常态发展阶段后，也迎来了产业结构升级、发展动力转换的关键时期。内外双重压力下，我国迫切需要推动新产业革命发展，加速自身制造业转型升级。2015年，政府出台了《中国制造业2025》《关于积极推进"互联网+"行动的指导意见》《国务院关于大力推进大众创业万众创新若干政策措施的意见》等一系列文件，智能制造、制造业服务化、"互联网+"、众创经济等开始广受关注，强化工业基础能力建设、提高创新能力建设、推进信息化与工业化深度融合、发展服务型制造和生产性服务业、提高制造业国际化发展水平等成为我国新工业革命浪潮的重点目标。

（二）新工业革命主要特征

1. 创新成为引领发展第一动力

在新技术革命和新产业革命的推动下，经济和产业发展范式发生了巨大的改变。从各国历史发展经验来看，在传统工业革命阶段，一国发展更多的是依托资源和生产要素禀赋，在发展范式上一般经历在充分发挥资源和生产要素优势的基础上，逐渐从产业链、价值链低端向中高端升级的过程。而到了新一轮工业革命阶段，颠覆性技术的涌现、新兴技术的群体性突破和协同应用，以及由此催生的新产业、新业态、新模式，都昭示着经济和产业发展范式的根本性变化。智能制造和个性化定制的发展，使得许多传统工业行业的规模经济优势变得不再明显。数字经济、平台经济的涌现，则对传统工业模式造成了巨大冲击。单纯依靠规模经济，想要实现在全球产业链和价值链争夺战中不落人后甚至胜出，难度很大。对后进国家而言，遵循其他国家的历史发展轨迹，依靠自然资源和劳动力资源优势实现工业化并最终实现现代化，也愈加困难。科技创新和技术进步成为新工业革命阶段产业链和价值链升级的主要动力来源。科技创新和技术进步一方面可以直接提升资源和要素的利用效率，另一方面可以帮助产业从低附加值的加工制造环节向高附加值的设计、研发、服务等环节延伸。此外，科技创新和技术进步所带来的物理世界和虚拟世界的一体化趋势也给发展中国家提供了一个跨越式发展的可能。

2. 制造业与服务业不断深度融合

当前，大数据、云计算、区块链、人工智能等新一代信息技术不断成熟，数字经济、平台经济等新兴经济蓬勃发展，生产领域和消费领域开始进入平台时代。与传统工业时代相比，新工业革命阶段，制造业和服务业深度融合发展成为现代产业发展的主流趋势，也是加快制造业与服务业向价值链高端提升的重要途径。就制造业而言，随着数据驱动、网络运用等向制造领域的渗透，其上游产业链从制造环节向技术研发、产品定制和成果转化等前端环节延伸，下游产业链则从制造环节向信息服务、智慧城市、电子商务等现代服务业发展。这种全产业链的发展模式有效打通并缩短了传统制造业下产品从研发设计到生产再到销售的环节和时间，极大提高了制造业效率、质量和附加值。而服务型企业在掌握了核心技术、核心业务之后，也倾向于利用自身在产业链高端的控制力和主导地位，凭借技术、管理、销售等渠道的优势，通过自建工厂、贴牌生产、连锁经营的方式嵌入制造业生产，实现全产业链上的增值。而制造业和服务业这种相互融合的趋势，也相应催生了一些新产业、新业态，推动社会总体从产品经济向服务经济转型。

3. 绿色发展成为重要战略任务

新工业革命阶段，除了由技术带来的要素构成、生产形式、产业组织形式变革之外，各国所面对的环境压力也发生了根本改变。从第一次工业革命开始，化石能源开始成为生产投入要素的重要构成。但化石能源的大量燃烧导致的温室气体排放，给大气环境和生态环境造成了极大的破坏。各国共处一个世界，人类只有一个地球。不管是从工业化国家发展经验来看，还是从当前气候灾害频发、生态环境恶化的现实形势来看，"先污染、后治理"的老路已经没法继续。新工业革命阶段下的发展的内涵，不只是技术进步和经济增长，还包括资源节约和环境友好。节能减排、绿色低碳已经成为全球共识，也成为新发展阶段各国技术攻关和产业发展的重要组成，包括但不仅限于：节能减排技术研发；可再生能源产品、清洁能源产品的开发和应用；对传统工业经济系统的绿色改造；发展环保、环境治理、循环利用等绿色环保产业等。从发展目标要求来看，新工业革命不仅仅指新一轮科技革命和产业革命，还包含了对社会生产和生活方式的深度绿色变革。

（三）新工业革命发展趋势

新工业革命不仅涵盖了新技术和新产业的重要突破，也包括了新业态和新模式的发展，是以新一代信息技术为主的多种技术融合发展所引发的要素投入、生产方式、组织形式和产业形态的系统性变革。

1. 信息、数据等无形资产将成为关键生产要素

新工业革命之前，人类经济活动中除劳动力之外的生产要素投入基本都来自自然资源，如资金、土地、矿产、能源等有形资本。自新工业革命开始，互联网成为重要载体，随着新技术的广泛和深入应用，信息、数据等非实物资产逐渐成为关键生产要素。一方面，信息、数据等作为独立要素进入到生产、流通、消费等各个经济领域和环节中；另一方面，信息、数据等新型生产要素具有很强的溢出效应和渗透效应，同其他传统生产要素融合后，可以有效提升传统生产要素的边际产出，提高传统要素的利用效率。信息、数据等无形资产作为新型生产要素，开始逐渐超越、取代有形资产，成为新工业革命中的基础性和战略性资源及竞争资源。信息和数据挖掘、收集和处理的及时、准确及完整，开发利用的深度和广度，流转的速度和效率等，对经济主体的核心竞争力提升至关重要。

2. 智能化、个性化生产将成为主要生产方式

之前几次工业革命中，技术主要是借助机器的使用，实现对人类体力劳动的替代，进而提高劳动生产效率。由于个性化定制涉及对产品设计和生产流程的调整，成本相对高昂，推广应用潜力有限，所以实际中还是以规模化生产和标准化生产为主，柔性化、个性化程度相对较低。进入新工业革命阶段，得益于新技术的发展和应用，在海量数据中自动挖掘和收集有用信息，并将其加工转化成新的知识资本，从而实现对人类智力劳动进行替代成为可能，数字化生产、智能化生产成为生产方式发展的主要趋势。同时，基于智能制造和工业互联网的可重构生产系统令进一步低成本定制得以实现，随着可重构生产系统逐渐取代刚性生产系统，传统规模化、标准化的生产方式逐渐向分散式、个性化生产方式转型。

3. 网络化、协同化将成为主流组织模式

生产方式的变迁必然带来企业组织形态和产业组织模式的改变。第二次工业革命后，大规模标准化生产方式成为主导，规模经济和成本竞争对于企业和产业发展具有重要影响。与此相适应，垂直一体化的现代企业组织，以及以大企业为主导的垂直一体化的供应链模式，占据优势地位。新工业革命中，在各类新技术的支持下，人、机器和资源之间的智能互联极大促进了包括企业内部、企业之间、供应链之间在内的不同主体之间信息交互和协作能力的提升。扁平化、网络化的企业组织结构，由于可以更好地提高沟通和决策的效率，增强组织的反应能力和协调能力，提升企业综合竞争力，日益成为主导。而基于互联网的企业网络极大突破了时空限制，有效减少了企业之间的交易环节和交易费用，使得能够更好提升生产组织的灵活性，匹配市场需求的模块化、网络化的产业组织模式成为趋势。在此过程里，竞争理念和竞争方式也相应发生了改变。传统的零和博弈思想开始被基于共享价值的竞争与合作替代，原先个体间、供应链和价值链间的竞争也逐渐转变为生态圈间的竞争。

4. 产业形态模式创新将发挥关键引领作用

此前几轮工业革命中，产业基本遵循技术引领型的发展模式，即新的技术突破形成新的产业领域，并主导产业的发展和改革。新一轮工业革命中，产业形态模式创新对产业发展和改革的引领作用更为突出。在新技术和新产业外，技术整合、产业链整合推动的新业态和新模式成为产业革命的核心和主导。随着新一代信息技术的发展，工业互联网成为工业发展的重要趋势，传统产业不断加快向智能化和网络化发展转型，服务业发展迈入大数据时代。而在新技术基础上展开的产业融合，孕育出的诸如共享经济、数字经济等新模式，形成了更加高效的生产范式和更为互动、开放、协同的发展模式，有效刺激了全球经济增长。在经过了之前几轮的发展之后，由技术前沿领域直接推动的产业发展空间不断下降，前沿技术创新不

再是决定产业竞争优势的主要来源。以新技术为支撑的新业态和新模式，具有广泛的市场发展空间和较强的市场竞争力，是产业发展和改革的重要方向，也是经济增长的新动能所在。

二、新工业革命伙伴关系的内涵与要求

（一）新工业革命伙伴关系概念解析

新工业革命伙伴关系是习近平主席基于新工业革命，在原有金砖国家合作机制基础上的深化和发展，是以共同发展为目标，以合作共赢为核心，意在推动金砖国家及其他新兴市场国家和发展中国家抓住时代机遇、实现更好发展的新型合作机制。

1. 新工业革命是重要时代背景

新工业革命伙伴关系是在新科技革命和新产业革命时代背景下发展的新型合作机制，特殊的时代背景给了新工业革命伙伴关系成员国不一样的机遇和挑战。机遇方面。首先，新工业革命为金砖国家带来巨大发展潜力。新一轮科技革命和工业革命催生了"互联网＋"、智能制造、数字经济、分享经济、平台经济等新技术、新产业、新业态和新模式，这其中蕴含着巨大的商机，也创造了巨大的需求，对于金砖国家而言这是一片巨大的蓝海市场。其次，新工业革命为金砖国家提供"弯道超车"的可能。与以往工业革命率先发生于发达国家不同，金砖国家在抓住新一轮科技革命和工业革命机会上并未出现明显后发劣势，在一些领域（如5G、电子支付等方面）甚至已经处于领先地位，给金砖国家的进一步发展争取了宝贵的空间。挑战方面。首先，新一轮工业革命加剧了全球战略资源竞争。新工业革命下，颠覆性技术层出不穷，科技成果转化速度明显加快，产业组织

形式和产业链条垄断特征更加明显，为了抢占领先地位，各国对于资金、人才、技术等创新资源的竞争逐渐白热化。与发达国家相比，发展中国家在创新资源争夺中处于相对劣势。其次，新一轮工业革命中，发达国家给金砖国家制造了更多的障碍。第三次工业革命中，发达国家将一些低端制造业转移到发展中国家，为发展中国家的经济和科技创新发展提供了有力的帮助。进入新工业革命阶段，为了复苏自身经济、巩固自身优势，发达国家一方面开始"工业回流"，另一方面对发展中国家开展了不同程度的经济、技术封锁，金砖国家发展所面临的外部不稳定性因素明显上升。

2. 高质量发展是根本发展目标

新工业革命伙伴关系的重要特点之一就是对共同发展目标的调整。上一个阶段金砖国家合作机制开启时，各成员国的经济发展水平仍然处于较低水平，对于各国而言，当务之急在于借助金砖国家合作机制推动自身和其他国家的经贸合作与投资发展。机制实施期间，金砖国家合作内容和机制也随经济社会形势的变化而发展调整，但从实际合作的重点和效果来看，成员国的根本诉求没有发生太大改变。经过十多年的发展之后，面对百年未有的变局和新一轮工业革命的重要机遇，金砖国家在发展共识上出现了一些新变化。习近平主席出席金砖国家领导人第十一次会晤时，发表题为《携手努力共谱合作新篇章》的重要讲话，强调金砖国家"应该把握改革创新的时代机遇，深入推进金砖国家新工业革命伙伴关系，在贸易和投资、数字经济、互联互通等领域不断打造合作成果，助力五国经济发展，努力实现高质量发展"。[①] 在金砖国家合作的下一个、下下一个十年里，金砖国家的根本目标不仅仅是实现发展，而是要实现高质量发展，即抓住新工业革命机遇，通过新工业革命伙伴关系，发挥彼此的互补优势，实现资源的有效整合，在深化传统合作的基础上，推动"四新经济"发展

---

① 《习近平：携手努力共谱合作新篇章》，中国青年报，http://baijiahao.baidu.com/s？id=165043978590621&wfr=spider&for=pc，2019 年 11 月 17 日。

合作，实现产业结构、产业链和价值链的高端升级。

3. 国际话语权提升是坚实保障

与原有金砖国家合作机制相比，新工业革命伙伴关系构建的主要特点之一在于起点的不同。首先，金砖国家经济实力持续提升，已经成为全球经济增长的主要引擎。金砖国家合作机制成员国虽然都为发展中国家，但都是各个地区经济发展的"领头羊"。2006～2016 年，金砖五国经济总量全球占比从 12% 提升至 23%，对外投资比重从 7% 上升到 12%，对世界经济增长的贡献率超过了 50%。① 这两年受新冠肺炎疫情影响，各成员国经济增速出现下滑，但 2020 年金砖五国经济总量全球占比仍然达到了 25%，超过了欧盟 27 国之和，与美国相当。其次，金砖国家在全球治理中的话语权和地位得到明显提升。一直以来，国际治理规则和体系都由发达国家主导，金砖成员国在此前很长一段时间中都只是规则的接受者和治理实践的参与者。在金砖国家合作机制的推动下，金砖国家在全球经济治理、全球环境治理中的角色也发生了明显变化，逐渐从参与者向引领者转变，从接受者向制定者发展。截至 2021 年 7 月，金砖五国在世界银行的投票权占到了 13.46%，在国际货币基金组织的份额占到了 14.82%，② 人民币更是加入了特别提款权货币篮子，成为新 SDR 五种货币中的一种。此外，近几年发达国家在全球治理中不进反退，而以中国为代表的金砖国家则在维护国际经济政治秩序中日益发挥积极作用。这些都进一步提升了金砖国家在全球治理中的话语权，为新工业革命伙伴关系的构建和发展提供了坚实的保障。

---

① 《金色十年，五国经济引领世界发展》，光明网，https：//theory.gmw.cn/2017 – 09/04/content_26001271.htm，2017 年 9 月 4 日。

② 中华人民共和国外交部：《金砖国家》，外交部官网，https：//www.fmprc.gov.cn/web/gjhdq_676201/gjhdqzz_681964/jzgj_682158/jbqk_682160/，2022 年 6 月。

（二）新工业革命伙伴关系重要内涵

新工业革命伙伴关系是建立在金砖国家既往合作基础上的，面向新阶段、新形势的一种国际多边合作形式。它以技术创新为引领，以产业变革和经济增长为主体，以夯实合作为基础，以包容共赢为保障，通过提升科技创新水平，建立现代产业体系等手段，充分释放金砖国家发展潜能，满足合作国家不同发展目标，成为世界经济增长的重要引擎。

1. 强化区域安全合作，有力推动建立公平合理国际新秩序

近年来，全球化和全球治理体系遭遇"冷战"以来最大的冲击和挑战。美国总统特朗普上任后，高举"美国优先"大旗，肆意退出《巴黎协定》《跨太平洋伙伴关系协定》《伊朗核协议》等国际条约。在美国的影响下，全球范围内保护主义、民粹主义明显抬头，全球治理出现"失序""失衡"特征。面对错综复杂的全球治理形势，金砖各国在区域安全上面临前所未有的挑战。外部来看，西方各国为了巩固自身在国际事务中的垄断地位，一方面运用政治、经济、外交等手段联手遏制金砖国家发展势头，另一方面采取"打拉结合"的手段不断干扰分化金砖国家合作。内部来看，金砖国家合作机制成员国之间由于政体国情不一样，利益诉求不尽相同，也存在摩擦和碰撞。新工业革命伙伴关系的重要内涵之一，就是充分发挥金砖国家责任大国作用，突破西方大国单边主义和强权政治的局限和影响，以多边主义为原则，通过深入交流意见、协调立场，携手应对国防安全、军事安全等传统安全问题和气候变化、粮食安全、疾病防控、能源安全等非传统安全问题，推动建立公平合理的国际新秩序和公平高效的全球治理体系。在维护国际安全稳定、构建世界多极发展格局的同时，满足金砖国家自身融入全球产业链和供应链、实现安全稳定发展的需要。

2. 扩大经贸金融合作，扎实推动金砖国家经济发展转型升级

经济是凝聚"金砖"的首要因素，经贸合作也一直是金砖国家合作的

"压舱石"和"推进器"。金砖国家合作机制建立至今十多年，金砖国家在内外多重压力之下，仍然在经贸金融合作领域取得了诸多亮点。在金砖国家合作的第一个"黄金十年"（2006～2016年）里，金砖五国经济总量增长179%，贸易总额增长94%。[①] 但总体上，金砖国家的经贸金融合作还是相对集中在传统贸易和投资项目方面，以及围绕传统贸易和投资项目展开的货币合作、投融资合作等。就中长期来看，一方面，随着大数据、云计算、智能制造等新技术在全球范围内的推广和应用，新技术、新产业、新业态、新模式"四新经济"将成为经济发展新引擎、产业发展新方向。另一方面，在新冠肺炎疫情起伏不定、全球经济复苏乏力以及"逆全球化"等不利因素影响下，金砖国家经济社会发展面临巨大考验。新工业革命伙伴关系最为关键的，就是在已有的成就和基础上继续拓展，走深、做实经贸金融合作，以更好地适应发展新阶段和发展新要求，包括继续深化内部合作，在基础设施、产业贸易、服务贸易、物流体系、对外投资等传统领域，实现更广范围的"促发展、惠企业、利民生"；开展智能制造相关交流与合作，推动互联网、人工智能等新技术与传统产业的融合发展；把握时代机遇，启动在电子商务、数字经济、平台经济、互联互通等新兴领域的交流和合作；积极开展多边合作，主动参与国际规则制定，推动全球经济治理提升等。

3. 深化科技创新合作，有效推动金砖国家实现跨越式发展

当前，新科技革命和新产业革命方兴未艾，科技创新成为经济增长主要动力来源，对全球政治经济格局重塑产生了重要影响。金砖国家是引领发展中国家科技创新发展的主要群体，就科技创新合作形成了广泛共识，也形成了一定的机制性保障，取得了一定的成效。截至2021年，金砖国家科技创新合作主要集中在材料、工程、信息和生命四大领域，主要以项目

---

① 《热解读｜习近平为何称金砖国家是"一支不可忽视的重要力量"》，央视网，https：// baijiahao. baidu. com/s？id＝1710514967012332450&wfr＝spider&for＝pc，2021年9月10日。

和资金资助的形式展开。但从科技合作产出情况来看，金砖国家尚未形成紧密的研究合作伙伴关系，科技创新研究潜力释放有限。在全球治理体系发生深刻变革、全球经济发展格局调整重建，以及各种不确定性因素、不利因素不断显现的当下，加强科技创新合作，不仅有利于促进科技成果共享，打造开放、包容、普惠、平衡、共赢的全球发展格局，而且有利于提高金砖国家参与全球治理的能力和话语权，帮助金砖国家实现跨越式发展。从长远发展来看，金砖国家应该抓住发展中国家实现弯道超车的历史机遇，夯实科技创新合作基础，拓展并深化在通信设备、交通运输、生物技术、新兴产业、能源安全、粮食安全、防灾减灾等领域的科技创新交流和合作，围绕共性问题、关键问题制定重点合作清单和长期合作计划，共同推动科技创新发展、培育经济发展新动能。这也是构建新工业革命伙伴关系、筑牢新工业革命关系的必然要求。

4. 加快绿色低碳合作，共同促进人类社会可持续发展

工业革命带来了生产力的飞速提升，也导致了严峻的资源环境问题。随着工业革命的发展，全球生态环境日益恶化，给人类的生存和发展埋下了严重隐患。从 20 世纪开始，环境治理就已成为全球治理的重要构成，受到各方广泛关注。然而近年来，单边主义、保护主义的抬头对全球气候治理造成了严重打击，全球范围内的气候灾害和新冠肺炎疫情更是对全球环境治理造成了二次冲击。新工业阶段，重建全球气候治理秩序和框架、加快全球气候治理步伐已是必然，绿色低碳将成为对各国经济社会发展的根本要求。2022 年，金砖国家人口总计 31.6 亿，约占到全球人口总数的42%。① 就金砖国家而言，绿色低碳发展更是重中之重。一方面，环境治理极可能成为发达国家用以打压发展中国家的政治工具；另一方面，大量的污染排放直接影响本国群众的身心健康和生活质量。与此同时，绿色低

---

① 《驻印度大使孙卫东在"加强金砖合作、共促全球发展"座谈会上的主旨讲话和总结发言》，外交部网站，https://www.mfa.gov.cn/web/wjdt_674879/zwbd_674895/202207/t20220704_10715125.shtml，2022 年 7 月 4 日。

碳循环产业具有广阔前景，可能在全球带动几十万亿甚至上百万亿美元的投资和市场。不论从哪个角度来看，绿色低碳合作都是新工业革命关系的重要内涵之一。金砖国家应当从污染防治和低碳发展两个维度，围绕产业链、供应链绿色转型升级，一是在普及绿色发展理念、制定绿色相关政策、推广绿色相关技术、培养绿色相关人才等方面展开交流与合作；二是针对绿色产品、绿色服务等方面制定完备标准，推动绿色市场体系发展。

（三）新工业革命伙伴关系根本要求

1. 坚持开放包容、互相尊重

新工业革命伙伴关系成员国不仅在资源禀赋、经济结构、产业优势和发展水平上具有较大差异，在政治制度、文化传统、价值观念等方面更是存在明显不同。良好的新工业革命伙伴关系，必须坚持开放包容的发展理念。既要相互尊重，尊重不同的文化传统、宗教信仰和制度模式，尊重各个国家和地区人民自己所选择的发展方式与道路，不以强权干涉别国内政或强行输出自身价值观，更要开放发展，以共同利益为根基，以互利共赢为目标，构建广泛的利益共同体，从政策、技术、资金、产业等多个维度推动共商共建共享，实现深度融合，促进共同发展。此外，还要平等对待，不论是大国还是小国，是强国还是弱国，在相处、交流与合作中，都应当一视同仁，不搞"小团体"，不搞封闭排外。

2. 坚持公平正义、遵规守信

近年来虽然出现了一些不合群的声音，但整体上经济全球化趋势不可阻挡。在全球化的背景下，国与国之间、地区与地区之间的联系将变得更加紧密、频繁和复杂。以气候变暖、环境污染为典型代表的一些全球性问题上，单靠一国或一个地区的能力无法得到有效解决，只有依靠世界各国的共同和有效参与。而地区发展的不平衡、不充分问题，国家之间的竞争和对抗问题，以及各国在实现自身发展过程中对稳定外部环境的需求等，都需要良好国际规则和秩序的支持。新工业革命伙伴关系作为一种多边机制，成员对制度和规则的有效遵守，是其良好运行的重要保障。金砖国家在彼此核心利益问题上应当相互支持，反对恃强凌弱、唯我独尊，共同维护主权、安全、发展利益，在问题协商和合作沟通时，应当以《联合国宪章》为基本准则，通过相应的制度和规则进行协调和规范，共同维护以联合国为核心的国际体系、以国际法为基础的国际秩序。

3. 坚持互利共赢、协商合作

新工业革命伙伴关系的最终目标是实现金砖国家的合作共赢，但合作共赢不是平均主义。就金砖国家内部而言，各国禀赋优势各异、结构基础不同、科技实力悬殊、发展战略多元。在通过新工业革命伙伴关系谋求新发展的过程中，可以做到机会平等、过程平等，但很难实现收益均等，因此这一过程中，不可避免地会出现各类问题和摩擦。构建和维持良好新工业革命伙伴关系，首先应当明确最终发展目标，放弃零和博弈、赢者通吃思想，以互利共赢为目标，提倡公平、公正竞争，追求共同发展，实现共同惠利。其次，应当从相对收益的角度评价各类合作前景和合作成效，拒绝平均主义、自私自利的狭隘思想和政策。最后，应当尊重和包容差异，坚持通过协商对话的方式解决分歧，拒绝对抗拆台，不搞贸易战、科技战等封锁冲突。

4. 坚持务实创新、与时俱进

当前全球正面临百年未有之大变局。一方面，颠覆性技术不断涌现，生产和生活方式相应发生剧烈改变；另一方面，保护主义、民粹主义明显抬头，新冠肺炎疫情起伏不断，国际不稳定因素明显增多，全球政治经济格局正在调整重塑，而金砖国家内部也由于各自所处发展阶段、经济政治形式等因素影响，出现了一些新的变化。新工业革命伙伴关系必须坚持务实创新、与时俱进，根据形势发展和现实需要，在共识基础上调整完善合作内容和方式。从中长期来看，应当立足世界格局变化，着眼应对新科技革命和新产业革命挑战需要，扎实推进科技创新、经贸投资、环境治理、绿色低碳等方面的协商合作，推动金砖国家实现高质量发展。短期来看，应当坚定信念、加强团结，加强公共卫生、疫苗医药等方面的交流合作，共同抗击新冠肺炎疫情。

三、金砖国家构建新工业革命伙伴关系的现实基础

从 2002 年金砖三国开始寻求、谋划合作，到 2009 年金砖四国首次发表联合声明，再到 2018 年金砖国家新工业革命伙伴关系的提出，金砖国家围绕经济、科技、文卫等诸多领域开展了系列的探索、交流与合作，并取得了良好的成效。这一过程中形成的伙伴关系和金砖精神，与目前金砖国家拥有的良好发展基础以及迫切的战略协同需要一起，构成了金砖国家新工业革命伙伴关系的坚实基础。

（一）金砖国家形成共同利益关系

金砖国家合作启动以来，金砖国家致力于促进经济发展、人民富裕和民族振兴，在经贸、财金、科技、文化、教育、卫生等方面开展了丰富的、多层次的交流合作。随着金砖国家合作逐渐从共识走向实践、从愿景转化为现实，金砖国家在全球治理体系中的地位不断提升，已经成为世界经济和政治格局调整的重要力量。在这一过程中，金砖国家逐渐建立起一种相互尊重、平等相待的战略伙伴关系，形成了独特的开放、包容、合作、共赢的金砖精神，利益共同体、命运共同体关系越发强烈。一方面，随着金砖国家合作的拓展和深化，金砖国家在经贸、金融、货币、科技、粮食安全等传统领域的利益纽带日益牢固。另一方面，随着防疫、反恐、气候变化、信息安全、网络安全等非传统领域问题的不断发展和演变，金砖国家的共同利益诉求不断增多。同时，金砖国家间密切机制性战略交流

和沟通也使得各自的政治安全利益交叉重叠面扩展，安全共同体意识进一步增强。此外，金砖国家作为一个新兴市场国家群体，其战略意义远超五国范畴。金砖国家合作是当今世界唯一具有全球影响力的南南合作机制，在全球治理和世界经济转型中承担着为发展中国家和新兴市场国家发声并争取合法权益的重要作用，金砖国家的共同利益关系凝结远比眼见的深厚。这些都为新工业革命伙伴关系的构建提供了扎根的土壤。

（二）金砖国家拥有良好发展基础

金砖国家囊括了全球最大的五个新兴市场国家，是新兴经济体和发展中国家崛起的杰出代表。金砖国家国土面积占全球的比重接近30%，人口占比超过40%，拥有丰富的矿产资源，许多重要矿产资源储量和产量位居世界前列。在金砖国家合作的这些年中，金砖国家发展势头迅猛。经贸方面，金砖国家经济总量全球占比翻番，对全球经济增长的贡献率超过50%，对全球减贫的贡献率达到近80%，[①] 成为全球经济增长的重要引擎。科技创新方面，中国科学技术交流中心出版的《金砖国家综合创新竞争力发展报告（2020 年）》研究显示，金砖国家年研发投入全球占比超过16.6%，高技术产品出口额全球占比超过25%，科技期刊论文发表数量全球占比超过25%，科技创新竞争力持续增强，国际影响力日益提高。随着综合实力和国际影响力的持续增长，金砖国家已经从诞生时期的国际金融危机的应对者发展成为现在的国际新秩序的积极塑造者，在国际体系变革和世界秩序发展走向中发挥着十分重要的作用。巨大的人口基数、丰富的自然资源、广阔的市场前景、良好的产业和创新条件，以及在全球事务中不断提升的代表权和话语权，为新工业革命伙伴关系的构建提供了坚实的基础，也标志着金砖国家合作进入了一个新的发展阶段。

---

① 陈凤英：《全球治理视角下的金砖国家合作机制化趋势》，载于《当代世界》2021 年第10 期。

（三）金砖国家面临共同机遇挑战

近年来，金砖国家的外部环境和内部条件发生重大改变。国际金融危机后，世界经济一直面临复苏乏力的情况，困扰各国经济增长的结构性问题迟迟未能解决。反全球化和逆全球化风潮涌动，观念冲突和对立、政治分化和对抗加剧，社会不稳定因素增加。新冠肺炎疫情持续蔓延导致的全球供应链中断、消费下降、失业增加等后果，又进一步加剧了国际环境的不确定性和不稳定性。而金砖国家内部，人口和环境制约因素逐渐显现，经济结构调整和转型压力不断增大。各国普遍面临基础设施落后、外贸需求疲软、经济增长放缓、贫富差距扩大、地区发展差异明显等共同问题。在世界多极化和经济全球化趋势发展背景下，金砖国家面临的内外部挑战，为深化相互之间的合作关系提供了现实基础，同时也使得金砖国家的合作具备了战略关联性和可能性。面对新形势、新目标和新任务，金砖国家迫切需要寻求新的发展生机、发展动力和发展平台，解决自身经济发展动能和效能问题，避免落入中等收入陷阱。这种情形下，抓住新一轮科技革命和产业革命机会，构建金砖国家新工业革命伙伴关系，强化金砖国家之间、推动金砖国家和其他国家之间的战略对接和政策协调，寻求在产业、科技和人才等方面的更深层次合作，实现共同利益也就成为必然。

四、金砖国家构建新工业革命伙伴关系的挑战与路径

新工业革命伙伴关系的提出意味着金砖国家在应对全球治理问题、抗击新冠肺炎疫情、促进经贸金融发展、推动科技创新发展等各领域的交流和合作进入深化阶段。金砖国家在上一个"黄金十年"中所取得的发展成就，和在全球治理事务中所表现出的责任担当和有力推动，赢得了国际社会的广泛关注和正面肯定。作为金砖国家合作机制在新工业革命阶段的延续和

深化，新工业革命伙伴关系的构建具有良好的基础和起点，但也面临着一些困难和阻碍。金砖国家构建新工业革命伙伴关系，应当增进战略沟通和政治互信，坚持务实创新、合作共赢，对接发展政策、发挥互补优势，不断深化战略伙伴关系，推动金砖国家合作取得更多务实成果和更好发展。

（一）新工业革命伙伴关系构建的主要障碍

1. 外部压力不断增大

发达国家和发展中国家一直分属两个阵营，处于比较强的竞争关系中。在新工业革命之前，发展中国家对于发达国家而言，更多的是代工厂和海外市场的概念。发达国家对发展中国家的态度和政策整体相对友好，极大助推了发展中国家的经济发展和经济全球化趋势的加强。2008年金融危机之后，一边是发达国家经济复苏乏力，另一边是发展中国家的迅速崛起。为了巩固自身的优势和垄断地位，发达国家阵营开始收紧对发展中国家的政策，甚至拉拢发达国家盟友，对金砖国家（尤其是中国）展开战略围堵。而发达国家一直以来在经济、军事、科技等方面都处于世界领先地位，在国际权利结构中具有相对优势，并且发达国家在国际制度、国际组织和国际规则制定中一直处于主导地位，在一些领域甚至具有一票否决权。发达国家对发展中国家态度的转变和政策的收紧，对发展中国家经济社会的发展造成了直接、显著的不利影响，给发展中国家的发展前景带来了极大的不确定性。可以预见，随着新工业革命的发展和金砖国家经济的不断发展，金砖国家面临的来自西方世界的外部竞争压力将不断加大。

2. 经济发展面临考验

综合经济实力是新工业革命伙伴关系长期稳定发展的重要基础。2008年国际金融危机过后，金砖国家经济取得了非常亮眼的表现。但随着西方发达国家"再工业化"进程的推进、贸易保护主义的抬头，以及金砖国家

自身要素优势的削弱，金砖国家经济也出现了减速和疲软的迹象。特别是
2020 年新冠肺炎疫情在全球蔓延并扩散之后，全球贸易活动、要素流动、
物流交通等受到剧烈冲击，包括金砖国家在内的各国经济都出现了显著的
下滑和萎缩。而金砖国家又多处在全球产业链和价值链的低端，抗风险能
力天然比较弱，疫情冲击给经济社会发展带来的不利影响更大。如何从
短、中、长期破解金砖国家经济发展难点、痛点，是构建新工业革命伙伴
关系必须考虑和解决的问题之一。

3. 政治互信基础不牢

新工业革命伙伴关系能否从理论走向现实，取决于成员国彼此之间能
否做到相互尊重、相互信任。没有坚实的政治互信做基础，金砖国家在各
个领域的交流与合作都很难深入展开和取得实质性成效。金融危机后的几
年里，金砖国家基于拉动贸易、促进投资等多个方面的共同目标开展合
作。在第一个"黄金十年"中，成员国们在政治、经济、人文等方面的合
作不断深化，取得了良好的成果。但是随着合作的深入，金砖国家内外部
形势逐渐发生变化，给金砖国家的政治互信带来了不利影响。从外部来
看，发达国家为了消除发展中国家对其垄断地位的威胁，除了上面提到的
遏制政策之外，还采取了分化金砖国家的手段。例如，美国一方面联合盟
友对中国和俄罗斯采取围堵、打压政策，另一方面则极力拉拢印度，不断
加强与印度之间的军事、政治和经济合作。特别是军事方面，不但向印度
出口武器设备和军事技术，还建立了一系列的军事合作机制。这无疑对金
砖国家之间的政治互信造成了直接影响，不利于金砖国家的合作开展。从
内部来看，金砖国家虽然在争取国际话语权、促进彼此之间经贸金融往来
等方面存在合作共识和共同利益，但在争夺全球市场、吸引国际投资、抢
夺资源要素等方面又存在不可避免的竞争和矛盾，更不用说成员国之间由
来已久的地缘冲突和领土争端。而近年来，随着中国综合实力的飞速提
高，个别国家对华的排斥和疑惧情绪也随之上升。这些不和谐的声音，都
可能造成金砖国家之间的信任危机甚至政治冲突。

4. 理念分歧客观存在

新工业革命伙伴关系构建中，金砖国家虽然对于要进一步深化经济、政治、科技、文化等领域交流合作达成共识，但在如何开展合作、要合作到什么地步等具体内容和细节方面存在理念和主张的分歧。例如，在对待全球气候治理问题上，金砖国家都加入了《巴黎协定》，表示愿意携手各国共同合作以应对全球气候变暖问题，但金砖各国对于气候变化与经济发展之间关系的认识却不太一致。以中国为首的部分国家认为气候变化事关人类生存和可持续发展，不应该将气候治理置于经济发展等其他事物之后。而以巴西和印度为首的部分国家则认为，不应该因为气候变化及环境治理影响一国发展。又如，随着计算机网络技术的飞速发展和互联网的广泛普及，网络安全成为政府工作的重要事项。但在一国政府可以在何种程度上对网络安全进行管理问题上，各国意见不一。部分成员国认为，网络安全事关国家安全，可以在一定程度上对公民的网络行为进行约束和限制，而其他成员国则认为，公民享有网络自由的权利，不能对其网络行为加以限制。这些理念主张的分歧和差异一是源于各国文化、价值等内在的不同，二是源于经济社会发展所处阶段不同，对于经济发展、资源保护和环境治理目标的侧重点不一致，但都对新工业革命伙伴关系的实际运行产生了直接影响。

（二）新工业革命伙伴关系构建的重点路径

1. 支持捍卫多边主义

全球化治理和全球化发展是保障金砖国家实现长期稳定发展的重要外部环境支撑，任何向单边主义和贸易保护主义靠拢的做法都无异于自绝后路。金砖国家应当带头捍卫多边主义，坚定支持《联合国宪章》宗旨和原则，维护以联合国为核心的国际体系，以国际法为基础的国际秩序，以及以世界贸易组织为代表的多边贸易体系，维护新兴市场和发展中国家的发展利益和空间。金砖国家应当积极践行多边主义，在维护国际公平正义基础上开展竞争与合作，包括积极推动金砖国家之间、金砖国家与其他新兴市场和发展中国家之间的竞争与合作，以及金砖国家作为一个整体与发达国家之间的竞争与合作，提升金砖国家自身发展水平、发展的独立性和自主性，在把握新工业革命发展机遇中实现"弯道超车"。金砖国家应当积极参与全球治理事务、承担国际责任和义务，加强对技术落后国家、不发达国家的产业、技术和医疗援助，让金砖国家合作红利惠及更多群体。金砖国家应当加强和改革多边主义，坚持共商共建共享，反对搞霸权、霸凌、零和博弈，使全球治理更具包容性、代表性和参与性，符合所有人利益。

2. 加强政策沟通协调

作为由五个经济、文化、政治等各方面存在较大差异的发展中国家构成的国际多边组织，良好的政策沟通协调是打破政策壁垒、解决成员国分歧、推动成员国合作、保障新工业革命伙伴关系良好运行的根本。金砖国家应当联手加强沟通协调平台建设，通过成立金砖国家新工业革命伙伴关系联席会议制度或部长级会议制度，定期举办金砖国家新工业革命会议、论坛和展览等，共同探讨产业发展、技术趋势、人才培养、政策协调等重要事项。金砖国家应当进一步加强在经济、产业、贸易、金融、投资、创新等宏观层面的政策沟通协作，提高财政政策、货币政策和结构性改革等政策工具的有效性、前瞻性和公开透明程度，营造有利于金砖国家结构性变革的政策环境。金砖国家应当进一步加强在市场准入、标准制定、项目对接、银行融资等重点领域的标准化协调与合作，推动实现从技术到项目再到产业的顺利对接，有效提高高质量供给、扩大总需求，进而促进金砖国家的对外贸易发展和高质量发展转型。金砖国家应当加强知识产权保护协作，共同营造良好的创新发展环境和氛围，推动创新成果的应用、分享和改善，充分激发金砖国家整体创新动力和活力。

3. 推动开放创新增长

经济合作是金砖国家的压舱石，解决金砖国家内部矛盾、提高金砖国家凝聚力的关键抓手就是以产业发展为重要载体，通过开放创新实现金砖国家在经济发展上的互利共赢。金砖国家应当统筹谋划、积极布局，依托数字金砖、创新中心、工业和科技园区等项目和平台，着眼新一轮科技革命和产业革命的核心领域、关键领域和前沿领域，深化彼此在产业创新上的合作和交流，打造金砖国家产业创新合作网络，解决经济发展动能和转型升级难题。金砖国家应当立足各国工业基础，推动互联网技术与传统产业融合发展相关先进经验分享、技术交流和创新合作，加快智能制造发展，抱团向产业链、价值链高端转型升级。金砖国家应当立足现有科技创新领先成果，深挖各国在 5G 通信、大数据、区块链、人工智能等新一代信息技术领域的潜力，深化各国在数字、新能源、新材料、海洋、太空等高新技术领域的产业合作，打造经济增长新引擎。金砖国家应当继续加强在能源安全、互联互通、公共卫生等领域的创新合作，不断开拓新的产业部门，提升科技创新服务各国民生发展的水平。

4. 促进资源互惠共享

金砖国家资源禀赋、产业结构和科技水平具有明显差异，不同国家在要素、产业和技术上各有所长。例如，中国具有相对完备的产业体系和较为先进的 5G 技术；俄罗斯在核电、军工产业及航天航空技术方面位居世界前列；印度具有强大的人口优势和较先进的 IT 技术；巴西具有得天独厚的自然条件，农业生产和农业技术发达；南非则矿产资源丰富，采矿技术成熟先进。在融入全球产业链、价值链的过程中，各国应当通过新工业革命伙伴关系平台，充分发挥彼此比较优势、互补优势，促进要素、技术、产业等资源的互惠共享，推动形成合理的产业分工和合作体系，实现共同发展。此外，人才是发展的第一动力，金砖国家普遍面临人才缺口，加快人才培养合作是促进金砖国家合作发展、加快金砖国家创新发展的根本保障。金砖国家应当立足经济和科技创新发展需要，通过金砖国家大学联盟、企业联盟、创新平台等，合作培养具有国际视野、具备核心素养的高素质人才，实现人才的共育共用。

5. 打造示范项目平台

新工业革命伙伴关系构建涉及政治、经济、产业、科技、人文、人才诸多领域。从金砖国家合作机制既往发展来看，部分领域合作的推广和深化存在较大困难。出现这一问题的原因，一是合作往往牵涉众多；二是合作在实施中可能面临制度约束。顾虑问题、针对制度约束的沟通成本问题或者合作实施过程中出现的事先未考虑到的问题，是相当部分合作出现停摆或搁置的主要原因。打造类似厦门金砖国家新工业革命伙伴关系创新基地这样的示范性项目或平台，可以为金砖国家深化务实合作、创新合作内容提供"试验田、桥头堡"。通过示范项目平台，一方面可以聚焦政策协调、人才培养、项目开发等重点领域，深化金砖国家在数字化、工业化、包容增长、创新发展等领域的合作，促进金砖国家高质量发展转型，培育和提升金砖国家的国际竞争力。另一方面可以在示范中发现问题、总结问题、解决问题，充分考虑更为广泛领域金砖国家的合作机制和规则设计，提高政策的顶层设计和落地实施效果，强化金砖国家的合作信心。同时，示范项目平台也可为其他新兴市场、发展中国家的多边合作提供更多的成功案例和经验借鉴。

第八章
中国与其他金砖国家的合作基础及重点领域

本部分将全面分析中国与其他金砖国家在经贸财金、科技教育、人文交流、政治安全等领域的合作基础及合作成效。在此基础上，深入探究中国与其他金砖国家合作可能面临的主要挑战以及合作的重点领域，为金砖创新基地建设提供更为丰富的实践依据。

一、中国与巴西的合作基础及重点领域

1. 中国与巴西的合作基础及成效

中巴建交以来，两国在各个领域密切合作与交往，双边关系不断深化，逐渐建立起战略伙伴关系。目前中国与巴西合作机制较多，既有双边合作机制，如中国—巴西高层协调与合作委员会［简称"中巴高委会（COSBAN）"］，也有多边合作机制，如中国—拉共体论坛、"一带一路"合作倡议、金砖国家合作机制等，为统筹推进两国各领域合作发挥了重要作用。2001年以来，中巴在经贸财金、人文交流、科技创新、政治安全等领域的合作进入高速发展期，双边合作卓有成效并取得长远发展。

（1）经贸财金合作水平不断提高，发展势头良好。

中巴在合作过程中注重加强投资、促进贸易结构多元化和做好金融保

障等工作。在贸易往来上，中国与巴西建立了长期稳定的贸易关系，贸易总额不断提高。中国是巴西第一大贸易伙伴、第一大出口市场、第一大进口来源国。从国内进出口总额来看，2001～2013 年，中巴贸易规模逐年扩大，受金融危机的影响，2009 年有短暂的回落，但 2010 年迅速上升，到 2013 年国内进出口总额达 901.1 亿美元，同比增长 23.4%，其中，进口从 23.5 亿美元增长至 543 亿美元，同比增长 22.1%；出口从 13.5 亿美元增长至 359 亿美元，同比增长 25.6%，中国对巴西贸易基本处于逆差状态。2013～2020 年，进出口总额和进口总额均呈现先下降后上升的趋势，贸易波动情况较为明显。2014 年以来连续三年呈下降趋势，2016 年的进出口额仅为 678.3 亿美元，较 2013 年下降了 222.8 亿美元，主要是由中国对巴西的进口减少引起的。2017～2018 年出现回暖，2018 年贸易总额达 1112.3 亿美元，2020 年中国对巴西贸易刷新了 2018 年创造的历史纪录，进出口总额达到 1190.4 亿美元，中国对巴西的进口总额达到 840.8 亿美元，是出口总额的 2.4 倍（见图 8-1）。

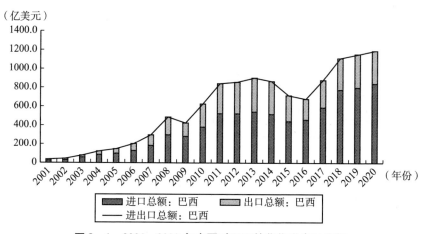

图 8-1　2001～2020 年中国对巴西的货物进出口总额

资料来源：笔者根据国家统计局官方数据整理。

在直接投资上，中国在巴西投资兴业的中资企业超过 200 家，是中巴合作的新亮点。[①] 中国对巴西的投资起步晚、增长速度快，但波动性较大。如图 8 - 2 所示，2003 年以来，中国对巴西的直接投资增长迅速，投资流量从 2003 年的 667 万美元增长至 2019 年的 8.6 亿美元，增长了 127.9 倍，年均增长 35.5%。虽然中国对巴西投资存量年均增速保持高位，但不同年份的投资流量差异较大，增长较高的年份是 2010 年、2014 年和 2019 年，其中，2014 年、2019 年的投资流量分别为 7.3 亿美元、8.6 亿美元。2003 ~ 2009 年，中国对巴西的投资处于较低水平，总投资额为 2.3 亿美元。而在 2010 年，投资流量达 4.9 亿美元，是前 7 年投资总额的 2.1 倍，中国一跃成为对巴西投资的第一大国。2011 年开始有所回落，但仍然保持在 1.3 亿美元左右。2012 ~ 2014 年，中国对巴投资稳步增长，在 2014 年达到第二个高峰，占中国对拉丁美洲地区投资总额的 6.9%，主要原因在于：中国政府实施"走出去"战略，鼓励和支持企业对外投资；发达国家作为金融危机的"风暴眼"，对发展中国家的投资大幅减少，间接促进了中国企业的海外投资。[②] 2015 年，中国对巴投资流量下跌至负值，一方面，中国对巴西的投资主要集中在少数投资单价高的大型项目上，项目的结束使得投资量迅速回落；另一方面，巴西陷入政治和经济双重危机当中，不利于投资，直到 2016 年总统罗塞夫被弹劾，危机才宣告结束。2016 ~ 2018 年期间，受两国关系以及巴西总统选举不确定性的影响，中国对巴西的投资热情不高。直至 2019 年 5 月，巴西副总统莫朗访华，两国关系逐渐升温，并重启了中巴高层协调与合作委员会，双方一共签署了 8 项合作协议，中国对巴西的投资额增长至 8.6 亿美元，占中国对拉丁美洲地区投资总额的 13.4%，创历史新高。

---

① 《在巴西投资兴业的中资企业超过 200 家，投资成中巴合作新亮点》，人民网，http://finance.people.com.cn/n1/2017/0105/c1004 - 28999440.html，2017 年 1 月 5 日。

② 李紫莹：《中国在巴西直接投资：趋势与挑战》，载于《国际经济合作》2014 年第 9 期，第 13 ~ 16 页。

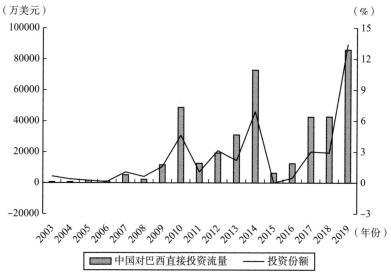

图 8 – 2　2003 ~ 2019 年中国对巴西的直接投资流量

资料来源：商务部、国家统计局和国家外汇管理局：历年《中国对外直接投资统计公报》。

　　从具体投资领域来看，主要有四个阶段的演变。① 第一个阶段为 2010 年前，中国对巴西的直接投资集中于大宗商品领域，主要是为了满足中国对石油、铁矿石和大豆的大量需求；第二个阶段是 2010 ~ 2013 年，中国对巴西的直接投资集中于工业领域，中国为巴西的持续工业化和基础设施建设提供原材料和装备，利用中国的优势产能在巴西就地设厂，合作发展钢铁、建材、相关装备等加工业。第三个阶段是 2013 ~ 2014 年，中国在巴西的直接投资集中于服务领域，以中资银行在巴西的直接投资为主；第四个阶段为 2014 年至今，中国在巴西的直接投资集中于电力传输、水电站建设和港口建设等基础设施领域，招商局集团和中国交通建设集团在巴西投资布局了巴拉那瓜港和圣路易斯港两大物流平台，三峡集团和国家电网深耕巴西，逐步实现对巴西输电、配电和运营的整体产业链全覆盖。同时，中

---

① T. Cariello. Investimentos Chineses no Brasil（2018）：o quadro brasileiro em perspectiva global. Rio de Janeiro：Conselho Empresarial Brasil – China（CEBC）.

国—巴西—秘鲁"两洋铁路"正在积极筹备建设中，为中巴贸易往来开辟新航路。

在金融合作上，合作模式日趋多样化，着力突破资金"瓶颈"。中拉合作基金、中拉产能合作基金、巴西—中国扩大产能合作基金、亚洲基础设施投资银行（亚投行）和金砖国家新开发银行等多边金融合作机制共同发力，中国银行、中国工商银行、中国建设银行、中国交通银行、中国农业银行、国家开发银行、中国出口信用保险公司等国内金融机构先后进入巴西市场，为两国经贸合作提供融资保障。2015 年 4 月，中国注资 50 亿美元设立的中拉产能合作基金总规模扩大至 100 亿美元；2015 年 12 月，中拉产能合作基金为中国三峡集团巴西伊利亚和朱比亚两电站 30 年特许运营权项目出资 6 亿美元[①]；2017 年中拉产能合作基金参与完成国家电力投资集团公司海外公司对巴西第九大水电站圣西芒水电站特许经营权投资[②]。截至 2017 年底，中国最大的对巴合作中资银行国家开发银行累计支持巴西项目 42 个，涉及油气、矿业、基础设施、制造业等多个领域，累计承诺贷款 580 亿美元，发放 400 亿美元。2020 年 1 月 15 日，中拉合作基金与招商局港口、中葡基金共同参与的巴西 TCP 码头股权合作项目完成签约。[③] 此外，为实现中巴两国间互联互通，中国通过设立专项优惠贷款、成立专项基金、倡议设立新型区域开发性金融机构等方式，不断创新融资模式、拓宽融资渠道，努力打通中巴设施联通的资金"瓶颈"。

（2）科技创新合作成果丰硕，成效日益显现。

自 1982 年 3 月中巴两国签订《政府科技合作协定》开始，两国科技

---

① 中国长江三峡集团有限公司：《巴西朱比亚、伊利亚水电站首批技改项目已近尾声》，国务院国有资产监督管理委员会网站，http：//www. sasac. gov. cn/n2588025/n2588124/c10839983/content. html，2019 年 3 月 29 日。

② 国家电力投资集团有限公司：《巴西圣西芒水电站特许经营权完成交割》，http：//www. spic. com. cn/ttxw/201711/t20171130_283273. htm，2017 年 11 月 30 日。

③ 中拉合作基金：《宁咏副行长出席巴西 TCP 码头股权合作项目 签约暨交割仪式》，http：//clacfund. com. cn/common/index. aspx？nodeid = 34&page = ContentPage&contentid = 329，2020 年 1 月 15 日。

创新合作关系稳步发展，领域不断扩大，成效日益显现。随着 1999 年 10 月两国联合研制的第一颗中巴地球资源卫星（CBERS‒01）在太原成功发射，高科技合作成果引领双方科技合作向更深、更高、更实迈进。进入 21 世纪后，中国与巴西共签订了 18 个科技创新相关的协定和备忘录（见表 8‒1），双边研发合作进展顺利。在航天航空领域，经过 20 多年的合作，共成功发射 5 颗中巴地球资源卫星（01 星、02 星、02B 星、02C 星和 04 星），中巴地球资源卫星项目获得了巨大成功。此外，中巴两国在水电、交通、农业、医学等领域同样开展了颇具成效的交流与合作，尤其在水电领域，巴西的成功经验对中国的三峡水电站、天生桥水电站的设计和建设发挥了重要的借鉴作用。2010 年 4 月，中巴两国政府签署《2010 年至 2014 年共同行动计划》，在两国政府的推动下，中国—巴西气候变化与能源技术创新研究中心正式成立，为提高中巴气候变化与能源技术创新研究水平做出了贡献。2011 年 4 月，"中巴农业科学联合实验室"揭牌，这是我国在海外设立的首个农业联合实验室，标志着两国政府将全面推动农业科技合作，共同应对气候变化和粮食安全等挑战。2012 年，两国关系提升为全面战略伙伴关系，中巴两国政府再次签署《十年合作规划》，双方科技创新合作也大步向前推进。同年，中国纳米技术研究中心与巴西国家纳米实验室共同宣布启动纳米技术合作计划，发展两国纳米技术在农业和气象上的应用，以及在环境、节能减排和新材料上的长期研究。2013 年，中国国家电网公司与巴西政府达成协议，在特高压输电技术的输出、电气设备生产、智能电表开发等方面展开合作。同年，联想集团宣布斥资 1 亿美元在巴西建立研发中心①，开发企业软件。2014 年，中巴全面战略伙伴关系进一步深化，巴西宣布启用亚马孙国家研究院数据中心，以及全国教育与科研网数据共享中心，这两个中心均使用了华为公司捐赠的云计算技术与设备。同年，百度公司在中巴两国元首见证下，发布了百度葡语版搜索引擎。奇

---

① 《联想斥资 1 亿美元在巴西建研发中心，开发企业软件》，环球网科技，https：//tech. huanqiu. com/article/9CaKrnJDdQb，2013 年 11 月 20 日。

虎 360 公司也与巴西电脑安全技术公司合作，提供了新一代互联网安全系列产品的核心技术。

2015 年以来，金砖国家合作机制日益深化，于 2016 年签署了《金砖国家科技创新框架计划》及实施方案，中巴两国在该框架下开展多边研发项目。目前已在 2017 年"政府间国际科技创新合作"重点专项中启动了金砖国家合作项目，确定了 5 个优先合作领域，中国拟支持经费 1300 万元人民币。[①] 2019 年以来，中巴在农业、能源、航天等领域进一步加深合作并签署了一系列合作协定，中巴两国联合研制的地球资源卫星 04A（CBERS - 4A）在 2019 年 12 月发射成功，这也是自中国与巴西在 1988 年达成卫星合作项目以来，中国为巴西发射的第 6 颗应用遥感资源卫星[②]，被誉为"南南高科技合作的典范"。中巴科技合作逐步形成"以航天合作为核心，向气候变化、能源技术、农业科学、纳米技术等宽领域辐射；以政府主导为核心，向半官方或民间渠道辐射"[③] 的新局面，中巴科技也将在合作与研发中迎来新的增长点。

表 8 - 1　　　　中国与巴西科技创新合作有关的主要协定和备忘录

年份	主要协定和备忘录
2000	关于空间技术合作的协定书
2001	科技部科技合作备忘录
2004	关于建立中巴高层协调与合作委员会的谅解备忘录
2009	关于能源和矿业合作的协定书

① 《科技部关于发布国家重点研发计划政府间国际科技创新合作重点专项 2017 年度申报指南的通知》，http://kjc.upc.edu.cn/_upload/article/files/e8/d5/a895bc044f3cb31f5484f1b8094f/6b182732 - 9c67 - 4163 - ae25 - ddfca1df3f0f.pdf.

② 《习近平同巴西总统互致贺电庆祝中巴地球资源卫星 04A 星发射成功》，央视网，http://news.cctv.com/2019/12/20/ARTIz7RBjWVJ24R5X7iRnSEi191220.shtml，2019 年 12 月 20 日。

③ 周志伟：《中国与巴西关系的"三维"结构：内涵及政策思路》，引自丁浩、尚雪娇、隋广军：《中国与葡语国家合作发展报告（2019）》，社会科学文献出版社 2019 年版，第 245～258 页。

续表

年份	主要协定和备忘录
2010	2010～2014 年共同行动计划
2010	关于建立联合实验室和促进农业科技创新合作的谅解备忘录
2011	关于开展双边竹业科技合作的谅解备忘录
2011	水资源领域合作谅解备忘录
2012	中华人民共和国政府和巴西联邦共和国政府十年合作规划
2012	关于建立气象卫星联合中心的谅解备忘录
2012	关于建立中巴生物技术中心的谅解备忘录
2014	《中华人民共和国国家航天局与巴西联邦共和国国家航天局关于遥感卫星数据及其应用合作的谅解备忘录》关于遥感卫星数据及其应用合作的谅解备忘录
2015	《中华人民共和国政府与巴西联邦共和国政府 2015 年至 2021 年共同行动计划》两国政府 2015～2021 年共同行动计划
2015	中巴科技园区领域双边合作谅解备忘录
2015	《中华人民共和国政府与巴西联邦共和国政府关于合作研制地球资源卫星 04A 星的〈中华人民共和国政府与巴西联邦共和国政府关于和平利用外层空间科学技术合作框架协定〉补充协定书》关于合作研制地球资源卫星 04A 星的协定书
2015	《中国国防工局和巴西国防部关于遥感远程通信及信息技术领域建立联合工作机制谅解备忘录》
2019	《中华人民共和国国家发展和改革委员会与巴西联邦共和国矿产能源部关于开展可再生能源和能效合作的谅解备忘录》
2019	《中华人民共和国科学技术部与巴西联邦共和国科技创新与通信部关于青年科学家交流计划的谅解备忘录》

资料来源：中华人民共和国外交部：《中国同巴西的关系》，https://www.fmprc.gov.cn/web/gjhdq_676201/gj_676203/nmz_680924/1206_680974/sbgx_680978/，2021 年 7 月。

（3）人文交流频繁，亮点纷呈。

中国与巴西在文化、教育、体育等领域交流密切，并搭建了一系列高级别、宽领域的人文交流平台，孔子学院便是其中的亮点之一，也是中巴人文交流的硕果，受到了两国政府的高度重视。自 2008 年首座孔子学院在巴西开设以来，中国在巴西一共设立了 11 所孔子学院和 5 个孔子课堂，其中，2008～2014 年，巴西一共开设了 10 所孔子学院和 2 个孔子课堂，数量增长迅速。尤为引人注目的是，在 2014 年中巴建交 40 周年之际，在习近平主席访问巴西期间，中巴两国元首见证了 3 所新设孔子学院协议的签署和 2 个相关谅解备忘录的达成。2015～2021 年，共设立了 1 所孔子学院和 3 个孔子课堂，增长速度有所放缓，重点向高质量和规模扩张转型（见表 8-2）。截至 2019 年 11 月，巴西成立最早且规模最大的孔子学院——圣保罗州立大学孔子学院，一共在巴西 15 个城市开设了 16 个汉语教学点，招收学员人数近 13000 人，不断满足巴西多地民众的汉语学习需求。[①]

表 8-2   巴西孔子学院和孔子课堂统计

孔子学院名称	所在城市	承办机构	合作机构	设立时间
圣保罗州立大学孔子学院	圣保罗	圣保罗州立大学	湖北大学	2008 年 7 月 24 日
巴西利亚大学孔子学院	巴西利亚	巴西利亚大学	大连外国语大学	2008 年 9 月 26 日
里约热内卢天主教大学孔子学院	里约热内卢	里约热内卢天主教大学	河北大学	2010 年 10 月 20 日
南大河州联邦大学孔子学院	愉港	南大河州联邦大学	中国传媒大学	2011 年 4 月 12 日
FAAP 商务孔子学院	圣保罗	FAAP 高等教育中心	对外经济贸易大学	2012 年 7 月 19 日
米纳斯吉拉斯联邦大学孔子学院	贝洛奥里藏特	米纳斯吉拉斯联邦大学	华中科技大学	2013 年 1 月 14 日
伯南布哥大学孔子学院	累西腓	伯南布哥大学	中央财经大学	2013 年 6 月 15 日

① 圣保罗州立大学孔院：《巴西圣保罗州立大学孔子学院》，http://io. hubu. edu. cn/info/1415/4375. htm，2019 年 11 月 20 日。

续表

孔子学院名称	所在城市	承办机构	合作机构	设立时间
坎皮纳斯州立大学孔子学院	坎皮纳斯	坎皮纳斯州立大学	北京交通大学	2014 年 7 月 17 日
塞阿拉联邦大学孔子学院	福塔莱萨	塞阿拉联邦大学	南开大学	2014 年 7 月 17 日
帕拉州立大学孔子学院	贝伦	帕拉州立大学	山东师范大学	2014 年 7 月 17 日
戈亚斯联邦大学中医孔子学院	戈亚尼亚	戈亚斯联邦大学	河北中医学院、天津外国语大学	2019 年 10 月 25 日
圣保罗亚洲文化中心孔子课堂	圣保罗	圣保罗亚洲文化中心	国侨办	2008 年 6 月 3 日
华光语言文化中心孔子课堂	圣保罗	华光语言文化中心	—	2011 年 11 月 1 日
伯南布哥天主教大学孔子课堂	累西腓	伯南布哥天主教大学	中央财经大学	2015 年 6 月 2 日
圣玛利亚学校孔子课堂	累西腓	圣玛利亚学校	中央财经大学	2015 年 6 月 3 日
弗鲁米嫩塞联邦大学孔子课堂	尼特罗伊	弗鲁米嫩塞联邦大学	河北师范大学	2017 年 12 月 22 日

资料来源：张翔：《截至 2019 年 12 月葡语国家"孔子学院"和"孔子课堂"一览表》；尚雪娇、丁浩主编：《中国与葡语国家合作发展报告（2020）》，社会科学文献出版社 2020 年版，第 280 页；根据孔子学院总部官网信息绘制，参见孔子学院总部《孔子学院/课堂》。

同时，足球也是中巴两国人文交流的重要通道。在中巴委员会和两国政府的积极推动下，中巴足球事业蓬勃发展，2016～2019 年，巴西已有多家俱乐部与中国企业、学校签署了战略合作协议，合作范围从俱乐部间合作、俱乐部与地区合作延伸至国与国的合作，培训项目从校园足球、青训体系扩大至培训基地、夏令营，培训方式从引入教练队伍、培训体系到培育人才、共建体系，中国足球俱乐部在探索中发展，形成了较为完善并行之有效的训练体系（见表 8 - 3）。

表 8 - 3　　　　　　　　　中国与巴西足球合作项目统计

巴西俱乐部（培训机构）	成立时间	合作内容
罗纳尔多足球学院	2015 年 9 月	与中国足球学校及公立中小学合作开办 30 所足球学校
朗拿度足球学院	2015 年 12 月	全球性足球学校，计划在中国开设 30 家
阿雷格里港国际俱乐部	2015 年 12 月	与山东省滨州市合作建立职业足球俱乐部
巴拉纳竞技	2016 年 4 月	与云南省足球协会合作为青年足球队培训
格雷米奥足球俱乐部	2016 年 5 月	与珠海横琴发展责任有限公司、珠海黑豹拉培训公司合作建立"格雷米奥青少年足球培训基地"
格雷米奥足球俱乐部	2016 年 6 月	与拉美（北京）国际体育文化有限公司合作，开展校园足球培训、举办足球赛等
帕尔梅拉斯俱乐部	2016 年 9 月	与福建超越足球俱乐部合作开展足球培训项目
桑托斯足球俱乐部	2016 年 9 月	与广东省体育局合作共建青训体系
巴甲豪门弗卢米嫩塞俱乐部	2017 年 8 月	与巴西中国国际学校签署协议，旨在促进两国足球领域交流的足球战略合作
巴西足球协会	2017 年 9 月	巴西足球协会与中国足球协会在北京签署了备忘录，共同推动双方在青训、教练员培养等方面的合作
桑托斯足球俱乐部	2018 年 6 月	与同济大学签署合作框架，桑托斯俱乐部将帮助同济大学设计青训计划
巴西足球协会	2019 年 1 月	与厦门金达威体育文化传媒有限公司签约，引入巴西足协青训和教练培养体系，发展青少年培训和教练培养项目；在中国范围内（含港澳台地区）授权加盟巴西足球协会足球学校，并举办中巴青少年足球夏令营；建设巴西足球协会中国区总部和巴西足球协会博物馆，建设足球训练基地等
巴西中国商会、巴西金达威体育	2019 年 8 月	与温州市鹿城区政府签署足球战略合作协议
中国巴西足球交流中心	2019 年 10 月	足球青训和校园足球

　　资料来源：笔者根据人民网、中新网、新华社、华龙网、珠海新闻网、晋江新闻网、腾讯网、《羊城晚报》、巴拉纳竞技足球俱乐部官网等媒体和网站信息收集整理。

（4）高层政治交往频繁，互信水平不断提高。

1974 年 8 月 15 日，中国与巴西建立外交关系。1993 年，两国建立战略伙伴关系。2000 年以来，两国政府在联合国、国际货币基金组织、世界贸易组织、世界银行、20 国集团等国际多边机制和对话论坛中的合作日益密切，尤其是通过"金砖国家"的平台，中巴两国和其他发展中国家（尤其是发展中大国）实现更广泛的合作。同时，中巴两国在国际金融体系改革、粮食安全、能源安全、气候变化、联合国千年目标等国际重大事务上持相近立场，共同诉求和相近立场是中巴两国扩大在具有全球影响力的重大事务中开展双边合作的重要基础。2000～2011 年，我国重要领导人共对巴西进行了 7 次国事访问，巴西总统共对我国进行了 3 次国事访问，其中，卢拉总统出席了北京奥运会开幕式，罗塞芙总统对华进行国事访问并出席金砖国家领导人第三次会晤及博鳌亚洲论坛年会开幕式。2012 年，两国关系提升为全面战略伙伴关系，两国进行了更加密切的交流与合作。2014 年以来，两国领导人在金砖国家领导人会晤、中国—巴西高层协调与合作委员会会议、二十国集团领导人杭州峰会等合作机制中多次会谈，现任总统博索纳罗于 2019 年 10 月访华期间，中国和巴西决定于 2020 年启动中国—巴西高层协调与合作委员会机制优化议程，更新《2015—2021 年共同行动计划》及《2012—2021 年十年合作规划》，不断深化两国政治经济合作。基于两国在国际事务中日益增多的国际合作，中巴关系具有越来越重要的全球战略影响力。

2. 中国与巴西合作面临的主要挑战

受新冠肺炎疫情影响，2020 年世界经济急剧衰退，国际政治中的大国博弈色彩愈发浓郁，传统安全与非传统安全威胁双双上升。与此同时，国际治理在双边及区域层面上不断发力。全球形势总体表现出多极化趋势更加明显、竞争性态势更加显著、安全化倾向更加突出、集团化现象更加鲜明等特征。在此背景下，虽然中国与巴西合作的领域广泛、潜力巨大，但仍有一些不可避免的因素成为两国合作的障碍，两国合作面临诸多挑战，如两国经济利益存在冲突、国际大环境充满变数、巴西政治形势动荡、两国政治体制和文化传统差异较大、西方大国的分化瓦解政策等。

（1）两国经济利益存在一定冲突。

中国与巴西处于经济发展的黄金期及经济转型的关键期，但两国之间存在的同构性使两国在经济利益上存在一定冲突。同构性是相互间冲突的根源。中国已成为"世界制造工厂"，近年来巴西将发展制造业作为提升本国竞争力及解决就业的重要途径，并将其作为未来经济发展的引擎，这必然使两国在国际市场上形成竞争。在铁矿石、石油等大宗商品定价权上金砖国家展开了激烈斗争，中国与巴西围绕铁矿石价格进行了旷日持久的谈判。受国际金融危机的影响，巴西本国货币出现大幅贬值，为了维护本国利益，与中国争夺国际市场，巴西曾强烈要求人民币升值。在拉丁美洲市场和国际市场上，中国的制成品与巴西的制成品是竞争对手。为保护本国制成品的生产和出口，巴西对中国出口到巴西的制成品征收反倾销税由来已久。巴西的制造业主常常是反对中巴关系改善的主力。博索纳罗执政后，2019 年 11 月，巴西对中国制成品采取了 103 项反倾销措施。[①] 根据世界贸易组织的官方数据，巴西征收反倾销关税的中国产品主要是化学品、塑料、橡胶、纺织品和基本金属等。

（2）国际大环境充满变数。

目前国际经济前景不容乐观，国际大环境充满变数。一是突如其来的疫情使各国人民生命安全和身体健康遭受巨大威胁，全球公共卫生体系面临严峻考验，人类社会正在经历百年来最严重的传染病大流行。国际贸易和投资急剧萎缩，人员、货物流动严重受阻，不稳定、不确定因素层出不穷，世界经济正在经历 20 世纪 30 年代大萧条以来最严重的衰退，单边主义、保护主义、霸凌行径愈演愈烈，治理赤字、信任赤字、发展赤字、和平赤字有增无减。二是客观存在的国际政治争端及地缘政治处于变化之

---

① 巴西研究中心：《峰回路转：2019 年中巴关系的发展及挑战》，https://mp.weixin.qq.com/s/TtzuAs4c07aZe_13Yhn_RQ，2020 年 10 月 25 日。

中。三是国际资源与能源价格的频繁大幅波动、贸易保护主义抬头，以及跨国公司国际投资重点改变等加剧了国际大环境的不确定性。和平稳定的国际环境对于各国求同存异、实现互利共赢非常重要。一旦国际环境发生变化，国际经济恶化引发国内经济的衰退，国内问题很可能会成为国家改变对外政策的因素，中国与巴西的合作在此背景下也充满着许多不确定性。

（3）巴西国内形势动荡。

近年来巴西政局动荡，阻碍了中巴合作的深入开展。巴西政坛动荡，前任总统被弹劾下台，联邦政府部长成员不断更迭，政府对外合作政策没能有效连续推进。政局的动荡传导到经济层面，巴西经济出现大幅下滑，使中巴经贸合作的连续性难以得到保证。2020 年，巴西的国内生产总值（GDP）同比下降 4.1%，跌幅超过 2015 年的 −3.5%，创 1996 年采用现有 GDP 统计方法以来的新低（见表 5−1）。新冠肺炎疫情严重打击了巴西货币雷亚尔。2020 年，在全球 30 个主要经济体的货币中，雷亚尔的贬值幅度最大，这将给中国的投资带来潜在风险。对金融合作来说，巴西宏观经济表现欠佳，政府债券和国家主权风险上升，打击投资者信心，雷亚尔的贬值趋势，一方面造成贷款清偿压力，另一方面势必影响双边货币互换规模的扩大。在政治合作方面，巴西外交部前部长阿劳霍曾多次公开对中国进行无端抹黑和攻击，不仅破坏了中巴长期建立的友好气氛，也损害了巴西的国家形象。西方国家对中国经济崛起所散布的"中国威胁论"在巴西的亲美势力中也有一定的市场，而巴西保守党派所宣扬的"对中国经济过度依赖论"让一部分巴西民众感到担忧。巴西前外长阿莫林在总结卢拉政府的外交遗产时表示，巴西缺乏对中巴关系的全面评估，认为对华关系将是巴西未来的重要挑战之一。这种对中巴政治关系的重新评估与定位的态势，对管理中巴战略伙伴关系提出了新的挑战。

（4）两国政治体制和文化传统差异较大。

中巴两国政治体制和文化差异巨大，在处理某些问题上有分歧，特别在科技创新合作和资源合作领域受到客观条件的很大制约。在科技创新合作方面，巴西税负很高，有着世界上最复杂的税法之一，法律健全而烦琐，利率近几年来一直保持在 11% 以上[①]，工会组织力量强大，社会保障水平超过了国家发展阶段，科研人员数量较少，主要语言又是葡萄牙语，对中国科技发展情况了解不多，这些客观原因对我国科技型企业、科研机构和科研人员与巴西合作造成了很大障碍。如果没有建立有效的合作机制加以激励，合作的广度和深度将极为有限。在资源合作方面，巴西曾是葡萄牙殖民地，在殖民时代葡萄牙曾在巴西大肆征用当地劳动力，掠夺当地自然资源，极大地破坏了巴西的环境并阻碍其经济发展。虽然巴西获得民族解放的时间较早，但其殖民历史和独特的文化环境导致当前巴西民众对于外资的进入十分敏感，尤其对以资源开发方式介入的国家，巴西民众都会有不同程度的排斥心理，他们不允许外部资本干预和影响他们赖以生存的生态环境，对于开采资源中造成的生态破坏尤其不能容忍。巴西居民的态度对资源民族主义情绪的高涨起到了一定的推动作用，也对外资公司介入巴西资源开发造成了一定的困扰。此外，巴西是一个联邦共和制国家，由 27 个州组成，从法律体系上讲属于大陆法系，其体系是根据葡萄牙法律发展而来的，但复杂之处在于受到美国的影响。近年来引进了英美法系的一些判例法要素，这使得其法令、法规体系较为繁杂，且临时措施较多。虽然巴西没有一部综合性的能源基本法，但在石油、天然气、电力、核能和新能源等具体的能源领域，都会设立专门的法律。从开采权的划归到税收制度、许可制度和节能制度，巴西能源法律制度都有明确规定，较为复杂，加上语言的问题，需要中国能源企业和工作者进行细致的研究。

　　(5) 西方大国的分化瓦解政策。

　　美国等发达国家强化向全球各个区域的渗透，增加了中国与巴西务实合作的变数。在"一超多极"格局没有显著改变的形势下，西方国家力图瓦解发展中国家合作，以继续推进单极世界发展。以美国为例，美国长期以来一直将拉丁美洲视为其"后院"，中国与拉丁美洲国家关系的稳步发

---

① CEIC，https：//www.ceicdata.com/zh-hans/indicator/brazil/policy-rate.

展被视为是对美国传统势力范围的入侵。巴西是拉丁美洲最具影响力的国家之一，美国不仅从地缘政治的角度而且从全球战略上考察中国和巴西的合作。中国和巴西在任何领域的合作都备受美国的关注，甚至是引来猜疑、遏制，美国可以通过多种手段影响中巴合作，不仅可以直接干预，而且在联合国等多边机构也有丰富的干预手段。另外，巴西积极发展同中国的互动合作，有其自身的目的，希望通过中国来制衡美国，抵消美国在拉丁美洲地区的影响。特别是博索纳罗执政以来，巴西向美国靠近，与美国关系密切，在很多方面都对美国做了不少让步，中美贸易争端给中国与巴西的合作带来不确定性。

3. 中国与巴西未来合作的重点领域

基于当前中国和巴西的合作现状，以及可能面临的主要挑战，未来中巴两国应该加强以下几个方面的合作：

（1）加强基础设施领域的合作。

中国在基础设施领域拥有较为先进的技术，可以帮助巴西突破基础设施建设上存在的许多难题，而巴西也有这方面的大量需求，具有很大的合作空间。

第一，加强电力基础设施建设合作。中国拥有超远距离特高压输电技术，而巴西的用电市场与电力资源相距很远，存在区域不平衡问题。中国可以发挥自身技术和资金优势，与巴西在电力基础设施领域，尤其是供电领域开展合作。

第二，加强道路桥梁的修建与改造合作。铁路、公路、桥梁是重要的交通基础设施，对于巴西的发展至关重要。中巴可以在铁路、公路、桥梁的设计、修建、改造等领域开展深入合作。

第三，加强港口建设合作。港口是国家重要的基础设施，在国民经济发展中有举足轻重的作用。中巴可以基于两国实际贸易过程中的需求对港口进行针对性设计，在港口的选址、施工、管理以及后期运营等各个方面展开深入合作。

（2）加强人文领域的交流合作。

人文交流是中巴关系的重要组成部分和重要根基。加强中巴两国的人文交流有利于进一步增强两国人民的相互了解和友谊，促进两国人民心心相通，夯实中巴关系的社会基础。同时，有助于规划好下一步各层级交往，拓展全方位合作新领域，进一步推动两国关系发展。

首先，加强教育领域的合作与交流。中巴两国应该进一步发挥孔子学院的作用，加强高校的合作办学，共同构建人才培养体系和标准化系统培训体系，统筹建设线上线下一体化课程系统，积极推动公派留学和援外培训专项等领域的人才培养合作项目，共同举办不同学科、不同领域的学术研讨会，着力培养精通两国文化、法律、经济、政治等领域的复合型高级人才。

其次，加强文化旅游领域的合作与交流。在文化领域，合作举办国家级的艺术节、文化节等活动，依托新工业革命建设成果构建金砖国家数字博物馆，展示金砖国家文化，进一步拉近中国和巴西之间的距离。在旅游领域，中巴两国应该加大双边旅游的政策优惠力度，加强在旅游安全合作机制、旅游产业平台合作、旅游与文化主题匹配等细分领域的合作，共同促进以两国传统文化和历史为主题的旅游业发展。

（3）加强高新技术领域的合作。

当前新一轮科技革命和产业变革正在孕育兴起，科技创新的地位达到前所未有的高度，决定着未来世界发展的格局。中国和巴西应该切实加强在高新技术领域的合作，不断提升自身科技创新实力和水平，为中巴合作培育新引擎。

首先，加强新一代信息技术的合作。以大数据、云计算、5G、区块链、人工智能等为代表的新一代信息技术和产业是未来发展的重要方向和战略制高点。中国和巴西应该加强新一代信息技术领域的合作，共同制定信息技术发展规则以及发展模式，推动实现信息通信技术层面的技术合作和共享，尊重彼此知识产权，共享合作成果。合作建设各种大数据与云计算中心，人工智能超算平台，区块链、物联网经济综合试验区等，合力推进大数据、云计算、区块链、人工智能等领域的基础性、支撑性技术突破。

其次，加强新材料与纳米技术的合作。中国和巴西在未来可以重点围绕纳米粉体材料、石墨烯、超导材料及原料、生物制料及制品等领域展开合作，实现在新型材料研发以及纳米技术领域的大突破。在新材料领域，中巴可以围绕研制高温合金、特种不锈钢、齿轮钢等领域进行合作，实现高端金属结构材料合作领域的新突破。此外，中巴应该促进材料科学领域的合作，其中包含电子、光学与磁学、材料化学、金属与合金、塑料与聚合物以及表面涂层与薄膜等细分领域。中国和巴西都拥有丰富的陶瓷资源，未来两国可以进一步深化新型非金属材料领域的合作，重点合作研制电光陶瓷、压电陶瓷、碳化硅陶瓷等先进陶瓷。在纳米技术领域，共同研发更高性能的纳米材料，注重纳米技术的成果转化，积极将其运用于制造业、医疗业、化学以及电子计算机等合作领域。

（4）加强能源领域的合作。

中巴在能源领域有非常强的互补性，具有广阔的合作空间。中巴应继续扩大在矿业、油气领域的合作，并进一步加强在采矿设备、矿产品开采以及加工、炼油、油气设备、工程建造等细分领域的合作。中巴两国也可以在陆上以及海上油气生产、加工及天然气运输协调体系方面展开合作，实现价值集成。同时，还应该在深海石油开发、水电站建设、核电站、风电、太阳能等方面开展合作。

此外，可再生能源以及生物燃料是未来能源领域研究与开发的重点方向。中巴应该加强合作，共同合作开发风能、太阳能等可再生能源。同时，加强在生物质液体燃料、沼气、固化生物燃料发电等领域的合作，实现优势互补，增强可持续发展能力。

（5）加强农业领域的合作。

中巴两国可以围绕优质植物、动物种质以及农业生产技术等领域进行合作，尤其是在大豆生产、水果加工、养牛、水产品和动物疾病控制等细分领域加强合作。同时，还可以就农业政策、农业信贷、农业机械、合作社、农村基础设施以及城乡关系等相关领域展开合作交流。

此外，中巴两国应当共同建立关于农产品生产和消费的信息交流机制，为两国商人提供最为及时、准确的市场信息。同时，加强在农产品销售渠道、销售手段，以及农产品运输、农产品售后等各个环节的合作交流，其中农产品跨境电商领域的合作是未来实现农产品供应链畅通的一个重要领域。

二、中国与俄罗斯的合作基础及重点领域

1. 中国与俄罗斯的合作基础及成效

2001 年以来，中俄两国关系日趋紧密，政治互信水平不断提高，已经提升为"新时代中俄全面战略协作伙伴关系"。目前，中俄两国的战略互信和协作水平达到了历史最高水平，迎来了两国关系更高水平、更大发展的新时代，极大地推动两国在经贸财金、人文交流、科技创新、政治安全等领域合作的不断深化，成效不断显现，全球影响力持续提升。

（1）经贸财金合作不断深化，规模持续扩大。

中俄经贸合作是以贸易为基础、战略大项目为动力、地方间合作为支撑、"一带一路"建设与欧亚经济联盟对接为主线的经贸合作格局。双边经贸关系加速提质升级，向着高质量发展目标迈出了坚实步伐。如图 8 - 3 所示，2001 年中俄双边货物贸易额达到 106.7 亿美元，第一次突破 100 亿美元，同比增长近 33%。此后的 7 年，双边贸易额均保持了持续增长态势。2000 ~ 2008 年，中俄货物贸易总额增长了约 6 倍，进入了一个快速发展期。2009 年，受国际金融危机的影响，中俄经贸合作的速度和活力下降，双边贸易总额大幅下滑，但在中俄双方的共同努力下，这并未对双方经贸合作造成持续影响。2010 ~ 2014 年，中俄贸易规模企稳恢复，直到 2015 年，受国际市场大宗商品价格下跌、中俄两国经济结构调整等多重因素影响，中俄贸易额再次出现较大幅度下滑。2015 年，中俄的双边贸易额

为 680.6 亿美元，同比下降 28.6%。但从 2016 年开始，中俄贸易明显回
稳向好，中国对俄贸易在俄外贸中的比重稳中有升。2018 年，中俄经贸合
作实现了跨越式发展，双边贸易达到了创纪录的 1070.6 亿美元，贸易增速
在中国主要贸易伙伴中位列第一，中国连续 9 年为俄罗斯的第一大贸易伙
伴国。2019 年，双边贸易额再创新高，突破 1100 亿美元。2020 年，受新
冠肺炎疫情影响，两国贸易往来稍有减少，货物贸易总额下降到 1077.65
亿美元，下降了 2.9%。在国际贸易大面积受疫情冲击的形势下，中俄双
边贸易额虽同比有所下降，但整体堪称逆势上扬，中国在俄罗斯贸易伙伴
国中的地位进一步提升。

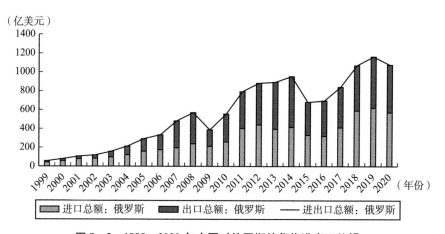

（亿美元）

图 8 - 3　1999 ~ 2020 年中国对俄罗斯的货物进出口总额

资料来源：笔者根据国家统计局官方数据整理。

在直接投资上，中俄投资总体规模不大，但总体保持上升趋势。如
图 8 - 4 所示，2003 ~ 2018 年，中国对俄投资规模基本呈上升趋势，2015 年
中国对俄投资流量达到顶峰，为 29.61 亿美元，同比增长 367.3%。2019 年，
由于采矿业发生 11.3 亿美元的负流量，中国对俄直接投资流量为 - 3.75 亿
美元，这是中俄经贸合作以来，历史上首次出现投资流量为负数。虽然俄
罗斯对华投资水平一直与两国经贸关系水平不相协调，但较于 20 世纪 90

年代呈逐年下降趋势的俄对华投资来说，21 世纪的俄罗斯对华投资有明显
回升趋势。

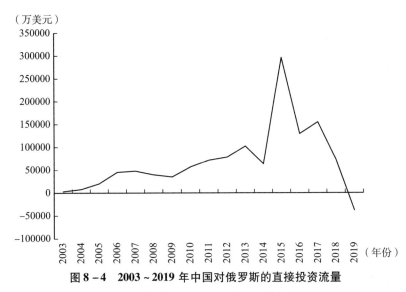

图 8 – 4　2003～2019 年中国对俄罗斯的直接投资流量

资料来源：商务部、统计局和外汇管理局：历年《中国对外直接投资统计公报》。

　　在金融合作上，合作日益深入，双边贸易本币结算规模不断扩大。
2011 年 6 月，两国央行签署《关于结算与支付的协定》，将本币结算从边
境贸易扩大到一般贸易（包括商品和服务贸易）。协定签署后，双边本币
结算量进一步增加，特别是人民币结算量增速较快。[①] 与此同时，两国央
行间合作取得重要进展。2016 年 6 月，中国人民银行和俄罗斯央行签署多
项合作协议，包括俄央行在华设立代表处协议、中俄人民币清算安排合作
备忘录，以及预防洗钱和恐怖融资谅解备忘录等。2017 年 3 月，中国工商
银行（莫斯科）股份公司正式获批成为人民币在俄清算行，离岸人民币中
心在俄正式确立，人民币国际化在俄获得较好进展。据俄央行和海关的统

---

① 胡明、田文泉：《新发展格局下中俄经贸合作：回顾、现状及展望》，载于《国际贸易》
2021 年第 3 期，第 19～26 页。

计数据显示，2020 年第一季度，美元在俄中贸易结算中的占比为 46%，首次跌破 50%。① 中俄双方金融机构还积极开展银行卡、保险、支付系统等领域合作，努力提升两国金融服务水平。

在重大战略合作上，中国和俄罗斯两国领导人在多个场合多次强调，中俄要顺利推进战略性大项目合作。② 2001 年以来，双方在众多战略性大项目上达成了合作协议，开展了卓有成效的合作。中俄战略性大项目合作主要涉及的领域有核能（田湾核电站项目、浮动核电站项目等）、民用航空（如联合研制宽体客机、重型直升机等）、石油（如中俄原油管道项目、乌德穆尔特项目等）、天然气（如中俄东线天然气管道项目、亚马尔液化天然气项目等）、交通运输（如同江铁路桥项目、莫斯科—喀山高铁项目、中铁建莫斯科地铁项目等）。这些项目的实施为提升中俄务实合作水平提供了有力支撑。

（2）科技创新合作深度和广度不断拓展，质量全面提升。

随着中俄关系的稳步发展，中俄科技创新领域的合作得到全面提升，逐步走向规范化、制度化、市场化。中俄科技创新合作覆盖了从基础研究、应用研究到创新合作的全链条，合作模式从项目合作、人员交流过渡到共建研发中心和科技园区，呈现多元化、多层次、宽领域特点。与中俄经贸等领域合作一样，中俄科技合作也有着明显的政府引领色彩，科技合作方向、重大项目都在双边政府文件中列明。

2012～2019 年是两国合作的提质升级期，大项目、联合研发成为提升合作水平的新抓手。2012 年，中国科技部和俄罗斯科学与高等教育部签署《关于在科技优先发展领域开展共同项目合作的谅解备忘录》，开始研讨大项目合作，随后大飞机、大科学合作等项目陆续上马。2016 年 6 月，两国签署《关于在创新领域开展合作的谅解备忘录》，同时成立了中俄创新对

① 胡晓光：《人民币国际化在俄再获新进展》，载于《经济参考报》，http：//www. jjckb. cn/2020－11/19/c_139526229. htm? from = singlemessage，2020 年 11 月 19 日。
② 中华人民共和国外交部：《王毅谈中俄四点战略共识和四大努力方向》，https：//www. mfa. gov. cn/web/wjbzhd/t1863358. shtml，2021 年 3 月 23 日。

话机制。从 2017 年起，科技合作分委会开始选择一些双方均感兴趣的领域进行联合研发，涉及新材料、生命科学、能源和自然资源等领域。而在落实合作项目上，科技园区起着重要作用。中俄都高度重视科技园区建设，截至 2018 年底，俄罗斯具有科技园区特征的园区有 185 个。2019 年两国决定联合成立金额为 10 亿美元的科技创新基金，以推动联合科技解决方案与创新成果的转移转化。① 2020 年，两国油气、核能等领域战略性大项目按计划推进，数字经济、绿色经济、人工智能、5G、大数据等领域的合作方兴未艾，中俄关于合作建设国际月球科研站的谅解备忘录顺利签署。这表明在经历了疫情考验后，中俄两国的科技创新合作更加务实，韧性更强、后劲更足。不仅如此，2020～2021 年，两国成功举办"中俄科技创新年"，进一步拓展了科技合作的深度和广度，为此双方专门制定了合作路线图，并联合举办了 1000 多项活动，中俄科技创新合作进入新时代。

（3）人文交流形式丰富多彩，成效显著。

中国与俄罗斯在教育、文化、旅游等领域合作密切，开展了形式多样的交流合作。高等教育交流作为人文交流的重要载体，在促进中俄两国国家关系发展、增进两国人民友谊方面发挥巨大作用。同时，中俄两国的高等教育合作在本国的高等教育国际化进程中占有重要战略位置。我国自 20 世纪 80 年代开始重新恢复对俄教育合作，目前两国已建立了中俄人文交流机制。1995 年，两国签订了《中华人民共和国政府和俄罗斯联邦政府关于相互承认学历、学位证书的协议》，此后在两国领导人的会晤中均把教育列入议题。2013 年，俄罗斯依旧是来华留学人员最多的五大生源国之一，来华留学总人数为 35.6 万人，在华俄罗斯留学生约为 1.5 万人。而 2013 年中国大陆学生前往海外学习的人数为 41.39 万人，在俄罗斯的中国留学生约为 2.5 万人。在此基础上，两国商定至 2020 年使双方留学人员总数提

---

① 李自国、李琰：《中俄科技外交与实践》，载于《俄罗斯学刊》2021 年第 4 期。

升至 10 万人。① 两国在高等教育领域的合作也不再局限于留学生的共同培养，而是更加务实创新，共同开展了丰富多彩的活动，在教师互访、共办不同形式的国际节（如大学生艺术节、体育节、文化节、科技节等）、合作共建孔子学院、校际友好交流等方面做出了众多努力，为增进两国人民友谊和互相了解、带动知识的传播和人员流动发挥了坚实的文化纽带功能。截至 2017 年 12 月，有 600 所中国高校与 150 所俄罗斯高校在对两国具有战略意义的领域建立了伙伴关系。两国签署了 900 多项协议，设立了 8 个特定领域的俄中高校联盟。②

　　此外，"一带一路"也有力构筑了中俄民心相通之桥，为两国关系发展厚植民意基础。近年来中俄两国文化交流的规模、层次和水平不断提升，先后举办"旅游年""青年友好交流年""媒体交流年""地方合作交流年"等国家级活动，极大增进了双方民众对彼此文化的了解和兴趣。

　　文化的密切交流极大地推动了两国旅游业的发展。如图 8－5 所示，2001～2008 年，俄罗斯来华旅游人数稳步增长，2008 年首次超过 300 万人次；2009 年，受国际金融危机影响，来华旅游人数迅速减少，但 2010 年开始恢复增长；2015～2018 年，俄罗斯来华旅游人数不断增长，于 2018 年达到 241.55 万人次。2018 年，中俄两国互相前往对方国家的游客数量超过 300 万人次，其中通过团体免签方式赴俄中国游客数量首次超过 100 万人次。此外，2012 年，中俄旅游论坛创建举办，如今已成为两国业界讨论旅游合作以及专家发表观点的重要平台。③

---

　　① 王玥、孙立鹏：《中俄全面战略协作伙伴关系下的两国高等教育交流与合作研究》，载于《黑龙江高教研究》2015 年第 3 期，第 76～80 页。

　　② 汪嘉波：《俄中两国教育合作将在哪些领域出彩——访俄罗斯联邦教育与科学部副部长柳德米拉·奥戈罗多娃》，载于《光明日报》2017 年 12 月 13 日，https：//news.gmw.cn/2017－12/13/content_27086979.htm。

　　③ 新华社：《第七届中俄旅游论坛在莫斯科举行》，http：//www.gov.cn/xinwen/2019－03/12/content_5373021.htm，2019 年 3 月 12 日。

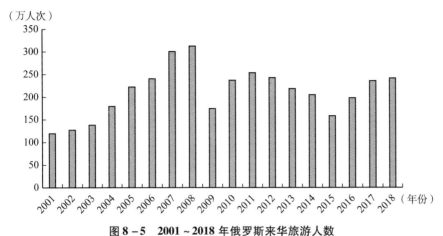

图 8 – 5　2001~2018 年俄罗斯来华旅游人数

资料来源：国家统计局：《中国统计年鉴》，中国统计出版社 2002~2019 年版。

（4）保持密切政治协作，全球影响力不断提升。

2001 年 7 月，《中俄睦邻友好合作条约》签订，将中俄两国永做好邻居、好伙伴、好朋友的意愿和决心用法律形式固定下来，彻底摒弃那种不是结盟就是对抗的冷战思维，是对以互信求安全、互利求合作新型国家关系的体现，是新世纪指导中俄关系健康稳定发展的纲领性文件。该条约集中体现了中俄在发展双边关系和国际事务中的广泛共同利益，为中俄进一步发展睦邻友好关系奠定了有力的法律基础，标志着中俄战略协作伙伴关系进入了不断充实和深入发展的新阶段。它宣告在不结盟、不对抗、不针对第三国的基础上发展两国长期睦邻友好和互利合作关系，体现了以互信求安全、互利求合作的新型安全观，对中俄友好合作关系的发展起到重要的推动作用，也对世界格局的多极化和国际关系的民主化进程起到重要的推动作用。

此后，中俄一直保持高度政治互信、彼此坚定支持，共同应对各种挑战。2013 年 3 月，习近平主席访问俄罗斯，首次在国际场合阐述构建人类命运共同体和新型国际关系的基本原则。多年来，中俄元首保持高频互访节奏，并多次在国际多边场合会晤。目前中俄已经建立了以元首外交为引领、以高度政治互信为基础的有效协作机制，包括总理定期会晤机制、副总理级政府间合作委员会和地方政府间对话机制等。不仅如此，中俄在重大对内对外战略上也实现了良好对接，如中国提出的"一带一路"倡议得到俄方理性解读，并和俄罗斯"欧亚经济联盟"战略实现对接，共同推动区域经济一体化发展。

2021 年 6 月 28 日，在《中俄睦邻友好合作条约》签订 20 周年之际，中俄元首发布联合声明，正式宣布条约延期。中俄两国元首发表的联合声明不只涉及双边关系，还有对国际时局的共同评价：个别国家鼓吹大国竞争对抗，信奉零和博弈，国际关系中的强权因素抬头。一些国家以意识形态划线，粗暴干涉主权国家内政，动辄实施单边制裁，动摇包括军控领域在内的国际关系体系法律基础。为捍卫真正的多边主义和国际公平正义，中俄不断做出切实行动：作为联合国安全理事会常任理事国，中俄为推动朝核、伊核问题等国际和地区热点问题的政治解决贡献智慧；在联合国、二十国集团、上海合作组织、金砖国家合作机制等多边框架内，中俄密切协调配合，提出完善全球治理的重要方案；面对疫情挑战，中俄积极向他国分享经验、提供疫苗。[①] 可以说，在国际体系面临深刻调整、世界经济发展动能转换的背景下，中俄作为具有世界影响力的大国，两国的战略协作成为维护世界和平稳定的压舱石，对于维护世界和地区的和平与稳定具有重要作用。

2. 中国与俄罗斯未来合作的重点领域

基于当前中国和俄罗斯的合作现状，以及可能面临的主要挑战，未来中俄两国应该加强以下几个方面的合作：

（1）加强贸易金融领域的合作。

中国是俄远东地区第一大贸易伙伴国和外资来源国，两国地缘相近、政治高度互信、经济互补性强，具有良好的合作基础和巨大发展潜力，合

---

① 李嘉宝：《中俄生动诠释新型大国关系》，载于《人民日报海外版》2021 年。

作空间巨大，潜力无限。

首先，加强贸易投资领域的合作。目前，"一带一路"和欧亚经济联盟已从最初的相互了解、彼此研判的阶段进入务实对接、密切合作阶段，必将有力地推动中俄双边全面合作，同时对繁荣欧亚区域经济乃至促进整个世界的经济发展也将发挥积极作用。在此背景下，中俄要加强合作，不断提升跨境基础设施互联互通、贸易和投资自由化便利化水平，促进资本、土地、人才、劳动力、技术、服务等要素的自由流动，为构建开放型区域经济增添活力。在合作模式方面，推动中俄欧亚经济联盟框架下的自由贸易区建设，不断创新贸易形式，研究推出中俄跨境产业合作模式、桥头经济区模式等新型贸易合作模式，推动双边贸易额不断增长。

其次，加强金融领域的合作。在资本市场上，中俄双方可以拓宽合作业务领域，通过债券向期权的转变吸引更多投资者的目光，推进资本市场向多样化方向转变。中俄在资本市场的合作受限于中国对市场的部分限制和人民币无法自由兑换等因素，一旦放宽对这些方面的限制，中俄合作将迸发出无限潜力。在本币结算领域，可借鉴 SWIFT 系统的结算流程，采用金融数据传输、文件传输以及直通处理（STP）等方式，为中俄双边贸易结算提供相关操作软件、认证技术及客户培训等业务，推动中俄企业使用本币进行结算。在开放金融领域，可以允许俄罗斯机构在华开展信用评级业务，对交易所及银行间债券市场债券进行评级，以此推动两国债券市场互联互通。同时，也可以放宽俄罗斯资本主导的保险公司准入条件，适当延长其经营年限，并拓宽涉及领域和行业机构，如允许俄罗斯投资参股养老金管理公司、商业理财子公司等进入中国市场，进而延伸两国金融领域合作。中国也要以宽容开放的态度督促其他商业银行在俄罗斯开展更多业务，如托管、代客交易及自营业务。此外，两国要持续改善金融发展的总体环境，两国银行间也需积极加强商业互信，增加金融合作业务的品种，提升服务水平。

（2）加强能源领域的合作。

能源合作是中俄全方位战略协作的重点方向和支柱型合作领域，中俄深化能源合作对于协同保障能源安全，打造开放型世界经济具有重大意义。近年来，在习近平主席和普京总统的亲切关怀下，中国和俄罗斯在能源领域的合作取得一系列重要进展，正向上中下游全产业链的纵向一体化合作不断迈进。

第一，加强油气领域的合作。中俄两国可以在高端海工制造、天然气液化气化和加注设施、工业品互联网贸易平台、双边性的石油化工合作项目及产品进出口互惠政策包（包括财税、口岸、通关、商检质检等）、油气与化工品贸易的本币互换和结算、中俄石油化工自贸区或初创孵化园区等方面加深合作。同时，在石油化工相关测试装置的商业化开发利用、石油化工自动化智能化生产管理系统开发、石油化工企业间培训、石油化工专利转让和科技管理等领域也可以加强合作。

第二，加强核能领域的合作。核能合作是中俄传统优先合作领域，也是中俄新时代全面战略协作伙伴关系的重要组成部分。中俄应该坚持以项目合作为牵引，以技术交流为纽带，在核电、核燃料、核技术应用、人才交流培训等领域开展广泛合作，以田湾核电站和徐大堡核电站建设为样本，加快建成一批重大标志性工程，不断提升核能领域高新技术水平，继续签订核能领域采购合同，进一步拓展和深化两国在核能领域的合作。

第三，加强能源上中下游全产业链合作。中俄两国在整个油气产业的上中下游，在油气、电力、煤炭、核电、可再生能源等领域都有着广阔的合作基础和合作前景。在积极推进重大战略性项目合作的同时，中俄两国要广泛开展中小项目合作，务实上中下游全方位一体化合作，不断挖掘合作潜力和空间，推动两国合作走深走实。

（3）加强基础研究领域的合作。

基础研究是科技创新的源泉。俄罗斯具有重视基础研究的传统，中国也日益重视基础研究，已经将基础研究的作用提升到前所未有的高度。而且中俄基础研究领域的合作迄今已持续 20 多年，对增进双方科研团队之间的沟通与交流起到了积极作用，对培育实质性合作关系奠定了基础。未来，中俄应该继续加强在数学、核聚变、固体物理学、化学、生物学、地球科学和空间科学等基础学科的合作研究，扩大中国国家自然科学基金委员会与俄罗斯基础研究基金会资助规模，持续增加基础学科研究项目数。同时，多元化项目资金筹措方式，引导社会资金和企业资金进入中俄基础研究合作领域。

此外，中俄两国可以进一步拓展研究领域，特别是多学科交叉融合领域的合作研究。同时，发挥各自优势，探索出"双引擎"驱动的整合式创新之路，即基础研究和核心技术供给路径与需求引致路径两者相辅相成、双轮驱动之路，从而推动中俄在基础研究领域合作的深化。

同时，推动建立著名研究机构数据库，及时发布各研究机构的研究方向和研究领域分布、研究项目动态等，便于中俄两国研究机构有针对性地开展合作。

（4）加强高技术产业领域的合作。

新一轮科技革命和产业变革深入发展，全球正处于向数字化、智能化转变的关键时期，中俄双方应从科技创新实力的新变化以及中俄双方对科技创新合作的新期待出发，加强高技术产业领域的合作。

一方面，加强航空航天领域的合作。随着世界主要大国对太空领域争夺的加剧，中俄两国有必要利用各自优势，在载人航天、探月工程等领域开展更为长远深入的合作。中俄双方应该凝聚共识，持续推动实施《中华人民共和国国家航天局与俄罗斯联邦国家航天集团公司 2018～2022 年航天合作大纲》，加强在月球和深空探测、特种材料研发、卫星系统研制、地球遥感、空间碎片监测等领域的合作。

另一方面，加强在新一代信息技术方面的合作。两国应该积极推动以 5G、大数据、人工智能、物联网、移动互联网和云计算等为代表的新一代信息技术合作。加快推动信息技术人才信息数据库建设，打造"人才信息共享"平台，扩大和深化信息技术人才交流合作，推进信息技术人才在中俄之间的"双向流动"。

（5）加强国际多边事务的合作。

受新冠肺炎疫情影响，国际经济、政治、安全格局出现重大调整，国际局势出现复杂深刻变化。中俄在一系列多边机制和框架内的合作，将积极推动全球治理体系作用的发挥，对维护多边主义，推动国际经济政治格局向着更加公正合理的方向发展具有重要意义。

一方面，加强在国际热点问题上的合作。中俄双方将重点关注周边安全热点问题，保证地区的稳定与和平，如积极推动阿富汗的和平重建，解决中亚面临的安全隐患，同时参与朝核问题"六方会谈"，共同维护朝鲜半岛的和平。在 2016 年 6 月中俄两国领导人签署的联合声明中，专门对东北亚和中亚问题给予了关注，并且强调建立多边框架的重要性。中俄双方战略立场相近，将继续为保障中亚安全和发展开展协调行动，加强在中亚反恐和执法安全领域的合作，并同该地区国家领导人密切协作，巩固该地区国家与中俄之间的传统友好关系，支持该地区国家实现和平稳定和经济发展。

另一方面，加强多边机制内的合作。中俄双方将继续推动两国在上海合作组织、联合国及其下属机构、二十国集团、金砖五国、亚太经济合作组织、亚洲相互协作与信任措施会议等多边机制内的沟通与合作，这将有利于政治多极化和国际关系民主化的向前推进。不断深化中国领导人提出的"一带一路"倡议和共商共建共享的全球治理观，推动共建人类命运共同体，以及俄罗斯领导人提出的"大欧亚伙伴关系"计划，有利于进一步推动中俄双方在各种国际多边机制中建立合作、互动的良好关系。

三、中国与印度的合作基础及重点领域

1. 中国与印度的合作基础及成效

中印建交以来，两国各个领域的合作不断深入，逐渐建立了战略伙伴关系。尤其是 2001 年以来，中国与印度在经贸财金、科技教育、人文交流和政治安全等领域取得了显著的合作成效，为未来两国的合作发展奠定牢

固的基础。

（1）经贸财金合作持续深入，发展稳步向好。

在双边贸易方面，2001年中国加入WTO以来，中印两国双边贸易快速发展，20年来双边进出口贸易总额增长了20多倍（见图8-6）。据中国国家统计局数据显示，2001年，两国进出口贸易总额为35.96亿美元，至2008年快速突破500亿美元大关。全球金融危机爆发后，中印两国双边贸易经历了2009年的急转下降后，在2010~2016年间波动上涨，从2010年的617.61亿美元，增长到2016年的701.79亿美元。2017~2018年，中印两国双边贸易以超过10%的增速快速增长，2018年突破900亿美元，2019年双边进出口贸易额小幅下滑至928.11亿美元。受新冠肺炎疫情影响，2020年继续下降至875.85亿美元。

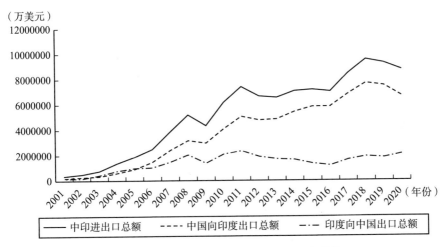

图8-6　2001－2020年中国与印度的双边贸易情况

资料来源：根据国家统计局公布的数据整理而得。

2001年加入WTO后，中国对印度的出口规模持续快速增长。如表8-4所示，2001~2008年，中国对印度出口贸易实现了年均39.56%的高速增长，从2001年的18.96亿美元增长到2008年的315.59亿美元。受全球金融危机爆发的影响，2009 年，中国对印度的出口首次出现负增长，下降了 6.11%。2010～2018 年基本保持了正增长，从 2010 年的 409.15 亿美元增长到 2018 年的 766.76 亿美元，2019 年出现了小幅下降，下降了 2.41%，达到 748.25 亿美元。受新冠肺炎疫情暴发的影响，2020 年中国对印度的出口规模大幅下降，仅有 667.30 亿美元。目前，中国是印度第二大贸易伙伴、第一大进口来源国和第三大出口市场。

表 8－4　　　　　　　　2001～2020 年中国与印度双边贸易情况

年份	中国同印度进出口总额（万美元）	中国向印度出口总额（万美元）	印度向中国出口总额（万美元）	中国同印度进出口总额增速（%）	中国向印度出口总额增速（%）	印度向中国出口总额增速（%）
2001	359624	189627	169997	23.40	21.50	25.60
2002	494503	267116	227387	37.51	40.86	33.76
2003	759461	334323	425138	53.58	25.16	86.97
2004	1361404	593601	767803	79.26	77.55	80.60
2005	1870050	893428	976622	37.36	50.51	27.20
2006	2485875	1458130	1027745	32.93	63.21	5.23
2007	3862856	2401146	1461710	55.39	64.67	42.22
2008	5184427	3158538	2025889	34.21	31.54	38.60
2009	4338332	2965604	1372728	−16.32	−6.11	−32.24
2010	6176120	4091496	2084625	42.36	37.97	51.86
2011	7390824	5053709	2337115	19.67	23.52	12.11
2012	6647333	4767751	1879582	−10.06	−5.66	−19.58
2013	6540266	4843241	1697025	−1.61	1.58	−9.71
2014	7057611	5421742	1635869	7.91	11.94	−3.60
2015	7159658	5822803	1336855	1.45	7.40	−18.28
2016	7017947	5841534	1176413	−1.98	0.32	−12.00
2017	8438762	6804225	1634537	20.25	16.48	38.94
2018	9550900	7667566	1883335	13.18	12.69	15.22

续表

年份	中国同印度进出口总额（万美元）	中国向印度出口总额（万美元）	印度向中国出口总额（万美元）	中国同印度进出口总额增速（％）	中国向印度出口总额增速（％）	印度向中国出口总额增速（％）
2019	9281118	7482530	1798588	−2.82	−2.41	−4.50
2020	8758484	6673000	2086000	−5.63	−10.82	15.98

资料来源：根据国家统计局公布的数据整理而得。

同时，印度对中国的出口贸易规模也取得了一定程度的扩张。如表 8-4 所示，2001 年，印度对中国的出口规模约为 17.00 亿美元，2008 年达到 202.59 亿美元，年均增长 36.31%，略低于中国对印度的出口增长速度。但是，2008 年金融危机爆发后，印度对中国的出口规模增长相对缓慢，2008~2020 年仅增长了 6.01 亿美元。

在双边投资领域，加入 WTO 以来，中国在引进外资与对外投资方面做出了巨大努力，并取得了瞩目成就。但是，中国与印度之间的双边投资合作发展水平仍相对较低，规模也相对较小。

从中国对印度投资的角度来看，中国对印度的外商直接投资总体上呈现出明显的上升趋势（见图 8-7）。2003 年，中国提出"走出去"战略，随后对印度的外商直接投资规模迅速增长。2003 年，中国对印度的外商直接投资规模只有 15 万美元，到 2012 年增长到 27681 万美元，增长了 1800 多倍。2013 年"一带一路"倡议提出后，中国对印度的外商直接投资增长速度进一步加快，2015 年达到峰值，增长到 70525 万美元，比 2012 年增长了 54.78%。但是，由于印度对中国对外直接投资政策变化等原因，2016 年以来，中国对印度的外商直接投资曲折前进，2019 年中国对印度的直接投资达到 53460 万美元。但从中国对外投资存量总体分布的角度上来说，中国对印度的直接投资在中国对外直接投资中的比重非常小，只有 0.1% 左右。[①]

---

① 高萱：《中国与印度双向直接投资分析》，载于《对外经贸》2020 年第 6 期。

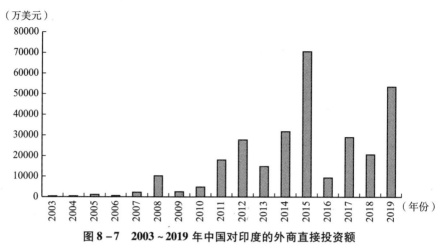

图 8-7 2003～2019 年中国对印度的外商直接投资额

资料来源：根据国家统计局公布的数据整理而得。

从印度对中国的外商直接投资角度来看，自 2001 年以来，印度对中国的外商直接投资保持了较快的增长态势（见图 8-8）。2001 年，印度对中国的外商直接投资金额为 1197 万美元，到 2008 年增长到 8805 万美元，达

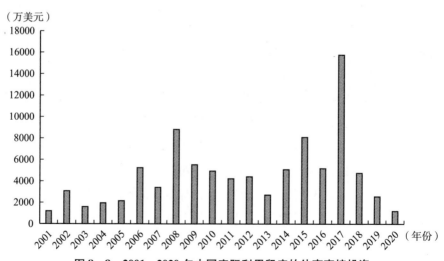

图 8-8 2001～2020 年中国实际利用印度的外商直接投资

资料来源：根据国家统计局公布的数据整理而得。

到一个峰值。但是，受全球金融危机的影响，2009年以后印度对中国的外商直接投资规模不断萎缩，2013年下降到2705万美元，比2008年的水平下降了近70%。2014年后，印度对中国的外商直接投资表现出一定的波动性，2017年增长到15772万美元，比2016年增长了204.42%，但2018～2020年都是负增长，于2020年达到1201万美元，同比下降53.14%。

（2）科技教育合作步入新阶段，成效日渐呈现。

随着经济全球化进程的不断推进，科技国际化迅速发展，国家之间进行科技、教育合作也越来越频繁。中印两国在地理位置、历史文化发展等方面有着天然的优势，不仅是邻邦，还都是世界文明古国，都非常重视科技教育方面的合作，陆续出台了一些鼓励措施，进一步为中印两国的科技教育合作奠定了良好的政策基础并提供相应支持。

在科技领域，中印两国在签订的两国政府间科技合作协定的基础上，不断推动科技交流与项目合作。2006年，中印两国双方共同发表《联合宣言》，并于同年9月在中国北京签署了《科技合作谅解备忘录》，成立了部长级中印科技合作指导委员会，推动两国科技合作与交流进入新的发展阶段。2008年全球金融危机爆发后，中印两国在气候变化、自然灾害减灾、新能源等高科技领域的交流与合作也进行了不断探索。但是，由于两国分别与美英等发达国家在科技领域都建立了长期、深入的合作，中印两国的科技合作现在仍多是在金砖国家合作框架内的多边科技合作。例如，2019年9月，第七届金砖国家科技创新部长级会议讨论了金砖国家科技创新合作等议题，发表了《坎皮纳斯宣言》《金砖国家科技创新工作计划（2019－2020）》，继续加强科技创新合作，开展金砖国家科技园区合作、技术转移转化合作等。中国和印度经济互补互鉴，合作潜力巨大。在第六次中印战略经济对话期间，两国在节能环保、高技术、能源和医药等领域达成新的合作共识。

在中国和印度的共同努力下，两国在科技领域的合作取得了一定成效。在科技论文合作方面，尽管与其他欧美发达国家或地区相比，中印科技论文合作成效并不显著，但仍取得了很大进步。2004～2009年，中印两国在物理学、数学、农业与生物科学、环境科学以及能源五大学科领域进行了一定的国际论文合作。中印两国在这五大学科领域的论文合作数量占印度同学科国际科技论文合作总数的比重分别是 6.36%、6.37%、4.18%、4.24%、4.15%；中印两国在化学、材料科学、工程学、计算机科学和化学工程等领域的科技论文合作数量的占比分别是 2.01%、2.11%、2.11%、2.27% 和 2.47%。[①]

在教育领域，中印两国的合作不断拓展。在高等教育方面，中印两国构建了众多双边高等教育交流合作平台（如"中印教育与科技联盟""中印大学校长论坛"等）、区域性教育论坛（如中国—南亚教育分论坛、新加坡—中国—印度高等教育对话论坛等），共同探索两国国际教育合作模式，开发两国双向国际教育交流项目，促进两国学生国际流动，推动两国教育交流合作。

中印两国也积极推动双方学生的互相交流学习。从印度来华留学生的数量来看，印度一直位居来华留学生生源国的前列。特别是"一带一路"倡议提出以来，中国更是成为很多印度学生国际留学的热门选择地之一。2010 年，印度来华留学生人数为 8468 人，2015 年增长到 16694 人，增长了近一倍。2018 年，仅次于韩国、泰国、巴基斯坦，印度来华留学生的规模排在全球来华留学生规模的第 4 位，达到 23198 人（见表 8 - 5）。从结构来看，印度来华留学学历生人数远超非学历生人数。

表 8 - 5 　　　　　　　2010 ~ 2018 年印度来华留学生数量及增长情况

项目	2010 年	2011 年	2012 年	2013 年	2014 年	2015 年	2016 年	2018 年
来华留学生数量	8468	9370	10237	11781	13578	16694	18171	23198
同比增长率	3.90%	10.65%	9.25%	15.08%	15.25%	22.95	8.84%	—

注：2017 年数据缺失。

资料来源：根据教育部国际交流合作司编写的 2019 年《中国教育年鉴》整理而得。

---

① 万极留学：《中国在印度留学生状况》，http://www.wanjiedu.com/newsinfo/news_13_923.shtml，2017 年 1 月 14 日。

同时，中国也非常重视安排人员赴印留学工作，每年公派一定数量的人员赴印留学。2005 年以后，自费赴印留学人数也有所增加。但是，相对美国、英国等发达国家或地区，中国到印度留学的学生规模仍然比较小，发展的空间非常大。

（3）人文交流蓬勃发展，文化贸易快速增长。

中印两国同是东方文明古国，都拥有悠久的历史和灿烂的文化。长期以来，中印两大文明就有密切的交流并相互借鉴学习，为人类文明的发展和进步做出了重要贡献。2001 年以来，中印两国政府更是重视两国之间的人文交流，不断加深交流合作，人文交流成为中印两国关系发展的新亮点。

中印两国为促进人文交流启动了多项交流计划。2014 年，习近平主席访印期间，与印度政府共同启动了"中国—印度文化交流计划"，旨在促进两国在旅游合作、经典及当代作品互译、影视交流等领域的人文交流。目前，中印两国之间已有十多对友城友省。截至 2017 年，每周有 42 个航班往来于中印两国之间。中国演艺团体多次在印度举办商业演出。随着"一带一路"倡议的提出，中印两国人民越来越把对方国家作为旅游目的国。在中国国内，练瑜伽、赏印度电影成为中国年轻人的新时尚。2015 年，中国政府还对印度香客开放西藏自治区与印度锡金邦边界的乃堆拉口岸，印度香客赴西藏朝圣的新路线将正式启用，中断 52 年的印度民众的西藏朝圣之路重启，这一度成为两国人文交流史上的佳话。①

随着中印两国人文交流合作的不断深入，中印两国庞大的文化消费群体极大地推动了两国文化贸易的快速增长，中国已成为印度文化产品出口的最大目的市场。2006 年，印度对中国文化产品的出口额仅为 8.24 万美元，2015 年达到 88.40 万美元，年均增长 30.17%；2006 年，中国对印度

---

① 《人文交流：中印关系的两点》，载于《光明日报》，http：//www.ce.cn/culture/gd/201804/28/t20180428_28976327.shtml。

文化产品的出口额是 273.04 万美元，2015 年达到 2583.52 万美元，年均增长 28.36%。2006～2015 年，中印两国的文化贸易进出口规模迅速扩张，增长了近 10 倍（见表 8 - 6）。

表 8 - 6　　　　　　2006～2015 年中国与印度文化产品贸易情况　　　　单位：万美元

年份	2006 年	2007 年	2008 年	2009 年	2010 年	2011 年	2012 年	2013 年	2014 年	2015 年
出口额	273.04	419.94	597.14	659.75	1191.24	1389.62	1535.39	1995.12	2163.63	2583.52
进口额	8.24	11.58	17.54	24.63	29.34	66.62	93.32	73.15	110.54	88.40
总额	281.28	431.51	614.68	684.38	1220.59	1456.24	1628.71	2068.27	2274.17	2671.92

资料来源：根据 UNCTAD datacenter 整理而得。

（4）政治互信不断增强，共同打击恐怖主义。

在政治上，基于两国对和平发展的共同需求，自 20 世纪 80 年代开始，中印两国的关系逐渐走出低谷，两国高层互访频次增加，逐渐建立起了比较完善的双边对话和合作机制，达成了一系列重要的战略共识，两国的政治互信不断增强。2003 年，印度总理访华期间，两国领导人签署了《中印关系原则和全面合作宣言》，首次明确表明"西藏自治区是中华人民共和国领土的一部分"。2005 年，温家宝总理访印期间，双方签署了解决中印两国边界问题的政治指导意见，标志着两国在边界问题解决上前进了一大步。2008 年，中印两国一致明确，中印是合作伙伴，要做好邻居、好朋友、好伙伴，并发表了 21 世纪的共同展望文件。2015 年，中印两国签署《中华人民共和国和印度共和国联合声明》，指出中印关系将在 21 世纪的亚洲乃至全球发挥决定性作用，两国将继续加强政治对话和战略沟通，构建更加紧密发展的伙伴关系。

在安全上，中印两国构建了涉及安全的双边机制或多边机制，不断加强密切合作。2003 年 11 月，中国和印度在中国上海附近海域举行了两国有史以来的第一次军事演习。2015～2019 年，中印两国举行了多次军控与防扩散磋商，针对国际安全与军控、裁军与防扩散领域等问题进行探讨和合作。2018 年，中国公安部部长访印期间，在新德里举行了中国与印度首次执法安全高级别会晤，签署了《中华人民共和国公安部与印度共和国内政部合作协议》，在加强反恐、打击分裂势力、打击跨国犯罪等领域的合作上达成了重要共识，不断深化两国执法安全合作，对于推进两国关系发展、提升两国执法安全合作水平具有重要意义。2019 年，习近平主席访问印度，与印度总理举行第二次非正式会晤，双方认为中印都是恐怖主义受害者，两国致力于打击一切形式的恐怖主义，呼吁各国加强反恐国际合作。

2. 中国与印度合作面临的主要挑战

中国与印度两国的合作不断推进，并取得了令人可喜的成绩，但由于两国政治、经济、文化、宗教信仰等方面仍存在巨大差异，当前中国与印度的合作仍面临一些问题和挑战。

（1）政治互信仍不足，制约两国合作发展。

印度和中国作为全球较大的两个发展中国家，不仅在很多领域的发展上存在巨大竞争，还长期有领土争端，两国人民经常因为政治、宗教、经济等问题而产生敌对情绪，印度政府还在某些领域针对中国设定了各种阻碍，这些问题严重影响中印两国关系的健康发展，阻碍了双边贸易、双边投资，不利于两国科技和人文交流的全面开展。2013 年，中国发起"一带一路"倡议后，印度政府一直持怀疑态度，态度消极，不仅迟迟不加入，还先后出台了"季风计划""香料之路"等计划推动印度与其他国家的经贸往来，加强其与中亚、东南亚和中东国家的互通互联，试图与中国的"一带一路"倡议形成竞争关系。2014 年，印度政府对中国向印度投资3000 亿美元进行基础设施建设的计划不断提出质疑，有些印度专家认为从国家安全层面考虑，日本比中国更合适高铁项目的承接。这种政治层面的互信缺乏，必然导致中印两国投资合作的基础不牢，也是摆在中印两国关系发展前面的首要难题。

（2）双边经贸发展失衡，贸易"脱钩"风险增加。

中印两国在很多领域的比较优势存在重叠，竞争非常激烈，两国的双边经贸发展失衡严重，尤其在双边贸易方面表现格外突出。2001 年以来，中印两国双边贸易规模迅速扩大的同时，也越来越不平衡。2008 年全球金融危机爆发后，中国对印度的出口额快速增长，但印度对中国的出口规模却基本维持在 200 亿美元，停滞不前，从而导致印度对中国的贸易逆差不断扩大。2008 年，中印两国的双边贸易差额仅为 113.26 亿美元，到 2018 年时已经增长到 578.42 亿美元，增长了 4 倍多。2020 年，印度对中国的贸易逆差仍然保持在 458.70 亿美元的高位（见图 8-9）。

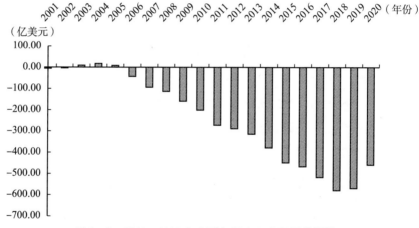

图 8-9 2001~2020 年中国与印度双边贸易差额情况

资料来源：根据国家统计局公布的数据整理而得。

据印度商业和工业部的统计数据显示，中国是印度当前第一大贸易逆差来源国，印度约有超过 30% 的贸易逆差来自中国。其中，中印贸易逆差主要来自机电产品和有机化学品。2019 年，印度机电产品对中国的贸易逆差占中印贸易逆差总额的比重高达 62.9%，有机化学品占比达 10.1%（见表 8-7）。

表 8 - 7　　　　　　　**2014～2019 年印度对中国主要贸易逆差产品**　　　单位：亿美元

HS 编码	2014 年	2015 年	2016 年	2017 年	2018 年	2019 年
85	－ 159.1	－ 185.9	－ 204.9	－ 270.6	－ 228.3	－ 191.3
84	－ 92.9	－ 101	－ 103	－ 121.5	－ 128.3	－ 130.3
29	－ 52.9	－ 52.5	－ 47.7	－ 48.2	－ 55	－ 51.4
31	－ 27.6	－ 35.3	－ 15.4	－ 11.1	－ 16.2	－ 20.8
39	－ 13.4	－ 13	－ 15.7	－ 17.1	－ 16.4	－ 18.6
73	－ 12.8	－ 11.5	－ 11.4	－ 13.1	－ 16.6	－ 18.1
90	－ 10.8	－ 11.3	－ 11.7	－ 14.4	－ 14.6	－ 12.7
87	－ 10.5	－ 10.5	－ 10.6	－ 12.4	－ 14.7	－ 12
38	－ 6.8	－ 6.3	－ 7.0	－ 11.1	－ 12.6	－ 11.3
76	－ 6.6	－ 7.2	－ 6.1	－ 7.0	－ 10.8	－ 10.0

注：表中 HS 编码对应的商品名称：（85）电机、电气设备及其零件；录音机及放声机、电视图像、声音的录制和重放设备及其零件、附件；（84）核反应堆、锅炉、机器、机械器具、机器零件；（29）有机化学品；（31）肥料；（39）塑料及其制品；（73）钢铁制品；（90）光学、照相、电影、计量、检验、医疗或外科用仪器及设备、精密仪器及设备；（87）车辆机器零件、附件，但铁道及电车道车辆除外；（38）杂项化学产品；（76）铝及其制品。

资料来源：印度商业和工业部进出口数据库，http：//commerce-app.gov.in。

　　中印持续的大规模贸易逆差引起了印度政府及民众对国内制造业生存和就业前景的担忧，也进一步激化了印度民众对中国产品的偏激情绪和盲目抵制。近年来，印度政府为了减弱中印贸易逆差、减少对中国产品的过度依赖，屡次针对中国出口产品出台各种具有贸易保护性质的政策。目前，印度已经成为仅次于美国的第二大对中国贸易救济调查发起国和第一大对中国反倾销案件申诉国。[①] 据统计，2014～2020 年，印度共对中国发起了 117 项贸易救济案件。其中，反倾销案件 95 起，反补贴案件 8 起，保

————————

　　① 吴琳：《印度对中美竞争的认知与应对》，载于《国际问题研究》2020 年第 4 期，第 62～81 页。

障措施案件 14 起，涉及机电、化工、钢铁、纺织、有色金属等行业。[①] 印度政府甚至还启动了对中国经贸往来风险的评估，讨论印度与中国经贸往来的必要性。

2020 年新冠肺炎疫情蔓延全球，印度经济迅速下降，印度对中国"脱钩"意图明显，中印两国的经贸摩擦很可能进一步升级。[②] 因此，如何应对持续失衡的中印双边贸易形势必然是摆在中国和印度两国政府面前的一个重要难题和挑战。

（3）科技教育合作不够深入，人文交流层次不高。

近年来，尽管中印两国在科技教育合作方面共同做了很多努力，但在政治立场、宗教文化等方面的差异，使两国当前的人文交流合作大都层次不深，交流和合作的潜力仍需努力挖掘。印度的宗教文化非常深厚，拥有现存世界上十大宗教中的七个，这些宗教思想已经渗透到印度民众生活的各个方面。[③] 中印两国人民在社会习俗、价值观念、宗教信仰、思维方式、生活方式和民族心理与性格等方面存在着巨大差异，这些差异在一定程度上阻碍了中印两国的人文交流合作发展。

长期以来，中国和印度的国际合作对象仍主要是美国、英国、德国等发达国家，并分别与这些发达国家建立了长期、深入又广泛的科技教育合作关系。相对而言，中印两国的双边科技教育合作深度远远不够。一方面，中印两国双边科技教育合作机制不完善，运行绩效还有待提高。宏观层面上，中印两国政府高层之间虽已建立常态化的会晤机制，努力拓展和深化双方科技教育合作领域，但实际性的合作内容和成果不多。特别是，双方合作进行研究或开发的实质性研究课题、研究项目、研究应用等极为有限。另一方面，中印两国科技人员交流、教育合作深入不够。中印两国

① 潘怡辰、袁波、王蕊：《RCEP 背景下印度对中国贸易逆差及合作潜力》，载于《亚太经济》2021 年第 3 期。

② 王蕊、潘怡辰、朱思翘：《印度对华经济脱钩的动因及影响》，载于《国际贸易》2020 年第 10 期，第 12 ~ 18 页。

③ 秦淑娟、谷永芬：《"一带一路"战略下的中印文化贸易合作问题研究》，载于《上海师范大学学报：哲学社会科学版》2017 年第 5 期。

留学交流发展极为不平衡，印度赴华留学生规模快速增长，但中国赴印留学生规模增长缓慢。

3. 中国与印度未来合作的重点领域

基于中国和印度的合作基础与现状，以及可能面临的主要挑战，未来中国和印度应进一步加强在以下几个领域的合作：

（1）加强环境能源领域的合作。

2020 年《全球环境绩效指数》显示，中国和印度作为发展中国家表现都不甚理想，在 180 个国家中，中国和印度的环境绩效指数分别排在第120 位和第 169 位，排位均比较靠后。同时，作为全球经济增长较快的两个发展中国家，中国和印度的能源需求和能源消耗也在全球名列前茅。2019 年，中国和印度是仅次于美国的全球第二大和第三大石油消费国，均面临着环境能源可持续发展的严峻挑战。

中印两国应发挥各自的比较优势，推动两国在环境能源领域的进一步合作。一是加强两国在环境保护与治理领域的合作。与印度相比，中国在环保技术方面具有一定的比较优势[①]，可以帮助印度完善低成本制造"三废"[②] 的处理方案，加强两国在污水处理、固废管理与再生、水循环、空气清洁等方面的合作。同时，中印两国还应合作加快低碳循环经济发展模式的建立和完善，增强两国应对气候变化的能力，为全球环境保护与和谐发展做出贡献。二是加强两国在能源领域的合作。中印两国在能源领域的合作符合两国的共同利益目标。在 2008 年国际金融危机之前，中国和印度在能源领域开展了一定合作，多边能源对话也成为一种积极的合作形式。例如，2005 年中国、印度、日本、韩国同意采取一致立场，共同应对"亚洲溢价"和石油安全问题。但是，与其他金砖国家相比，由于两国经济、政治和地缘等因素的影响，中国和印度在能源领域的战略合作相对较少，

---

① 李文贵、杨文武：《后金融危机时代中印科技合作研究》，载于《南亚研究》（季刊）2015 年第 4 期，第 80～86 页。

② "三废"指废气、废水和废渣。

未来发展空间仍较为宽广。

（2）加强科技创新领域的合作。

科技创新能力是任何国家实现经济增长和可持续发展的重要基础。中国和印度作为全球发展较快、规模较大的两个发展中经济体，已经在农业、制造业、能源、环境保护、服务业等领域的发展中积累了一定的技术基础和优势，未来深入开展科技创新领域的合作将对双方发展具有重要意义。

中印两国未来科技创新合作的空间巨大。在农业科技创新方面，中印两国都面临严重的粮食安全问题，可以在农作物品种培育、转基因作物培育、农业生产现代化等方面展开实质性的合作，这可能是未来中印两国保障本国粮食安全的一个很好的选择；在信息技术领域，中国在硬件方面具有一定优势，软件开发方面也具有年轻技术人员数量较多、研发成本较低、市场发展迅速等优势，而印度的软件业在全球市场上都具有明显的竞争优势，两国在信息技术创新领域的合作空间非常大；此外，在传统制造业技术革新与升级、医学和生物技术、空间技术等领域，中印两国未来合作的机会和空间也很大。

（3）加强金融货币领域的合作。

2008年国际金融危机爆发后，全球金融市场持续低迷、动荡不安，中国和印度与其他新兴市场一样迫切需要推动金融市场的改革和开放，降低对发达经济体的依赖程度。在此背景下，中国和印度在金融货币领域的合作将对未来世界经济的发展产生重要影响。

当前，中印在金融货币领域的合作仍处于刚刚起步阶段。与发达国家相比，中国和印度作为发展中国家，金融市场无论在制度建设、开放程度还是国际合作等方面的发展都相对落后，两国的合作空间非常大。第一，中印两国政府应继续加强双边金融货币合作对话机制，健全两国金融市场的风险防范和监管制度，加强风险防范体系建设；基于中印之间现有的合作平台和金砖国家多边合作机制，推动中印两国在金融货币领域的合作快速发展。第二，中印两国应不断努力完善两国的货币互换制度，健全双边贸易的支付结算体系，便利双边贸易、投资发展。中印两国作为领土接壤的邻国，双边货币互换对促进两国双边投资贸易中的本币使用、扩大本币结算范围、推动区域货币合作等都有重要意义。第三，中印两国应进一步拓展金融市场合作，推动资本跨境流动，促进开发性金融和商业性金融的共同发展。中印两国应积极开展债券市场合作，借助亚洲债券市场，发展双边本币债券市场，扩大融资渠道，降低融资风险。

（4）加强区域和全球事务领域的合作。

作为亚洲地区较大的两个发展中经济体，也是全球重要的发展中国家，中印两国在国际贸易体系、国际金融体系、能源安全、气候变化、反恐等问题上都有很多共同的立场和诉求。中国是印度最大的邻国，近年来两国关系也逐渐有所缓和，慢慢走向正轨，两国应该在未来加强区域和全球事务领域的合作，互利互惠，为两国人民及其他广大发展中国家争取更好的发展环境和机会。

第一，中国和印度两国在政治安全方面未来仍有广阔的合作空间。中国和印度作为两个邻国，长期以来"近而不亲"，未来两国应该进一步在互惠互利的基础上，加强两国之间的政治互信，继续强化在反恐等安全领域的合作，这对维护亚洲地区和全球和平稳定都是极其重要的。

第二，中国和印度未来应该进一步加强在亚洲地区或东亚地区的区域事务合作，促进区域全面经济伙伴关系（RCEP）、金砖国家等区域合作组织或平台在政治安全、经贸关系、人文交流、能源安全、环境保护等方面的深入合作，这对中印两国甚至亚洲各国的长期可持续都有重要意义。

第三，中国和印度在全球事务方面也存在广泛的合作空间。当前，全球国际贸易、国际金融等全球治理体系都是欧美等发达国家制定的，国际规则、国家法则等也都更倾向于发达国家，中国和印度等发展中国家的经济发展在当前的国际治理体系下遭遇到了严重的不公平、不公正待遇。中国和印度作为全球较大的两个发展中大国，未来应该代表广大发展中经济体的利益加强在全球性事务中的共同合作，为两国和其他发展中国家的经济发展争取更有利的条件和权益。

四、中国与南非的合作基础及重点领域

1. 中国与南非的合作基础及成效

中国与南非的合作关系"起步晚，发展快"。1998 年 1 月 1 日，中国与南非正式建立外交关系，两国的合作关系迅速发展。2004 年，两国确立了平等互利、共同发展的战略伙伴关系，南非宣布承认中国市场经济地位。近年来，中国与南非积极发展双边经济关系、加强人文科技交流，不断鼓励两国企业在两国市场寻求发展机会，在经贸财金、科技教育、人文交流和政治安全等方面取得了令人瞩目的合作成就。

（1）经贸财金合作全面开展，双边经济往来不断加强。

在双边贸易领域，2001 年以来中国与南非的双边贸易快速发展。当前，中国是南非最大的贸易伙伴，也是南非最大的进口来源国和最大的出口目的市场（见图 8 - 10）。如表 8 - 8 所示，2001 年，中国与南非之间的进出口贸易总额是 22.22 亿美元。2001 ~ 2008 年，中国与南非的双边贸易增长率基本都在 16% 以上，2003 年甚至达到 50%。随着 2008 年全球金融危机的爆发，中国与南非之间的双边贸易增长受到了一定冲击，2009 年中国与南非双边贸易总额比 2008 年下降了 9.94%，但 2010 ~ 2013 年又恢复了比较高速的正增长。2013 年后，全球经济发展不稳定，中国与南非之间的双边贸易也表现出了波动上升的特点。2020 年，受全球新冠肺炎疫情的影响，中国与南非的双边进出口贸易总额为 35.84 亿美元，比 2019 年下降了 15.66%。

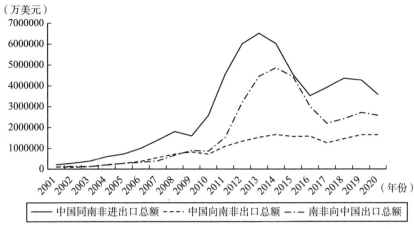

图 8 - 10　2001~2020 年中国与南非的双边贸易情况

资料来源：根据国家统计局公布的数据整理而得。

2001 年以来，中国对南非的出口贸易得到了快速发展（见表 8 - 8）。2001 年，中国对南非的出口额是 10.14 亿美元，2003~2008 年增长率基本维持在 20% 以上，2004 年、2005 年和 2007 年的增长率均超过了 40%，2008 年达到 74.28 亿美元，是 2001 年的 7 倍左右。虽受全球金融危机的影响，2008 年以后，中国对南非的出口贸易在曲折中仍保持了基本的增长趋势，2019 年达到 162.48 亿美元。2020 年受新冠肺炎疫情的影响，中国对南非的出口总额是 165.43 亿美元，仅比 2019 年增长了 1.01%。同时，南非对中国的出口也以较快的速度增长。2001 年，南非对中国的出口为 10.37 亿美元，2002 年比 2001 年增长了 13.09%；2002~2008 年，南非对中国的出口贸易增长率几乎都维持在 18% 以上的高水平。即便 2008 年全球金融危机爆发，南非对中国的出口贸易仍保持相对较高的增长态势，2009 年增长率仍高达 39.54%。不过，受新冠肺炎疫情的影响，2020 年，南非对中国的出口贸易出现了明显下滑，比 2019 年下降了 4.91%。

表 8 – 8   2001 ～ 2020 年中国与南非双边贸易情况

年份	中国同南非进出口贸易总额（万美元）	中国向南非出口总额（万美元）	南非向中国出口总额（万美元）	中国同南非进出口增速（%）	中国向南非出口增速（%）	南非向中国出口增速（%）
2001	222223	101365	103729	—	—	—
2002	257941	104912	117311	16. 07	3. 50	13. 09
2003	386935	131064	126877	50. 01	24. 93	8. 15
2004	591211	202936	183999	52. 79	54. 84	45. 02
2005	726902	295190	296020	22. 95	45. 46	60. 88
2006	985307	382597	344305	35. 55	29. 61	16. 31
2007	1404633	576771	408536	42. 56	50. 75	18. 66
2008	1785259	742826	661807	27. 10	28. 79	61. 99
2009	1607750	861762	923497	– 9. 94	16. 01	39. 54
2010	2570310	736575	871175	59. 87	– 14. 53	– 5. 67
2011	4547021	1079986	1490324	76. 91	46. 62	71. 07
2012	5999428	1336231	3210791	31. 94	23. 73	115. 44
2013	6521920	1532302	4467127	8. 71	14. 67	39. 13
2014	6026728	1683078	4838843	– 7. 59	9. 84	8. 32
2015	4600933	1569915	4456813	– 23. 66	– 6. 72	– 7. 90
2016	3508242	1585792	3015141	– 23. 75	1. 01	– 32. 35
2017	3919736	1285352	2222889	11. 73	– 18. 95	– 26. 28
2018	4353587	1480877	2438860	11. 07	15. 21	9. 72
2019	4249180	1624838	2728749	– 2. 40	9. 72	11. 89
2020	3583616	1654294	2594886	– 15. 66	1. 81	– 4. 91

资料来源：根据国家统计局公布的数据整理而得。

　　在双边投资领域，2001 年以来中国与南非两国之间的双边投资合作也得到了快速发展，投资领域涉及广泛，已经在基础设施、农业、金融、电信、矿业等领域进行了大量的投资合作。南非一直是中国在非洲重要的投

资目的市场。如表 8 - 9 所示，2007 年，中国对南非的直接投资额为 4.54
亿美元，2008 年达到 48.08 亿美元，比 2007 年增长了 958.04%。受全球
金融危机的影响，2009 年中国对南非的对外直接投资额明显下降，仅为
4159 万美元，比 2008 年下降了 99.13%。但 2008 年以来，中国对南非的
直接投资基本呈现相对稳定的增长态势（见图 8 - 11）。2018 年，中国对
南非的直接投资额达到 6.42 亿美元，南非成为中国在非洲投资最多的国
家。根据南非储备银行的数据显示，2017 年，中国对南非的直接投资占当
年南非吸引外商直接投资总量的比重达到 19%，中国的国有企业和民营企
业都进行了投资，尤其民营企业占据大部分，涉及投资最多的行业主要是
制造业。[①]

表 8 - 9　　　　　　　　2001～2019 年中国与南非的双边直接投资情况

年份	中国实际利用南非外商直接投资金额（万美元）	中国对南非直接投资流量（万美元）	中国实际利用南非外商直接投资增长率（%）	中国对南非直接投资流量增长率（%）
2001	836	—		—
2002	2593	—	210.17	—
2003	3245	—	25.14	—
2004	10940	—	237.13	—
2005	10635	—	- 2.79	—
2006	9481	—	- 10.85	—
2007	6916	45441	- 27.05	—
2008	2560	480786	- 62.98	958.04
2009	4120	4159	60.94	- 99.13
2010	6647	41117	61.33	888.63
2011	1323	- 1417	- 80.10	- 103.45

[①]　韩中悦：《中国—南非经贸合作的机遇与挑战》，浙江师范大学硕士学位论文，2020 年。

续表

年份	中国实际利用南非外商直接投资金额（万美元）	中国对南非直接投资流量（万美元）	中国实际利用南非外商直接投资增长率（%）	中国对南非直接投资流量增长率（%）
2012	1605	-81491	21.32	5650.95
2013	1292	-8919	-19.50	-89.06
2014	589	4209	-54.41	-147.19
2015	198	23317	-66.38	453.98
2016	382	84322	92.93	261.63
2017	6518	31736	1606.28	-62.36
2018	4185	64206	-35.79	102.31
2019	311	33891	-92.57	-47.22

资料来源：根据国家统计局公布的数据整理而得。

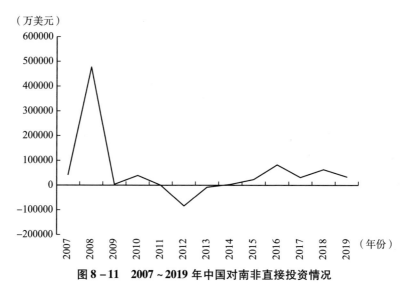

图 8-11 2007~2019 年中国对南非直接投资情况

资料来源：根据国家统计局公布的数据整理而得。

中国加入 WTO 以后，对外资的吸引力不断加大，实际利用南非的外

商直接投资额也实现了较快增长。2001 年，中国实际利用南非的外商直接
投资额只有 836 万美元，2004 年增长到 1.094 亿美元，比 2001 年增长了
10 多倍，比 2003 年增长了 237.13%。2008 年全球金融危机爆发后，随着
全球经济形势的低迷和南非经济发展的下滑，中国实际利用南非外商直接
投资的规模呈现出曲折发展的态势。2011～2016 年，南非对中国的外商直
接投资出现了明显下降。2011 年，中国实际利用南非外商直接投资额只有
1323 万美元，2010 年是 6.65 亿美元，比 2011 年下降了 103.45%。2014
年、2015 年、2016 年中国实际利用南非外商直接投资分别下降到 589 万美
元、198 万美元和 382 万美元，甚至低于 2001 年的水平。2017 年，中国实
际利用南非外商直接投资又出现了一定反弹，达到 6518 万美元的高水平，
2019 年又下降到了 311 万美元。总的来看，由于全球和南非经济发展的不
景气，南非对中国的外商直接投资受到了许多不确定性因素的影响，发展
相对曲折，但中国仍是南非重要的对外直接投资市场（见图 8 - 12）。

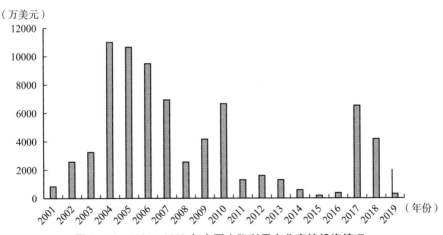

（万美元）

图 8 - 12　2001～2019 年中国实际利用南非直接投资情况

资料来源：根据国家统计局公布的数据整理而得。

（2）科技教育交流互访频繁，合作成果凸显。

南非作为非洲科技教育水平最发达的国家，在非洲科技教育领域的地

位一直遥遥领先。早在 19 世纪末 20 世纪初，中国就已经非常重视与南非在科技教育领域的合作。1999 年，中国与南非两国政府签订了《中南政府间科技与技术合作协定》，标志着两国的科技合作进入一个新的阶段。加入 WTO 后，中国与南非的科技合作更加密切。

中国与南非在科技领域加强了交流互访的频率，陆续举办了一些长期合作的双边科技研讨会或更广泛的国际研讨会。中国与南非的科技合作依托项目建设与合作已经涉及了广泛的领域。2016 年，金砖五国科技项目合作中，首轮资助的 26 个项目中，南非参与了 10 项，其中一半都是与中国合作。[①] 中国与南非还建立了一些旗舰合作项目，比如天体物理学联合研究中心、矿山空间地理信息国际合作联合实验室等联合研究机构。此外，中国与南非也参与了一些更广泛的国际合作，比如南非建设的"平方公里阵列"射电望远镜项目，中国是 11 个国际联盟成员国中的主要参与国之一。在科技论文合作方面，中国与南非的合作成果也进步明显。1999 年，中国与南非双方合作（不含第三国）发表的进入主要索引的科技论文（含社会科学论文）只有两篇，到 2017 年则达到了 128 篇，累计超过一千篇，涉及工程、化学、物理、数学、古生物等领域。[②]

在教育领域，中国与南非的合作也取得了很大进展，签订了多项合作协议。例如，2003 年两国签订了《中国南非两国教育部长会议纪要》，2004 年签订了《教育合作协议》，2014 年签订了《中国与南非基础教育合作框架协议》，2018 年成立了中国—南非职业教育合作联盟，并在 2019 年的年度会议上签订了南非学生、教师来华学习培训项目合作协议等。其中，南非学生来华学习项目是促进南非来华培养技术技能人才的重要项目。2017 年，通过该项目第一批来华学习的南非学生有 200 名，2018 年继续扩大选拔规模，2018 年选派 15 批共计 515 名学生到中国 15 所院校

---

① 张海峰：《金砖国家经贸合作关系发展研究》，东北财经大学博士学位论文，2018 年。
② 张琪：《中国与其他金砖国家文化交流研究》，昆明理工大学硕士学位论文，2020 年。

学习。①

（3）人文交流领域不断拓展，认识持续加深。

南非是非洲经济实力最强的国家，历史文化悠久，是其他非洲国家学习的榜样，中国非常重视与南非之间的文化交流合作。2001 年以来，在金砖国家和中非合作论坛积极发展的背景下，中国与南非的文化交流合作也日趋频繁，已经逐步拓展到旅游、文艺等领域。

2013 年，中国与南非两国领导人在国事访问时达成了互办国家年的决定，国家年期间的活动涉及两国文化领域的众多方面，是中国与南非文化交流历程中的重大决策。2014 年，第一届"南非年"在中国举办，涉及南非的各类文化活动达到 50 多场，期间举办了各种艺术交流会、文化推介会等，一度引起了中国民众对南非文化的广泛关注。2015 年"中国年"在南非举办，全年活动项目达到 44 个，两国参与的文化机构就有一百多家，极大地促进了中国文化在南非的宣传和南非人民对中国文化的认识。同时，中国与南非还建立了一些高级别的人文交流合作机制。2017 年，中国与南非两国举办了第一届中国—南非高级别人文交流机制会议，这一机制是进一步深入推动中国与南非人文交流合作的战略性决策，也是中国在非洲成立的第一个国家级的人文交流机制。2018 年，第二届中国—南非高级别人才交流机制会议在北京召开，会议期间还展示了中国—南非高级别人才交流机制建立一年以来，中国与南非在文化、旅游、教育、科技等方面取得的交流合作成果。2019 年，中国浙江师范大学设立中非教育合作研究中心，该中心将与南非院校、国内院校及国际组织和世界其他研究机构不断合作，共同推动 2030 年教育可持续发展目标和非洲联盟（以下简称"非盟"）《2063 年议程》的实现。2019 年，中非教育合作研究中心成立之际，发布了中国第一部《中国—南非人文交流发展报告》，首次全面介绍了中国与南非人文交流的历史与现状，对推进中国与南非人文交流合作有重要

———————————

① 《要闻速览》，载于《江苏教育报》，http：//epaper．jsenews．com/Article/index/aid/5296032．html，2019 年 1 月 23 日。

意义。此外，中国与南非在旅游方面的交流合作也取得了积极进步。旅游业一直是中国与南非人文交流合作的重点，南非已经成为接纳中国游客最多的非洲国家。

（4）政治关系走向成熟，安全合作广泛开展。

安全与发展一直是非洲国家的重要议题，中国与南非自建交以来政治交往就发展迅速，政治安全领域的合作也取得了令人瞩目的成就。2010年，在平等互利和共同发展的基础上，中国和南非确立了全面战略伙伴关系。在中非合作论坛、金砖国家和"一带一路"倡议等平台下，中国和南非两国的政治联系不断加深，两国高层领导人之间的国际交往更加密切。

2013年，习近平主席担任中国国家主席后首次到访南非，进一步加强了中国和南非两国之间高度的政治互信。2015年，习近平主席再次出访南非，并主持了中非合作论坛约翰内斯堡峰会。2018年，习近平主席第三次对南非进行国事访问。同年9月，南非总统拉马福萨正式访问中国，进一步加强了两国关系。中国和南非领导人短期内多次频繁互访，在科技、教育、经济、文化等领域达成合作协议。此外，2015年的中非合作论坛期间，南非率先与中国签订了共同建设"丝绸之路经济带"和"21世纪海上丝绸之路"的谅解备忘录，与中国共享"一带一路"倡议带来的机会与福利。这都表明中国与南非两国之间的政治互信度较高，政治关系逐渐走向成熟。

在恐怖主义威胁日益严峻的形势下，中国与南非在安全领域开展了广泛合作，为维护世界和平做出了重要贡献。2015年，习近平主席在联合国大会上表明：中国在未来五年内，向非盟提供总额为1亿美元的无偿军事援助，以支持非洲常备军和危机应对快速反应部队的建设。2015年，中国和南非签订《中华人民共和国国家核安全局与南非共和国国家核监管局关于在核监管领域信息交流和技术合作谅解备忘录》，标志着两国核安全合作迈入了新的阶段。2019年，由福建警察学院教官团执教开展了南非"警察武力使用培训班"，此次培训为中国与南非的警务合作进一步奠定了基础，深化了两国警务执法交流合作，为两国各领域友好互利合作营造了安全有序的环境。2020 年新冠肺炎疫情爆发后，中国积极帮助南非抗疫，守望相助，共筑"命运共同体"，这不仅是有利于保障两国人民生命安全的重要合作，也为后疫情时代两国进一步深入推进全面战略伙伴关系打下了更坚实的互信基础。

2. 中国与南非合作面临的主要挑战

中国与南非的合作虽然已经取得了诸多成就，但是也暴露出一些问题，面临一些挑战。

（1）南非经济增长缓慢，市场前景堪忧。

当前，南非政府的经济发展重点是促进经济增长、降低失业率和避免信用评级机构下调评级。2008 年全球金融危机爆发后，作为世界重要的新兴经济体和非洲主要经济体，南非经济增长持续缓慢、失业率居高不下、企业破产率高、贸易投资萎缩严重，这不仅降低了南非在国际市场上的竞争力，还严重加剧了南非经济运行的不确定性和风险。

第一，南非的经济增长率低迷。根据南非统计局的数据显示，2018 年，南非的经济增长率仅为 0.8%，2019 年下降到 0.2%，人均 GDP 跌破 6000 美元，南非极有可能再次陷入"技术性衰退"[①]。2020 年，受新冠肺炎疫情的影响，南非经济增长更是受到严重打击，全年经济增长下滑严重，下降了 7%，人均 GDP 下降到 2005 年的水平。第二，企业破产问题严重。2018 年 3 月至 2019 年 3 月，南非企业破产数量同比增长了 30%，2018 年 4 月至 2019 年 4 月，南非企业清算数量同比增长了 53%。[②] 鉴于南非采矿业、制造业和旅游业的发展持续疲软，未来一段时间南非企业的破产和清算情况很有可能会继续恶化。第三，南非财政赤字和失业率居高不下。2019~2020 年，南非财政预算赤字占 GDP 的比重达到 4.7%，在 2020~

---

① 所谓"技术性衰退"，指的是一个国家或地区，在遭遇经济发展的重大阻碍后，连续两个季度出现负增长。这意味着其经济走势可能将发生改变，即有可能进入"衰退期"。

② 刘诗琪：《"一带一路"倡议下南非与中国合作的思考》，载于《外语学界》2020 年第 8 期。

2021 年度占 GDP 的比重达到 4.5%。① 同时，南非的失业问题也非常严重。2017 年，南非的失业率是 27.5%，2019 年增长到 29%，达到了 2008 年全球金融危机爆发以来的最高水平，而且南非年轻人和黑人的失业率增长较快。②

2020 年全球爆发了严重的新冠肺炎疫情，非洲大陆也被严重波及，其中南非的感染人口数量最多。新冠肺炎疫情对南非的经济发展而言无疑是雪上加霜，GDP 在 2020 年的第二个季度下滑了 17.8%。尽管全球经济发展都受到了疫情的打击，但是像南非下滑如此严重的情况还是比较少见的，这说明南非的经济运行很可能正在变得越来越脆弱。世界卫生组织网站数据显示，截至 2021 年 8 月 19 日，南非累计确诊新冠病例 2638981 例，近 8 成南非人口感染了新冠病毒。这种情况下，中国企业到南非进行贸易和投资在安全上受到严重威胁，是最近一段时间内影响中国与南非经济往来的重要因素之一。

（2）双边经贸发展不平衡，贸易摩擦加剧。

根据中国国家统计局的统计数据显示，2019 年，中国向南非出口总额是 165.43 亿美元，从南非进口总额是 259.45 亿美元③，中国与南非的双边贸易存在严重不平衡。同时，从双边贸易的结构来看，中国与南非双边贸易的产品单一、集中度较高。南非向中国出口的商品主要是资源类的矿产品，占比高达 70% 左右，从中国进口的产品主要是机电产品，占比也在 70% 左右。相对而言，中国向南非出口的产品附加值和技术含量更高一些。南非出口到中国的主要是初级矿产品，价格受国际市场波动等因素的影响相对较大。长期以来，中国与南非双边贸易发展的不平衡，导致贸易摩擦不断。近年来，南非政府对中国出口产品的贸易保护增加。比如，2011 年，南非对从中国进口的炉用石墨电极产品发起反倾销调查；2013 年，南

---

① Saff Writer. *Sounth Africa is Running out of Time to Tackle Its Growing Debt Problem*；Economist. BOSINESSTECH， http://businesstech. co. za/news/finance/334839/south-africa-is-running-out-of-time-to-trackle-its-growing-debt-problem-economis/，2019 – 08 – 25.

② 刘诗琪：《"一带一路"倡议下南非与中国合作的思考》，载于《外语学界》2020 年第 8 期。

③ 根据国家统计局公布的数据整理而得。

非对自中国进口的无框镜产品征收反倾销税；2015 年，南非对来自中国的大蒜征收五年反倾销税；2020 年，南非对从中国、印度进口的两款玻璃发起反倾销复审调查等。

中国与南非的双边投资也发展不平衡。截至 2019 年，中国对南非的直接投资存量达到 72.14 亿美元①，但南非对中国的直接投资增速缓慢，相对中国对南非的直接投资规模小得多。由于南非国内的行业特点、政府政策约束等原因，中国企业到南非的外商直接投资在矿产开采、机械制造等优势产业相对容易，但同时也容易对南非产业带来冲击，引发南非政府出台一系列保护政策进行反击。

（3）两国文化差异较大，企业经营困难多。

中国与南非分别是亚洲和非洲最大的发展经济体，地理距离遥远、文化语言差异较大，中国企业在南非进行贸易和投资面临巨大风险与困难。

一是与中国不同，南非存在复杂的劳资关系。南非拥有众多影响力较强的工会组织，导致罢工、停工等问题在南非时常发生。在南非经济发展低迷的背景下，工会等的力量将致使中国企业在南非经营时面临更多不确定性和困难。而且，中国企业的很多投资主要集中在南非的劳动密集型行业，这些企业的发展需要大量的劳动力，一般是黑人劳动力。由于历史与文化原因，南非的大部分黑人教育水平普遍较低，他们作为南非的主要劳动力被中国企业雇用之后，中国企业不仅要应对来自工会的压力，还经常会面临南非工人劳动效率低下、薪酬制度落后、考核标准僵化等不利因素的影响，经营风险相对较高。

二是南非与中国之间存在巨大的人文风俗差异。例如，在对公平的要求方面，由于南非历史上长期的种族歧视和种族隔离等原因，南非人民对公平的要求非常强烈，并且这种要求与中国人民要求的公平观念差距很大，他们非常在意相处过程中的歧视问题；在文化风俗习惯方面，由于风俗的不同，中国企业认为的很多小问题都很可能在南非被放大，如果中国

---

①　根据国家统计局公布的数据整理而得。

企业不深入了解南非的风俗习惯，在贸易和投资的过程中将频频遇到障碍，甚至无功而返，不得不放弃南非市场，造成很大的经济损失。

3. 中国与南非未来合作的重点领域

为了进一步加强中国与南非的紧密联系，加强两国之间的深入合作，促进两国共同发展，两国政府在未来应重视在以下领域的合作：

（1）加强经贸投资领域的合作。

中国已经连续多年是南非最大的贸易伙伴，南非也是中国在非洲地区最大的贸易伙伴，未来中国与南非继续加强在经贸投资领域的合作对深化中国与南非的全面战略合作伙伴关系、深化中国与非洲其他国家的新伙伴关系等都具有重要意义。

首先，中国与南非要继续强化经贸投资领域的合作框架。目前，在中非合作论坛和金砖国家等主要合作平台下，中国与南非已经签订了一系列促进贸易自由化和投资便利化的合作协议。未来要继续加强两国高层领导正式访问、会议磋商等对话机制，进一步达成一些更深层次的合作协议，强化未来两国在经贸投资领域的合作框架。

其次，中国与南非要继续拓展经贸投资领域的合作范围。当前，中国与南非的经贸投资合作产业结构单一、附加值较低，多集中在资源类或低技术制造业行业，这严重阻碍了两国经贸投资合作的长期发展，还加剧了两国之间的贸易摩擦。中国与南非两国要重视产业结构优化，发挥两国的传统比较优势，重视技术创新及人才的培养与交流。同时，中国与南非还要不断加强在新兴产业领域的经贸投资合作，特别应拓展在汽车、金融、旅游、通信、海洋、环境等产业的贸易与投资合作。

最后，中国与南非要继续增强经贸投资领域的合作互信，减少贸易摩擦与争端。由于中国与南非的双边贸易长期存在一定的不平衡问题，再加上一些西方国家对中国在非洲贸易投资动机的恶意抹黑，中国与南非的双边经贸投资合作出现了一些摩擦问题，南非对来自中国的产品进口和企业投资也采取了很多制约措施，这必然会影响两国在经贸投资领域的长期友好合作。未来两国政府还应该继续秉承互利互赢原则、和平共处五项原则等，加强互信外交关系的建设，促进两国友好关系的发展，严格遵守国际贸易投资规则，确保两国在经贸投资领域的长期、可持续良好合作。

（2）加强能源领域的合作。

南非拥有丰富的自然资源，特别是矿产资源，其是全球五大矿产国之一，现已探明并且开发的矿产资源有 70 多种。其中，铂族金属、铬矿石、锰矿石等的储存量是全球第一，钒、钛族矿石、蛭石等的储存量是全球第二，黄金与白金的出口位居全球第一。南非也是非洲最主要的能源消费国，是非洲大陆第一大电力国，也是非洲唯一一个拥有核电站的国家。2018 年，南非一次能源总消费量为 121.5 百万吨油当量，其中化石能源（煤炭、石油和天然气）消费量是 116 百万吨油当量，占南非一次能源消费量的 95.5%。[①] 能源业和矿业是南非工业的重要部门，技术比较先进，设施也较为完善。近年来，南非政府不断优化国内贸易投资环境，为中国与南非的能源合作提供了良好的机遇。

中国作为世界上人口最多的发展中国家、世界第二大经济体，能源消费的市场潜力巨大，中国政府出台了一系列贸易投资政策，也将便利中国与南非在能源领域的合作。随着中非合作论坛、金砖国家合作框架的不断发展和"一带一路"能源合作的不断推进，中国和南非的能源合作已经取得了一定进展，未来两国在能源领域的合作有更为广阔的发展前景。首先，传统能源领域的合作。南非与中国能源电力结构都是以煤为主，不同的是，南非传统能源领域基础设施陈旧、设备老化严重、技术相对落后，过度依赖煤炭导致南非能源结构和电源结构过于单一。中国与南非未来可以在传统能源部门开展合作，发挥比较优势，实现能源领域的技术升级和发展。其次，清洁能源领域。中国在风电太阳能、核电等清洁能源开发和利用领域拥有相对先进的设备和技术水平，南非风电太阳能资源具有巨大

[①] 《BP 世界能源统计年鉴》2019 年版，https：//www.bp.com.cn/zh_cn/china/home/news/reports/statistical-review-2019.html，2019 年 7 月 30 日。

的潜力，存在很大的市场需求。南非《综合电力资源规划》中指出，2030年南非火力发电装机容量比例将下降到48%，可再生能源发电（不包括水电）比例上升到14.5%，核电比例要达到13.4%，这反映出南非对清洁能源发展的迫切决心。中国和南非两国在清洁能源相关领域的未来合作，会使南非的市场及资源优势与中国技术优势形成互补，有助于促进两国清洁能源的共同开发利用、实现经济的绿色可持续发展。

（3）加强海洋经济领域的合作。

海洋为人类生存和发展提供了巨大资源，是人类的福祉所在，全球65%的特大城市都位于沿海地区，海洋开发对中国和南非的经济发展都具有重要意义。南非三面环海，有3924千米的海岸线和丰富的海洋资源。但是，一方面，海洋经济在南非经济发展中所占的比重很小，对经济增长的贡献也严重不足。2010年，南非海洋经济的产值只有37.5亿美元左右，对GDP的贡献只有1%左右。南非沿海地区的经济发展并没有起到良好的带头作用和拉动作用，海洋产业的开发相对落后。[1] 另一方面，南非的经济发展又很大程度上依赖于海洋空间和海洋基础设施的建设。南非人口最密集的区域就是沿海地区，其国际贸易主要依赖于海洋运输，其中，中国—南非的双边贸易占的比重最大。在这种背景下，中国与南非加强海洋经济的合作对两国经济发展与产业升级都有重大意义。

在中国"21世纪海上丝绸之路"的倡议下，中国与南非海洋经济领域的合作将成为两国合作的新领域和新亮点。2013年，习近平主席访问南非期间，双方签署了《中华人民共和国政府与南非共和国政府海洋与海岸带领域合作谅解备忘录》。2014年，南非政府提出了"费吉萨"发展计划，把海洋经济作为未来南非经济增长的主要动力之一，并确定了海洋运输和制造业、沿海油气资源开发、水产养殖、海洋保护和管理4个优先发展领域。中国正好在这4个领域已经具备了良好的发展基础，在资金、技术和

---

① 《南非要向海洋要经济效益》，人民网，http：//world.people.com.cn/n/2014/0806/c1002-25409639.html，2014年8月6日。

人才储备等方面都有较好的基础和优势。借助"21世纪海上丝绸之路"倡议的不断推动，加强中国与南非在海洋经济领域的合作，对加快中国海洋经济发展"走出去"、建设海洋强国和贸易强国都是一个重要的策略决定。同时，"费吉萨"发展计划进一步为中国和南非两国在海洋经济领域的合作创造了更良好的机会，未来中国与南非在海洋经济领域的合作将迎来更多新的机遇。

（4）加强人文交流领域的合作。

人文交流领域的合作是中国与南非全面战略伙伴关系的重要组成部分，也是一直走在前列的合作领域。在"一带一路"倡议、中非合作论坛和金砖国家框架下，中国与南非在人文交流领域的合作前景必将更加广阔、成果更为丰富。

中国是南非最重要的战略合作伙伴之一，两国在经贸领域的人员往来也越来越频繁，加快两国人民对彼此文化的了解和认同、畅通两国人民的沟通和交流非常重要。南非政府非常重视中文在南非当地的学习和普及。2015年，南非将汉语纳入本国的国民教育体系。中国政府也正在加快在南非设立更多的汉语和汉文化学习及培训学校，比如开设孔子学院、孔子学堂等，南非是目前非洲地区拥有孔子学院数量最多的国家。中国和南非也将继续加强两国青年学生的互访学习。中国是南非留学生最喜欢的留学目的国之一，中国政府为南非学生来华留学设立了很多奖学金等资助条件。中国未来还应积极选派更多的中国学生和学者去南非交流访问学习。在旅游业方面，尽管目前南非已经是非洲大陆接待中国游客最多的国家，但是由于文化差异等原因，中国人民对南非及其文化的认识还处于起步阶段，对前往南非旅游的意愿和需求将不断增长，旅游业的互相交流合作将是中国与南非在文化交流领域未来合作的一个重要部分。在"一带一路"倡议背景下，中国与南非的合作将进入合作共赢、共同发展的新时代，人文交流合作对便利和促进中国与南非的政策沟通、设施联通、贸易畅通、资金融通和民心相通（"五通发展"）有重要意义，中国和南非的高层以及民间的人文交流与合作将越来越广泛、越来越繁荣。

参 考 文 献

［1］习近平：《构建高质量伙伴关系　开启金砖合作新征程——在金砖国家领导人第十四次会晤上的讲话》，载于《人民日报》2022 年 6 月 23 日。

［2］习近平：《把握时代潮流 缔造光明未来——在金砖国家工商论坛开幕式上的主旨演讲》，载于《人民日报》2022 年 6 月 23 日。

［3］习近平：《构建高质量伙伴关系　共创全球发展新时代——在全球发展高层对话会上的讲话》，载于《人民日报》2022 年 6 月 25 日。

［4］习近平：《坚定信心 共克时艰 共建更加美好的世界——在第七十六届联合国大会一般性辩论上的重要讲话》，载于《光明日报》2021 年 9 月 22 日。

［5］习近平：《同舟共济克时艰，命运与共创未来——在博鳌亚洲论坛 2021 年年会开幕式上的视频主旨演讲》，载于《人民日报》2021 年 4 月 21 日。

［6］习近平：《开启上海合作组织发展新征程——在上海合作组织成员国元首理事会第二十一次会议上的讲话》，载于《人民日报》2021 年 9 月 18 日。

［7］刘兴华：《多边主义铺就全球治理和全球复苏之路》，载于《光明日报》2021 年 1 月 27 日。

［8］阙天舒、闫姗姗：《全球治理要共同践行真正的多边主义》，载于《光明日报》2021 年 10 月 27 日。

［9］徐步：《推动全球治理体系朝着更加公平合理的方向发展》，载于《学习时报》2022 年 3 月 15 日。

［10］苗绿：《多边主义挑战与中国应对之策》，引自《中国国际战略评论2020》（下），世界知识出版社2021年版。

［11］李笃武、袁萍：《全球公共卫生治理面临的困境及其对策建议》，载于《重庆社会科学》2021年第12期。

［12］王蕊、潘怡辰、朱思翘：《印度对华经济脱钩的动因及影响》，载于《国际贸易》2020年第10期。

［13］李文贵、杨文武：《后金融危机时代中印科技合作研究》，载于《南亚研究季刊》2015年第4期。

［14］谢毓湘、栾悉道、文军等：《多媒体情报系统体系结构研究》，载于《计算机应用研究》2008年第6期。

［15］Mcgann J G. 2020 *Global Go To Think Tank Index Report*，2021.

［16］高长征、田伟丽、刘嘉琪：《金砖国家网络大学人才培养模式探讨》，载于《高等建筑教育》2019年第6期。

［17］肖娴、张长明：《非洲来华留学生跨文化适应问题与对策》，载于《高教学刊》2016年第15期。

［18］李建民：《俄罗斯产业政策演化及新冠疫情下的选择》，载于《欧亚经济》2020年第5期。

［19］《俄外经银行研究报告：明年金砖国家将成世界经济复苏主动力》，中新网，https：//www.chinanews.com/gj/2020/11-17/9340167.shtml，2020年11月17日。

［20］蓝庆新、姜峰：《深化金砖国家贸易合作的政策建议》，引自郭业洲主编：《金砖国家合作发展报告》（2019），社会科学文献出版社2019年版。

［21］《拨开世界迷雾 奏响时代强音》，载于《光明日报》2020年11月23日，第1版。

［22］韩民青：《新工业论 工业危机与新工业革命》，山东人民出版社2010年版。

［23］李伟、曹永琴：《工业4.0与上海产业转型升级研究》，上海社

会科学院出版社 2016 年版。

[24] 宁朝山：《工业革命演进与新旧动能转换——基于历史与逻辑视角的分析》，载于《宏观经济管理》2019 年第 11 期。

[25] 李晓华：《新工业革命对产业空间布局的影响及其表现特征》，载于《西安交通大学学报》（社会科学版）2021 年第 2 期。

[26] 赵昌文：《新型工业化的三个新趋势》，载于《智慧中国》2019 年第 4 期。

[27] 王友明：《全球治理新态势下的金砖国家政治安全合作》，载于《当代世界》2019 年第 12 期。

[28] 秦铮、黄宁、刘琳：《金砖国家科技创新合作的进展、问题与对策》，载于《科技中国》2021 年第 6 期。

[29] 骆嘉：《金砖国家智库合作的现状、困境与策略》，载于《智库理论与实践》2018 年第 2 期。

[30] 臧秀玲：《后危机时代金砖国家合作机制的发展困境及其突破》，载于《理论视野》2015 年第 8 期。

[31] 张长龙：《发展中国家争取国际经济金融新秩序的困境与出路——以"金砖国家"合作机制的形成为背景》，载于《贵州社会科学》2011 年第 7 期。

[32] 屈恒：《金砖国家金融合作可持续发展影响因素研究》，广东财经大学硕士学位论文，2017 年。

[33] 李永刚：《金砖国家金融合作机制研究》，载于《暨南学报》（哲学社会科学版），2015 年第 12 期。

[34]《王毅出席金砖国家外长会晤》，载于《人民日报》2021 年 6 月 2 日，第 3 版。

[35] 田士达：《金砖合作铸就"金色未来"》，载于《经济日报》2020 年 11 月 17 日，第 8 版。

[36] 郑归初：《全面提升金砖机制"含金量"》，载于《学习时报》2020 年 12 月 4 日，第 A2 版。

[37] 埃德蒙·阿曼:《新兴市场国家的创新秘诀》,载于《人民日报》2013 年 8 月 7 日,第 3 版。

[38]《金砖国家新开发银行在中国银行间债券市场发债》,人民网,2022 年 5 月 21 日。

[39] 杨修、朱晓暄、李惟依:《金砖国家科技创新发展现状与对策研究》,载于《国际经济合作》2017 年第 7 期。

[40] 许鸿:《中国—金砖国家科技创新合作现状与对策建议》,载于《科技中国》2021 年第 3 期。

[41] 娄晓琪:《文明交流互鉴思想影响世界》,载于《光明日报》2017 年 4 月 9 日,第 7 版。

[42] 骆嘉:《金砖国家智库合作的现状、困境与策略》,载于《智库理论与实践》2018 年第 2 期。

[43] 秦铮、黄宁、刘琳:《金砖国家科技创新合作的进展、问题与对策》,载于《科技中国》2021 年第 6 期。

[44] 臧秀玲:《后危机时代金砖国家合作机制的发展困境及其突破》,载于《理论视野》2015 年第 8 期。

[45] 黄茂兴:《金砖国家科技创新与教育进步的互动发展分析》,载于《经济研究参考》2018 年第 51 期。

[46] 张美云、王慧:《金砖国家科技人才队伍建设的经验及启示》,载于《管理工程师》2019 年第 4 期。

[47] 高雅丽:《以金砖科技合作描绘人类命运共同体"蓝图"》,载于《中国科学报》2022 年 4 月 28 日。

[48] 刘锦前、孙晓:《金砖国家数字经济合作现状与前景》,载于《现代国际关系》2022 年第 1 期。

[49] 秦铮、黄宁、刘琳:《金砖国家科技创新合作进展、问题与对策》,载于《科技中国》2021 年第 6 期。

[50] 王喜文:《新工业革命需要新产业政策》,中国社会科学网,http:// www.cssn.cn/jjx/xk/jjx _ yyjjx/gyjjx/201610/t20161031 _ 3258551.

shtml，2016 年 10 月 31 日。

　　[51] 徐铖：《金砖国家科技创新发展现状与合作路径初探》，载于《学术探索》2021 年第 3 期。

　　[52] 林毅夫：《中国要理直气壮地支持和引领新工业革命》，北京大学新结构经济学研究院，https：//www. nse. pku. edu. cn/sylm/xwsd/503906. htm，2020 年 6 月 18 日。

　　[53] 方喆、周蕊：《金砖国家新开发银行首扩朋友圈》，载于《金融博览》2021 年第 19 期。

　　[54] 闫飞宇：《金砖国家金融合作及测度研究》，首都经济贸易大学硕士学位论文，2019 年。

　　[55] 赵娜：《新型多边开发金融机构在"一带一路"建设中的作用研究》，载于《经济研究导刊》2020 年第 10 期。

　　[56] 薛澜、胡钰：《我国科技发展的国际比较及政策建议》，载于《科技日报》2003 年 5 月 14 日。

　　[57] 霍宏伟、赵新力、肖轶：《中国与二十国集团其他成员国政府间科技创新合作现状研究》，载于《中国软科学》2017 年第 4 期。

　　[58] 刘勇等：《金砖国家可持续发展的机遇、挑战及建议》，载于《当代世界》2017 年第 10 期。

　　[59] 薛澜、翁凌飞：《中国实现联合国 2030 年可持续发展目标的政策机遇和挑战》，载于《中国软科学》2017 年第 1 期。

　　[60] 宋涛：《我国可持续发展的机遇与挑战》，载于《学术交流》2012 年第 2 期。

　　[61] 田慧芳：《金砖国家可持续发展合作的优先领域与政策选择》，载于《国际经济合作》2017 年第 8 期。

　　[62] 张贵：《新工业革命伙伴关系的特征与全球治理新方向》，载于《人民论坛》2022 年第 4 期。

　　[63] 刘锦前、孙晓：《金砖国家数字经济合作现状与前景》，载于《现代国际关系》2022 年第 1 期。

[64] 沈陈、徐秀军:《新冠肺炎疫情下的金砖国家合作:挑战、机遇与应对》,载于《当代世界》2020 年第 12 期。

[65]《中华人民共和国和俄罗斯联邦关于新时代国际关系和全球可持续发展的联合声明》,载于《人民日报》2022 年 2 月 5 日,第 2 版。

[66] 杨逸夫:《2021 金砖国家治国理政研讨会》,载于《光明日报》2021 年 11 月 19 日,第 12 版。

[67]《携手共建人类卫生健康共同体》,载于《人民日报》2022 年 3 月 20 日。

[68] 高雅丽:《以金砖科技合作描绘人类命运共同体"蓝图"》,载于《中国科学报》2022 年 4 月 28 日,第 1 版。

[69] 张贵:《新工业革命伙伴关系的特征与全球治理新方向》,载于《人民论坛》2022 年第 4 期。

[70] 任育锋、佟玉焕、董渤、李哲敏:《金砖国家农业合作机制进展与展望》,载于《中国农业科技导报》2021 年第 10 期。

[71] 陈天金、柯小华、任育锋、李哲敏:《金砖国家农业产能合作进展与未来展望》,载于《农业展望》2020 年第 9 期。

[72] 贺楷:《金砖国家的全球卫生治理参与研究》,引自《习近平集体会见金砖国家外长会晤外方代表团团长》,载于《人民日报》2017 年 6 月 20 日,第 1 版。

[73] 张浩:《碳生产率视角下我国经济增长方式的国际比较分析》,河北经贸大学硕士学位论文,2020 年。

[74] 马春辉:金砖国家完善合作机制引领全球经济增长》,载于《小康》2020 年第 3 期。

[75] 汪万发、蒙天宇、蓝艳:《新兴国家落实联合国 2030 年可持续发展议程进展:基于新兴 11 国的数据分析》,载于《环境与可持续发展》2020 年第 2 期。

[76] 戴长征:《全球治理中全球化与逆全球化的较量》,载于《国家治理》2020 年 6 月第 3 期。

[77] 何毅亭：《我国发展环境面临深刻复杂变化》，载于《人民日报》2020年12月8日，第9版。

[78] 马迎晨：《全球治理离不开新兴经济体国家》，载于《光明日报》2013年8月27日，第8版。

[79] 张蕴岭：《世界大势：把握新时代变化的脉搏》，中共中央党校出版社2021年版。

[80] 陈啸、杨光普：《以竞争中立为核心原则强化竞争政策基础性地位》，载于《海南大学学报》（人文社会科学版）2021年第3期。

[81] 柳学信、王喆、张宇霖、牛志伟：《我国国有企业竞争中立制度框架及其改革路径》，载于《经济理论与经济管理》2022年第1期。

[82] 张超汉、冯启伦：《中国参与全球卫生治理的法理基础、总体成效与完善路径——以突发公共卫生事件应对为视角》，载于《国际法研究》2022年第1期。

[83] 李敦瑞：《全球经济治理体系变革的机制及其趋势》，载于《治理研究》2021年第5期。

[84] 卢静：《构建面向未来的金砖国家伙伴关系》，载于《当代世界》2021年第10期。

[85] 张立、王学人：《全球经济治理中的金砖合作：进展、动因与前景》，载于《印度洋经济体研究》2019年第5期。

[86] 徐铖：《金砖国家科技创新发展现状与合作路径初探》，载于《学术探索》2021年第3期。

[87] 欧阳峣、罗会华：《金砖国家科技合作模式及平台构建研究》，载于《中国软科学》2011年第8期。

[88] 赵新力、李闻榕，黄茂兴：《金砖国家综合创新竞争力发展报告》（2017），社会科学文献出版社2017年版。

[89] 赵新力、李闻榕、黄茂兴：《金砖国家蓝皮书：金砖国家综合创新竞争力研究报告》（2019），社会科学文献出版社2020年版。

[90] 黄茂兴：《二十国集团与全球经济治理研究》，经济科学出版社

2021 年版。

[91] 黄茂兴:《中国在二十国集团中的创新竞争力提升研究》,人民出版社 2020 年版。

[92] 黄茂兴:《直面 2017:金砖国家峰会的热点聚集》,经济科学出版社 2017 年版。

[93] 黄茂兴:《"金砖"增色:金砖国家科技创新与可持续发展合作》,经济科学出版社 2020 年版。

[94] 黄茂兴:《金砖国家新工业革命伙伴关系创新基地发展报告 (2021)》,社会科学文献出版社 2022 年版。

[95] 赵新力、李闻榕、黄茂兴:《BRICS Comprehensive Innovation Competitiveness Report 2020》,科学技术文献出版社 2021 年版。